PINCÉIS
DO
PASSADO

Pelo espírito
Renato

Psicografia de
Selma Cotrim

PINCÉIS
DO
PASSADO

LÚMEN
EDITORIAL

Pincéis do passado
pelo espírito Renato
psicografia de Selma Cotrim
Copyright @ 2011 by
Lúmen Editorial Ltda.

2ª edição – maio de 2011

Direção editorial: *Celso Maiellari*
Assistente editorial: *Fernanda Rizzo Sanchez*
Revisão: *Maria Aiko Nishijima*
Projeto gráfico e arte da capa: *Ricardo Brito / Designdolivro.com*
Imagens da capa: *Britvich / Dreamstime.com e Amminopurr / Sxc.hu*
Impressão e acabamento: *Gráfica Orgrafic*

Dados Internacionais de Catalogação na Publicação (CIP)
(Câmara Brasileira do Livro, SP, Brasil)

Renato (Espírito).
    Pincéis do passado / pelo espírito Renato ;
psicografia de Selma Cotrim. – São Paulo : Lúmen, 2011.

    ISBN 978-85-7813-039-8

    1. Espiritismo 2. Psicografia 3. Romance espírita
I. Cotrim, Selma. II. Título.

10-14153   CDD-133.9

Índice para catálogo sistemático:
1. Romance espírita : Espiritismo   133.9

LÚMEN
EDITORIAL

Rua Javari, 668
São Paulo – SP
CEP 03112-100
Tel./Fax (0xx11) 3207-1353

visite nosso site: www.lumeneditorial.com.br
fale com a Lúmen: atendimento@lumeneditorial.com.br
departamento de vendas: comercial@lumeneditorial.com.br
contato editorial: editorial@lumeneditorial.com.br
siga-nos no twitter: @lumeneditorial

DEDICO este livro especialmente
à minha filha Patrícia e ao meu marido Airton.
E agradeço o apoio e o incentivo de ambos
para a realização desta obra.

SUMÁRIO

APRESENTAÇÃO

ESTA OBRA tem o objetivo de transmitir a todos uma mensagem de amor e esperança.

A história de Jean Pierre vem mostrar-nos que a vingança não leva ninguém a lugar algum; somente à destruição. E que o preconceito e o racismo não têm o menor sentido, já que somos todos filhos do mesmo Deus.

O amor é eterno! Ultrapassa todas as barreiras!

Mesmo em se tratando de uma produção mediúnica, os nomes dos personagens e das cidades foram trocados.

SELMA COTRIM

UM

A CHEGADA

COM OS olhos cheios de esperança e o coração acelerado, Jean Pierre avistava o porto da cidade de Santos, em São Paulo. Restavam alguns minutos para que ele pisasse em solo brasileiro.

Ele viajara durante alguns meses de navio, saíra da França e agora chegara ao Brasil. O ano era 1838.

A emoção tomou conta de seu coração, lágrimas começaram a cair de seus olhos diante de tamanha beleza. O Brasil era exatamente como ele imaginara. O clima tropical e as paisagens naturais deixaram-no muito ansioso.

Tentando conter a emoção, desembarcou no porto de Santos.

Mesmo exausto, naquele mesmo dia seguiu viagem rumo à linda cidade de São Paulo. Em seguida, foi para o encantador estado de Minas Gerais, onde se hospedaria na casa de um amigo de seus pais, que vivia na cidade de Ouro Preto.

Gerhard e seus filhos, Catherine e Michel, estavam ansiosos com a chegada do jovem fidalgo; afinal, ele era filho do melhor amigo que Gerhard tivera na vida.

As lembranças de sua infância e juventude com Claude, o pai de Jean Pierre, sempre despertavam saudades da França.

Gerhard viveu em Paris até a fase adulta e depois se mudou para o Brasil, mas costumava visitar seu país com a família. Nessas ocasiões, aproveitava para rever os amigos e familiares.

Em uma dessas visitas, Jean Pierre, ainda criança, falou a Gerhard sobre a sua vontade de conhecer o Brasil. Gerhard lhe disse que, um dia, quando se tornasse adulto, poderia vir ao Brasil e se hospedar em sua casa. Contudo, a visita do rapaz era definitiva, ele não voltaria para a França. Decidira morar no Brasil.

O pai de Jean Pierre e Jaqueline, sua mãe, possuíam título de nobreza, eram marqueses, porém haviam falecido, vítimas de uma praga que se alastrara pela Europa. Isso também o motivou a recomeçar sua vida no Brasil.

Seus irmãos, o marquês Antoine e Auguste, preferiram permanecer na França. Eram casados e estavam bem estabilizados. Na despedida, combinaram que visitariam o irmão quando possível. Mas, a bem da verdade, não tinham nenhum interesse em conhecer o Brasil.

Jean Pierre e Auguste não haviam recebido o título de marquês, o qual foi dado apenas ao primogênito: Antoine.

Muito atraente, Jean Pierre era um rapaz de vinte e cinco anos, tinha olhos castanhos da cor dos cabelos, que eram na altura dos ombros e, habitualmente, permaneciam presos. Usava também bigode e cavanhaque. Seu olhar era amável e sincero.

Ao chegar à cidade de Ouro Preto, o fidalgo chamou a atenção de todos por conta de sua bagagem, que era enorme.

Trazia no olhar saudades e lembranças de sua terra; mas queria mudar de vida e divulgar o seu trabalho artístico no Brasil. Era pintor, estudara em uma das melhores escolas de Paris, possuía um talento excepcional e seu trabalho era admirável. Trouxera consigo todo o material que possuía. Sua arte era como o ar que respirava, sentia-se em êxtase quando estava pintando suas telas e tinha necessidade de retomar o mais rápido possível a sua atividade artística.

Gerhard era um homem elegante, magro, alto e de cabelos grisalhos. Perdera a esposa num acidente quando seus filhos ainda eram adolescentes. Não conheceu nenhuma mulher interessante desde aquele período, pois resolveu dedicar sua vida aos filhos e aos negócios. Possuía um armazém, que supria todas as necessidades dos moradores da cidade.

A família de Gerhard recebeu Jean Pierre com muita satisfação. Os dois jovens não se lembravam dele, pois eram crianças quando se conheceram na França.

Ao ver Gerhard, Jean Pierre o reconheceu. E, ao se encontrarem, o comerciante deu-lhe um abraço carinhoso e o cumprimentou animado:

– Meu caro Jean Pierre! Estávamos esperando ansiosos por sua chegada, meu filho! Sinta-se como se estivesse em sua própria casa!

– Obrigado pelo convite, hospitalidade e gentileza em me receber em sua casa, amigo Gerhard!

Michel levou a bagagem do jovem para o quarto de hóspede, e Catherine serviu o almoço, enquanto seu pai conversava com o rapaz:

– Então, o que achou do Brasil? – perguntou Gerhard.

– Confesso que estou adorando este país, sempre tive vontade de conhecê-lo; e até aprendi a falar português antes de embarcar.

A tarde corria tranquila na casa de Gerhard, todos saboreavam as delícias da cozinha mineira e aproveitavam para conversar.

Catherine falava pouco, já seu irmão enchia o rapaz de perguntas:

– Quanto tempo pretende ficar no Brasil?

– Se possível, a vida toda. Vim com a intenção de refazer a minha vida. Depois que meus pais faleceram, perdi completamente a vontade de viver na França... Pretendo divulgar meu trabalho artístico e, também, continuar a luta que eu e minha família começamos na França, que diz respeito à abolição... E, talvez, até encontre um grande amor!

Todos riram. Catherine corou, ela era uma moça muito tímida; mas não teve, a princípio, nenhum interesse amoroso no rapaz. Era comprometida com um fidalgo que trabalhava na corte paulistana, com uma família de nobres. A moça apenas sentiu grande afinidade e simpatia por ele.

A conversa entre eles era muito animada, eram do mesmo país e isso lhes causava grande satisfação.

Gerhard era um homem muito alegre e sábio. Sentira-se na obrigação de alertar o jovem amigo:

– Sei que não posso interferir em suas decisões, mas vou dar-lhe um conselho: "Muito cuidado com esse assunto de abolição, você pode se prejudicar! Também somos abolicionistas, mas em segredo".

– Obrigado pelo conselho, sei que esse assunto causa polêmica com os fazendeiros, que não querem nem ouvir falar sobre abolição. Temem perder os lucros absurdos, que obtêm com o trabalho dos escravos.

– Também acho um absurdo adquirirem riquezas, construírem patrimônios com o trabalho escravo, mas, infelizmente, meu caro Jean Pierre, eu sou um comerciante e não posso expor minhas opiniões abertamente. Mas, às escondidas, sempre ajudo os escravos, na medida do possível.

Jean Pierre estava gostando da prosa, mas o sono e o cansaço da viagem o venceram e ele pediu que lhe mostrassem seu quarto.

Tomou um banho e deitou-se. Meditou por alguns instantes sobre as palavras de Gerhard, depois adormeceu.

Na manhã seguinte, bem mais disposto, continuou a conversa com o anfitrião:

– Amigo Gerhard, gostaria de confiar-lhe os meus planos.

– Pode confiar, Jean Pierre, conheci seu pai quando criança e sempre fomos muito amigos. Terei por você a mesma dedicação que tenho pelos meus filhos.

– Obrigado pela hospitalidade e amizade, saberei retribuir. Sinto que ganhei uma nova família! Tenho uma parte da herança que meus pais deixaram, não é uma fortuna, mas creio que conseguirei comprar uma casa.

– Entendi. Dormiu uma noite em minha casa e já quer nos deixar!

– Peço que não se ofenda, amigo Gerhard, adoro a companhia de todos, mas gostaria de morar em minha própria casa. Creio que me sentirei mais à vontade.

– Compreendo-o perfeitamente. Quer ter paz e tranquilidade para fazer suas pinturas... Qual a sua preferência, cidade ou campo?

– Prefiro campo, nós artistas gostamos do silêncio, da natureza... Acha que conseguirei algo próximo à cidade?

Não só acho como já tenho um negócio ótimo!

Gerhard olhou para os filhos e lhes fez uma pergunta:

– Não acham que a fazenda do sr. Otávio é um bom negócio para o nosso amigo Jean Pierre?

Antes que eles respondessem, Jean Pierre deu um salto e disse:

– Espere, amigo! Uma fazenda está muito longe dos meus planos. Não possuo uma fortuna! Estou à procura de uma morada que tenha um valor bem menor do que uma fazenda deve valer!

Gerhard sorriu e tranquilizou-o:

– Acalme-se, Jean Pierre! Vamos até a fazenda e faremos nossa proposta. Caso haja interesse por parte do fazendeiro, fechamos o negócio!

Apesar de não saber qual o valor da fazenda, o jovem, para não contrariar Gerhard, apanhou seu chapéu e seguiu atrás do amigo.

Ambos, conversando animadamente, subiram na carroça e seguiram rumo à fazenda de Otávio. Jean Pierre estava gostando do passeio, mas não tinha a intenção, nem condições financeiras, de comprar uma fazenda.

Quando chegaram, Jean Pierre, completamente deslumbrado com a beleza daquele lugar, desceu da carroça. A fazenda era maravilhosa. O sol da manhã fazia reluzir ainda mais a paisagem. Havia um jardim com variadas qualidades de flores, bancos pintados de branco, além da casa, que também era branca. Próximo ao jardim havia uma escada que levava à porta principal, a qual se encontrava na varanda, que possuía diversas janelas pintadas de azul-marinho.

– Amigo Gerhard, como pode me iludir a tal ponto? Trazer-me a um lugar tão maravilhoso? Estou deslumbrado com a beleza deste jardim! Aliás, com tudo o que vejo, a fazenda é linda!

– Ouça-me, Jean Pierre, esse fazendeiro está com a corda no pescoço, cheio de dívidas; enfim, qualquer quantia que lhe oferecer, ele vai aceitar!

– Não creio que seja tão fácil convencê-lo – disse Jean Pierre desanimado.

O fazendeiro estava sentado na varanda da casa, quando os avistou. Levantando-se, desceu a escada para recebê-los. Possuía uma fisionomia austera, porém, ao ver Gerhard, ficou satisfeito, recebendo-os com um largo sorriso:

– Como vai, Gerhard? O que o traz aqui?

Gerhard o cumprimentou e notou que Jean Pierre ainda contemplava o maravilhoso jardim. Pediu ao fidalgo que se aproximasse e o apresentou a Otávio:

– Estou muito bem, sr. Otávio! Este é um amigo que chegou da França. O nome dele é Jean Pierre, está hospedado em minha casa.

O fazendeiro cumprimentou-o e os convidou para entrarem na casa. Depois de acomodados, Gerhard continuou a conversa:

– Por minha vontade, ele moraria comigo o tempo que quisesse, pois lhe tenho muita afeição. O pai dele foi o melhor amigo que tive em toda a minha vida... Mas, como ele é um artista, precisa de espaço para realizar suas pinturas. Lembrei-me do senhor e o trouxe aqui.

– Então quer dizer que temos um artista na cidade! Que maravilha! Muito bem! E o que posso fazer para ajudá-lo?

Antes que Jean Pierre respondesse, Gerhard se adiantou:

– Ele está procurando uma propriedade para comprar e gostaríamos de saber qual é o preço da sua fazenda.

– Quero trezentos mil réis.

Jean Pierre arregalou os olhos, assustado, pois possuía apenas cem mil réis. Contudo, Gerhard disse:

– Veja bem, sr. Otávio, trezentos mil é uma fortuna, creio que não vai conseguir vender a sua propriedade facilmente por esse preço. E, além do mais, sei que o senhor precisa de dinheiro para quitar suas dívidas... Tenho uma contraproposta: Jean Pierre pode lhe pagar duzentos mil réis!

Esse valor pagaria todas as dívidas de Otávio, e ainda sobraria algum dinheiro para o seu retorno a Portugal. Viciado no jogo de cartas, e iludido com a sorte, fez uma aposta absurda e acabou perdendo muito dinheiro. Temendo perder a fazenda, herança de sua família, resolveu vendê-la, pagar seus credores e voltar para sua terra natal.

Otávio pensou um pouco, depois respondeu em voz alta:

– Negócio fechado! Vendo a minha fazenda para você, meu jovem! Como pretende pagar-me?

Antes que Jean Pierre lhe respondesse, Gerhard finalizou a conversa:

– Amanhã mesmo! É o tempo para que ele lhe traga o dinheiro.

Otávio foi até a cozinha e pediu que a escrava Ana servisse aos convidados café e biscoitos. Enquanto isso, Jean Pierre, desesperado, aproveitou a oportunidade e disse em voz baixa para Gerhard:

– Você só pode ter perdido o juízo, amigo! Como pagarei duzentos mil se só possuo cem?

– Fique tranquilo, Jean Pierre, outra oportunidade como esta não aparecerá novamente.

– Não pronuncie nenhuma palavra contra o negócio! Por favor! Depois lhe explico como vai pagar o sr. Otávio.

Com uma garrafa de vinho nas mãos, o fazendeiro voltou da cozinha e, satisfeito, disse:

– Pedi para trazer-lhes um café, mas mudei de ideia. Vamos comemorar, amigos! Em vez de café, tomaremos vinho!

Os cômodos da casa eram grandes e a cozinha era distante da sala de visitas. Ana tentava ouvir a conversa, mas não conseguia, ouvia apenas as vozes e não compreendia uma só palavra do que diziam. Enquanto preparava o almoço, começou a imaginar o que havia ocorrido...

Depois do brinde, Jean Pierre e Gerhard seguiram Otávio por toda a casa. O homem fez questão de mostrar-lhes cada cômodo e suas mobílias.

A escrava observava o passeio dos fidalgos pela casa e acreditava que o jovem ou até mesmo Gerhard estivessem interessados na fazenda. Proibida de fazer perguntas ao patrão, exceto nas questões relacionadas ao trabalho e estritamente necessárias, Ana tentava ouvir a conversa para informar aos outros escravos a respeito dos visitantes.

Todos sabiam que Otávio almejava vender a fazenda e temiam que o próximo proprietário fosse mais desumano e mais cruel que ele. Por esse motivo, quando chegava um visitante que demonstrava interesse na compra da fazenda, Ana ficava atenta às conversas e passava as informações aos demais.

Depois de andarem por toda a casa, Otávio mandou preparar uma carroça para que pudessem conhecer a estância.

Passaram pela plantação de café, desceram da carroça e andaram próximos aos escravos, que trabalhavam sob a iminência dos chicotes dos feitores. Suados, devido ao trabalho exaustivo, não puderam parar um minuto sequer para cumprimentar os visitantes.

Jean Pierre olhou para cada rosto e, em pensamento, lamentou as condições de vida daqueles seres que estavam ali. Os pés descalços, vestiam-se com farrapos e tinham o olhar perdido nos grãos de café, que enchiam suas mãos calejadas pelo trabalho.

Alguns, curiosos, olhavam para os fidalgos, mas não ouviam muito bem o que conversavam. Mal sabiam que estavam diante do futuro patrão.

Jean Pierre, parado, observava alguns escravos. Otávio sentiu sua falta e chamou sua atenção para que os acompanhasse:

– Venha, Jean Pierre! Não perca seu tempo olhando para esses miseráveis!

Imediatamente, Jean Pierre corou e ficou muito nervoso com o modo de falar de Otávio, porém tentou se controlar, não queria perder o negócio, que estava prestes a concretizar.

Chegando à senzala, encontraram algumas escravas com crianças de colo limpando o ambiente. Mais uma vez Otávio foi austero. Retirou de sua cintura um chicote e espantou todas as mulheres e crianças, que saíram assustadas.

— Saiam daqui! — gritou o homem.

Jean Pierre, por sua vez, não suportou aquele grito e se manifestou:

— Desculpe lhe perguntar, por um acaso suas escravas são surdas? Por que gritou com elas?

— Elas não são surdas, mas é assim que se deve conduzir este povo. Eles não prestam, são falsos, embora encontrem comida e abrigo necessários, sempre me surpreendem com fugas...

Jean Pierre estava pronto para começar uma longa discussão com o escravocrata quando Gerhard fez um sinal para ele e introduziu-se na conversa, dizendo que eles não tinham mais tempo e que precisavam voltar para a cidade, porque tinham alguns compromissos... Entendia que aquele momento não era propício para uma discussão. Certamente, Jean Pierre perderia o negócio que já estava quase concretizado.

Depois do longo passeio pela propriedade, os dois se despediram de Otávio marcando um novo encontro para o dia seguinte, na presença de um tabelião para formalizar o negócio.

Finalmente, ambos subiram na carroça e seguiram para a cidade. Era tudo o que Jean Pierre queria: ficar a sós com o amigo para tirar suas dúvidas sobre aquela inesperada compra que ele havia negociado em seu nome. Mas Gerhard lhe perguntou:

— Então, Jean Pierre, gostou da fazenda?

— Ainda tem alguma dúvida, amigo Gerhard? Eu adorei! Mas você quer acabar com a minha reputação? Como pagarei ao sr. Otávio uma quantia que não possuo?

Gerhard abriu-lhe um sorriso e iniciou suas explicações:

– Acalme-se, Jean Pierre, agora podemos conversar tranquilamente. Ouça-me, você possui cem mil réis, certo? Empresto-lhe mais cem mil e você paga a fazenda!

– E como vou lhe pagar?

– Quando e como quiser. O que acha? Disponho de algumas economias guardadas, posso lhe emprestar e lhe asseguro que não vai me fazer falta.

Jean Pierre ficou pensativo, não sabia se devia aceitar a ajuda.

– Acorde, meu rapaz! Está prestes a se tornar um grande fazendeiro! As colheitas do cafezal vão enriquecê-lo!

As palavras do amigo fizeram-no perceber a oportunidade de obter uma propriedade e começar sua vida no Brasil em grande estilo. Então, resolveu aceitar:

– Por conta da nossa amizade, aceitarei o seu empréstimo para comprar a fazenda!

Compreendendo que aquilo não era um sonho, e sim uma realidade, que a fazenda, de onde acabara de sair, seria sua no dia seguinte, ele respirou fundo e disse:

– Acho que vou desmaiar! Eu, dono daquela fazenda? Mal posso acreditar!

Durante a conversa, Jean Pierre confessou estar muito apreensivo, pois não tinha nenhum conhecimento a respeito do cafezal nem da parte administrativa da fazenda. Gerhard, então, deu-lhe algumas explicações a respeito da exportação do café e de como deveria administrar a fazenda. Disse também que sua experiência viria com o passar do tempo e com o entrosamento que teria com os fazendeiros da região, que costumavam se reunir para discutir assuntos relacionados à exportação do café.

Em determinado momento, Jean Pierre informou ao amigo não ter nenhuma intenção de exportar o café de sua fazenda. Gostaria de vender o café somente nas regiões mais próximas. Curioso, Gerhard perguntou:

— E qual é o motivo da falta de interesse na exportação das safras de café?

— Eu não quero aproximação alguma com os barões do café. Sou abolicionista, não tenho o menor interesse em me reunir com pessoas que têm opiniões absurdas sobre os escravos. E, também, não pretendo me ocupar com nenhuma atividade que não sejam as minhas pinturas. Preciso voltar a pintar minhas telas. Pensarei numa maneira de não me envolver diretamente com o cafezal.

— Vejo que me enganei completamente. Pensei que você iria se tornar um barão do café e me pagar rapidamente, mas, agindo dessa maneira, com certeza, demorarei anos e anos para receber meu dinheiro de volta! Que péssimo negócio farei ao lhe emprestar minhas economias!

Jean Pierre deu uma gargalhada e os dois amigos seguiram felizes para a cidade.

Quando chegaram à casa de Gerhard, Michel e Catherine os esperavam ansiosos. A moça foi logo perguntando:

— Como foi a conversa com o sr. Otávio?

— Prepare-se para uma novidade, minha filha! Nosso amigo vai tornar-se fazendeiro!

Jean Pierre deixou-se cair numa poltrona e disse:

— Até agora não acredito que vou comprar aquela fazenda! Belisquem-me, por favor!

Os jovens o parabenizaram e os quatro comemoraram e brindaram a nova vida de Jean Pierre.

Michel, curioso, perguntou:

– Como é a tal fazenda?

– É maravilhosa! Fiquei encantado com o jardim da casa-grande! Nunca havia visto uma paisagem tão maravilhosa em toda a minha vida... – Abaixando os olhos, continuou com menos entusiasmo: – Contudo, vi uma coisa desprezível: um tronco para castigar os negros. Isso me deixou um tanto insatisfeito, mas pretendo retratar a imagem numa tela.

– Você afirmou que é abolicionista, portanto, é contra a escravidão. O que pretende fazer com os escravos da fazenda? – perguntou Gerhard.

Michel tentou adivinhar a resposta:

– Vai libertá-los e mandá-los de volta à África.

O jovem sorriu e respondeu:

– Ainda é cedo para saberem o que vou fazer. Aguardem e controlem a curiosidade...

O jovem francês conseguiu mais do que esperava. Uma fazenda com uma plantação de café era algo muito significante para um proprietário, mas o rapaz não trazia consigo a ambição de enriquecer com isso. Não queria participar de reuniões sobre o cultivo do café, a exportação; enfim, assuntos que os fazendeiros costumavam discutir a respeito do produto de maior rendimento financeiro da época. Ele queria viver longe dos escravocratas pois, desse modo, não teria de passar por aborrecimentos.

No dia seguinte, no horário aprazado, estavam reunidos na fazenda, Jean Pierre, Gerhard, o tabelião e Otávio. Finalizadas as assinaturas, o rapaz entregou a quantia combinada e Otávio reiterou que deixaria toda a mobília na casa e que não desejava levar nenhum objeto, exceto sua bagagem. Os escravos também faziam parte da negociação. Assim, ele solicitou o prazo de dois dias para se mudar. Jean Pierre concordou, mas lhe ofereceu mais alguns dias.

– Se quiser ficar mais uma semana, não me oponho... Estou hospedado na casa de Gerhard, onde poderei esperar tranquilamente.

– Obrigado, meu rapaz, mas pretendo viajar para Lisboa o mais rápido possível! Dois dias é o suficiente para resolver minhas pendências e seguir viagem rumo à minha pátria amada.

Enquanto os dois fidalgos resolviam os últimos pormenores, Ana servia o café para os visitantes e prestava atenção em todos os detalhes da conversação.

Os três homens se despediram de Otávio, deixando-o sozinho com os seus pensamentos. Ele era um homem de quarenta e três anos, solteiro por opção. Movido pelo egoísmo, não quis dividir seus bens com ninguém; portanto, quando seus pais morreram, ele resolveu que não iria se casar nem teria filhos. Mas acabou perdendo praticamente tudo para o carteado.

Sentado na poltrona da sala de visitas, tocou o sino para chamar Ana que, em seguida, apareceu para atendê-lo:

– O *sinhô* me *chamô*?

– Sim, Ana, quero que prepare minhas malas. Vou partir para Portugal daqui a dois dias. Vendi a fazenda ao jovem francês que esteve aqui...

– O *sinhô* vendeu os *escravo* também ou só a fazenda?

– Vendi tudo, inclusive você, que não tem mais nenhuma serventia nesta vida! Agora, deixe-me sozinho e vai fazer o que lhe mandei!

Ana abaixou os olhos e se retirou, indo direto para a senzala dar a notícia aos seus companheiros. Chegando lá, encontrou algumas mulheres e foi logo dizendo:

– Espalhem a notícia, *sinhô* Otávio *acabô* de *vendê* a fazenda!

– Ele vendeu *pra* quem, Ana? – perguntou Judite.

– *Pro sinhozinho* francês que esteve aqui! Parece *sê* boa pessoa.

E assim a notícia começou a se espalhar pelo cafezal. Embora não conhecessem o novo patrão, os escravos ficaram felizes por se livrarem da presença de Otávio, que tanto os havia castigado.

Quando Jean Pierre entrou na casa de Gerhard, Michel perguntou:

– Você vai ficar aqui esta noite?

– Sim, vou ficar aqui por mais dois dias, depois mudarei para minha casa! Estou muito feliz, Michel!

– Que ótima notícia! Então poderemos dar um passeio à noite. Vou levá-lo a uma taberna. Por lá circulam várias pessoas da cidade...

– Irei com prazer, estou precisando sair um pouco e fazer novas amizades.

À noite, os jovens saíram animados.

Chegaram, sentaram-se, pediram duas canecas de vinho e começaram a conversar enquanto todos observavam Jean Pierre.

– Você deixou alguma namorada na França? Trouxe em seu coração alguma paixão francesa?

– Não trouxe ninguém no meu coração. Conheci algumas moças, mas nunca me apaixonei verdadeiramente por nenhuma delas.

– Acredito que aqui não vai ficar sozinho por muito tempo. Logo vai aparecer alguém querendo casar-se com você, que, além de artista, agora é um fazendeiro!

Estava lá naquela noite, conversando com seus amigos, Lady Marie. Ela era malvista na cidade por sua fama de mulher fácil. Ainda solteira teve uma filha e isso era um bom motivo para a sociedade rejeitá-la. Seu pai era rico, mas não era fidalgo.

Desde o instante em que viu Jean Pierre, ela ficou fascinada. Curiosa, perguntou aos amigos quem era o fidalgo e, depois de obter as informações necessárias, abordou-o:

– Então o senhor é o recém-chegado de Paris? – E, olhando sorrateiramente para Michel, continuou: – Já que ninguém me apresenta, eu mesma faço isso! Lady Marie a seu dispor!

Ela era uma mulher sensual, usava vestidos de cores berrantes e decotados. Branca, tinha os cabelos pretos, abaixo dos ombros, e olhos castanhos. Sua beleza não chamava mais atenção do que sua sensualidade.

Jean Pierre, muito educado, respondeu:

– Muito prazer, Lady Marie! Sente-se, por favor!

Michel, contrariado com a presença da moça, retirou-se.

Enquanto conversava com o fidalgo, começou a beber, rir e aumentou o tom de voz, tornando-se uma companhia desagradável.

Jean Pierre, reprovando seu comportamento, perguntou:

– Não acha que está bebendo demais?

Ela, aos berros, respondeu:

– Não se preocupe comigo! Estou acostumada a beber!

O rapaz se sentiu envergonhado. Sua educação estava acima daquela situação grotesca. Irritado, respondeu:

– Está bem! Beba um barril de vinho se quiser, mas não grite em meus ouvidos porque não sou surdo!

Ela soltou uma sonora gargalhada e, bem perto de seu ouvido, disse:

– Gostaria de conhecê-lo melhor, creio que encontrei meu grande amor!

– Creio que o vinho já lhe subiu à cabeça, Lady Marie!

Michel se aproximou completamente contrariado:

– Vamos embora, Jean Pierre?

Lady Marie respondeu:

– É cedo, seu desmancha-prazer!

– Não estou falando com você! Sei que é impossível pedir-lhe para que tenha educação; portanto, peço o favor de não me dirigir nenhuma palavra!

Percebendo que estava iniciada uma discussão entre Michel e Lady Marie, Jean Pierre se despediu, levantou-se e os dois se retiraram.

Lady Marie ficou bastante nervosa, mas se conteve, não queria fazer mais escândalo. Estava completamente decidida a conquistá-lo, ficara encantada.

Chegando à casa de Gerhard, Michel reclamou em voz alta na frente de seu pai, que ainda estava acordado:

– A noite estava ótima, até aparecer Lady Marie para irritar-me! Desculpe-me pelo transtorno que lhe causei, Jean Pierre... Vou me deitar.

– Boa noite, Michel! E não tem do que se desculpar.

Ele se retirou e os dois amigos ficaram conversando.

– Realmente a noite não foi das melhores, também me senti constrangido com toda a situação. Afinal, conte-me, Gerhard, quem é essa tal Lady Marie e que mal fez a Michel?

– Lady Marie é uma mulher muito perigosa, tem amantes e não é de confiança. Vive com o pai aqui na cidade. Foi enganada por um homem que a engravidou e prometeu casar-se, porém ele fugiu e até hoje ninguém sabe dele. Teve uma filha, que está com dois anos; dizem também que ela não é uma boa mãe, deixa a menina aos cuidados do pai e de uma escrava e sai para se divertir. Quanto a Michel, ela destruiu seu noivado com uma fidalga da cidade ao fazer fofocas e intrigas. Parece que não suporta a felicidade alheia. Michel não a perdoa pela perda da ex-noiva, que acabou casando-se com outro rapaz.

– Agora compreendo os motivos da aversão de Michel.

– Ouça-me, Jean Pierre, mantenha-se afastado dessa mulher! Ela só causa problemas aos homens que se envolvem amorosamente com ela...

– Apesar de atraente, ela é muito vulgar – disse Jean Pierre.

Os dois continuaram conversando por mais um tempo, depois se recolheram.

Passados dois dias, Jean Pierre despertou muito feliz, finalmente iria se mudar para a fazenda. Despediu-se de todos e agradeceu a hospitalidade dos amigos.

Otávio o esperava para se despedir. Quando Jean Pierre chegou, ele lhe deu algumas recomendações a respeito da propriedade, chamou um empregado, o feitor Armando, e o apresentou.

– Este aqui foi o meu braço direito durante todos esses anos! Na minha ausência, era ele quem dava as ordens! Os negros têm muito respeito pelo seu chicote! Você está me entendendo, meu jovem?

Enquanto ele apresentava o feitor, Jean Pierre sentia seu estômago revirar-se, mas se conteve, sabia que Otávio já estava de partida e, a partir daquele dia, haveria uma grande mudança na vida dos negros.

Otávio mandou reunir todos os escravos no jardim da casa-grande e, do alto da escada, ao lado do novo proprietário, anunciou em voz alta que estava de partida.

– Ouçam-me, vendi a fazenda para o sr. Jean Pierre! Terão de obedecer a ele a partir deste momento...

Quando terminou o discurso, Otávio despediu-se somente de Jean Pierre. Ele era um escravocrata, achava que os negros não mereciam nenhum tipo de respeito. Passou por eles rapidamente, entrando na carroça e levando com ele dois escravos, que iriam acompanhá-lo até o embarque e depois retornariam para a fazenda.

Depois que Otávio partiu, Jean Pierre tomou a palavra e começou seu discurso:

– Peço a atenção de todos! Inicialmente, gostaria de desejar-lhes bom dia!

Alguns responderam e outros ficaram calados e surpresos diante do gentil cumprimento.

– Quero fazer algumas modificações nesta fazenda. Para começar, vamos destruir a senzala. Todos aqui terão uma casa para morar! Destruiremos também esse tronco, porque a partir de hoje, não haverá mais castigos nem chibatadas!

Os negros não acreditavam no que estavam ouvindo. As lágrimas caíam de seus olhos.

– Não quero mais escravos aqui e sim empregados e amigos! Todos ganharão uma recompensa todo mês pelo trabalho cumprido. Não entendo nada sobre o cafezal. Peço que me ajudem nos primeiros meses! Farei apenas uma exigência: não quero crianças trabalhando com os pais, prefiro que fiquem na companhia de suas mães. Quanto à construção das casas, creio que podem construí-las nos arredores da fazenda. Peço que as famílias se juntem na mesma casa e os que não têm família se reúnam e dividam a moradia com quem desejarem.

Enquanto Jean Pierre falava, o feitor Armando balançava a cabeça fazendo sinal de negativo ao discurso de seu novo patrão.

– Darei a todos a carta de alforria. Se alguém desejar ir embora da fazenda, poderá partir. Não vou prender ninguém. Mas posso garantir-lhes que se ficarem serão muito felizes. E lhes asseguro que ainda hoje estarão todos livres!

Armando, o homem que havia anos os castigava, interrompeu o discurso:

– Senhor Jean Pierre, não quero trabalhar aqui, vou procurar outra fazenda. Nunca ouvi tanta barbaridade de uma só vez...

– Está me pedindo exatamente o que eu iria lhe propor: que fosse embora, porque, a partir de hoje, meus amigos não apanham mais! Portanto, estou dispensando seus cruéis serviços!

Armando saiu rapidamente, resmungando algumas palavras. Emocionados, os negros gritavam, choravam e aplaudiam Jean Pierre. Havia no meio deles um escravo chamado João, que era o mais velho de todos. A um sinal dele, todos ficaram em silêncio.

– *Sinhozinho*, queria *agradecê*, em nome de todos por sua bondade e coração bom. Nunca pensei que velho do jeito que eu *tô*, iria *ouvi* palavras como essas. Se eu *morrê* hoje, morrerei feliz por *vê* toda essa gente livre! Prometo, em nome desse povo sofrido, que *seremo* muito *agradecido* pelo resto de nossa vida.

Jean Pierre se emocionou. De seus olhos rolavam lágrimas de emoção. Descendo a escada, ele deu um abraço no velho negro, despediu-se do povo e se retirou.

Entrou na casa. Ana, ainda emocionada e limpando as lágrimas que teimavam em cair de seus olhos, falou:

– Bom dia, *sinhozinho*! Sou Ana, a *cozinhera*. Durmo aqui dentro da casa, mas fique sossegado, não vou *incomodá* o *sinhô*.

– Muito bem, fico feliz em saber que terei companhia, não gosto da ideia de morar sozinho em uma casa tão grande.

Aos quarenta anos de idade, Ana jamais imaginou que algum dia fosse fazer parte de um acontecimento tão importante: ser liberta, juntamente com todos os seus companheiros.

– Queria *agradecê* sua bondade com o meu povo!

– Acalme-se, Ana, entendo sua emoção. Quero dizer-lhe que estou muito feliz em poder ajudá-los. Agora preciso que me ajude. Mostre-me as salas que possuem mais claridade! Preciso montar e decorar meu *ateliê* de pintura!

Sem entender o que significava a palavra *ateliê*, Ana começou a lhe mostrar as salas. Ele não gostou da primeira sala, entrou na segunda e a achou mais espaçosa e iluminada.

– É aqui, Ana! Mande retirar toda a mobília desta sala! Peça que retire também as cortinas e esta porta! Coloque o dobro de candelabros que há na sala de visitas! Quero meu *ateliê* bem iluminado! Costumo pintar à noite, quando me falta o sono.

Obedecendo às primeiras ordens do patrão, Ana chamou dois negros para ajudar. Começaram o serviço retirando a porta.

Como a hora do almoço se aproximava, Ana perguntou ao fidalgo:

– O que o sinhozinho *tá* acostumado a *cumê?* Só sei *fazê cumida minêra.*

– Experimentei a comida mineira na casa do meu amigo Gerhard e adorei! Continue cozinhando da mesma forma e não se preocupe comigo. Quando sentir saudade da comida francesa, eu mesmo vou à cozinha e a preparo.

Passado um tempo, Ana chamou o patrão para almoçar. Ela arrumou a mesa e colocou um vasinho de flores no centro.

– Nossa! Isso é um verdadeiro banquete! Muito obrigado, Ana! As flores também são lindas! Agora, sente-se e faça-me companhia.

– Mas, *sinhozinho, num* posso *sentá!*

– Por quê?

– Eu nunca me sentei à mesa com o *sinhô* Otávio.

– Ah! O motivo é esse? De hoje em diante tudo mudou por aqui; quero sua companhia em todas as minhas refeições!

– Até quando *vié* visita?

– Exatamente! As visitas terão de se sentar à mesa com você. Caso não queiram, não vão comer.

– Minha Nossa Senhora! Só pode *sê* Deus que ouviu nossas *préci.* Como o *sinhô* tem um coração bom!

Ele sorriu, Ana sentou-se, e ambos almoçaram tranquilamente. Durante o almoço, o jovem deu-lhe uma ordem muito importante:

– Ouça-me, Ana, só vou lhe fazer uma exigência: não me interrompa de forma alguma quando eu estiver pintando. Preciso de silêncio absoluto, o meu trabalho exige muita concentração. Garanto que não passarei o dia todo pintando, pois o tempo deve ser amigo do pintor e a paciência, a sua virtude. Um trabalho deve ser feito por etapas, devido à secagem das tintas, por tudo isso não pinto uma tela no mesmo dia. Espere pacientemente para falar comigo e não me interrompa, por favor!

– Entendi, *sinhozinho.* Não posso *conversá* com o *sinhô,* de jeito nenhum, quando estiver pintando. Devo esperar *terminá* o trabalho.

– Exatamente! E não permita que ninguém o faça! Só me interrompa se o assunto for muito importante...

Depois do almoço ele entrou na biblioteca e começou a escrever as cartas de alforria que prometera. Quando terminou, pediu que entrasse um de cada vez para escrever os nomes e entregar a liberdade tão sonhada.

Na manhã seguinte, exatamente às nove horas, Jean Pierre já estava com o seu cavalete no jardim e, antes de iniciar os primeiros traços da paisagem que o sol clareava diante de seus olhos, disse para Ana:

– Vou terminar a primeira etapa deste trabalho às onze horas, pretendo voltar aqui nesse mesmo horário, todos os dias, até terminar a tela. Lembre-se do que lhe falei a respeito de não ser interrompido!

– Posso fazer uma pergunta, antes de o *sinhozinho cumeçá* sua pintura?

– Sim.

– Por que tem de *voltá* aqui no mesmo *lugá* e na mesma hora?

– Por causa da posição do sol, que me traz a nitidez exata das cores e da claridade. Tenho de ter paciência para obter um resultado perfeito.

Depois do almoço, o *ateliê* já estava vazio. Jean Pierre, então, acompanhou pessoalmente toda a transformação do ambiente. Pediu que colocassem um sofá e uma mesa grande no canto da sala. No centro, colocaria uma mesa pequena e, ao lado, o cavalete. Também solicitou um armário para guardar seu material de pintura.

Terminado todo o trabalho, deixou-se cair no sofá e, exausto, pediu que Ana levasse refresco para todos.

DOIS

A SEDUÇÃO DE LADY MARIE

LADY MARIE ficou impressionadíssima com Jean Pierre. Não conseguiu tirá-lo do pensamento nem por um minuto sequer.

Queria reencontrá-lo. Imersa em seus pensamentos, arquitetava uma forma de conquistá-lo. Decidiu pedir ajuda ao pai e esperou que surgisse uma oportunidade.

Amaral era um homem muito severo com os escravos, porém, a sua relação com a filha era muito diferente. Lady Marie se aproveitava do amor demasiado que o pai nutria por ela para alcançar seus anseios.

Na infância, a menina já o dominava completamente. Ele satisfazia a todos os seus caprichos, e seus desejos transformavam-se em ordens. Amaral não gostava de contrariá-la e acabava concordando, inclusive, com seus desacertos.

Na fase adulta, seu pai passou a ser intolerável somente quando ela destratava a neta, a pequena Milene.

Um dia, estavam tomando café da manhã quando Amaral perguntou:

– O que você tem, Lady Marie? Por que está tão distante?

Diante das indagações, ela resolveu revelar a causa do seu silêncio e falou sobre Jean Pierre com muito entusiasmo:

– Alguns dias atrás conheci um fidalgo, papai. Estou apaixonada e vou conquistá-lo!

– Quer dizer que conheceu mais um fidalgo? E está apaixonada novamente? – perguntou um tanto desanimado.

– Sim, estou perdidamente apaixonada, mas ele é diferente dos outros. Tem um olhar fascinante...

– Afinal, quem é ele?

– Tenho algumas informações a seu respeito: é francês, amigo de Gerhard, nobre, seus pais eram marqueses e comenta-se que ele comprou uma fazenda! Deve ser muito rico! Preciso encontrá-lo novamente! Percebi que ele ficou interessado em mim!

Na verdade, Jean Pierre a tratou educadamente, não houve nenhum interesse da parte dele, mas a sua fixação pelo rapaz, iludiu-a completamente.

Amaral arregalou os olhos quando a filha disse que o fidalgo era rico e que possuía uma fazenda. Interrompeu-a e, prontamente, deu-lhe todo o apoio que ela desejava:

– Nesse caso, se houve interesse da parte do francês, tem todo o meu apoio! Procure-o e convença-o a vir pedir a minha permissão para um futuro compromisso com você. Eu vou recebê-lo com muita honra em nossa casa!

A jovem levantou-se da cadeira e abraçou o pai.

– Eu sabia que podia contar com o seu apoio, meu pai...

Ouviram o choro de Milene e interromperam a conversa. Irritada com a menina, a mãe a repreendeu, gritando:

– Cale-se, Milene! Não é possível conversar com uma criança manhosa ao nosso redor! Deixe-nos em paz!

– Seja mais amável com sua filha, por favor! Eu desaprovo a sua estupidez com Milene...

Enquanto Amaral expressava sua indignação, Lady Marie começou a chorar e desabafar:

– O senhor sabe muito bem que eu não queria ter uma filha. Sou jovem, tenho muito o que aproveitar da vida! Parece que ela faz questão de aborrecer-me quando estou conversando com o senhor!

– Milene chora porque deseja sua atenção! Você tem o dever de amá-la e ser mais paciente...

A escrava que cuidava da menina retirou-a da mesa e acalmou-a com seu carinho.

Sensibilizado com a tristeza da filha, Amaral novamente rendeu-se ao drama que a moça costumava encenar para conter os sermões.

– Minha filha, tente abrandar essa tristeza de seu coração... Estava tão feliz contando-me sobre o fidalgo...

– É verdade, meu pai. Mas essa menina sente prazer em irritar-me!

– Milene é uma criança que tem apenas dois anos de idade. Tente ser mais tolerante com sua filha.

– Vou tentar, meu pai. Mas deixemos esse assunto de lado, não quero me aborrecer mais. Desejo pensar em minha vida, em conquistar de vez o fidalgo. Hoje mesmo vou tentar saber onde fica a fazenda de Jean Pierre e vou visitá-lo...

Ana ouviu quando chamaram no jardim da casa e foi atender a visita. Ao abrir a porta, Lady Marie já estava subindo a escada e dando ordens à empregada, sem ao menos se apresentar:

– Ouça-me, escrava, vai chamar o seu patrão! Estou exausta! Preciso também de um copo com água. O calor está insuportável!

Sem pedir licença, entrou e sentou-se no sofá da sala de visitas.

– Não posso *incomodá* o meu patrão, Se *quisé esperá*, fique à vontade. Vou *buscá* o copo com água.

Ana virou-se e começou a andar em direção à cozinha. A visitante falou em voz alta:

– Aonde pensa que vai, sua insolente? Obedeça-me, agora mesmo, antes que eu conte a Jean Pierre a desfeita que me fez! E, quando ele souber que me destratou, com certeza, vai castigá-la!

Diante das ameaças, Ana pensou que Lady Marie fosse uma pessoa estimada pelo patrão, então, tentou explicar que Jean Pierre não gostava de ser incomodado quando estava pintando. Disse também que não quis ofendê-la ao dizer que não incomodaria o patrão, pois estava obedecendo a uma ordem dele. Mas a moça foi categórica:

– Cale-se e vá chamá-lo agora mesmo! Não desejo ouvir suas explicações!

Jean Pierre estava no *ateliê* preparando uma tela para dar início a um novo quadro quando Ana, indecisa, bateu à porta:

– Licença, *sinhozinho*. Não queria *incomodá*, mas tem uma moça na sala de visitas, querendo *lhe vê*. Ela insistiu tanto que pensei...

– Fique tranquila, Ana. Não me incomoda, estou apenas preparando uma tela, ainda não comecei o desenho. Disse-me que tem uma moça me esperando? Por acaso ela se apresentou, disse o seu nome?

– Nao. Só disse que deseja *falá* com o *sinhozinho*.

– Uma moça querendo falar-me? Só pode ser Catherine! Ana, por favor, diga-lhe que aguarde mais alguns minutos. Em seguida, vou recebê-la.

A empregada se acalmou quando ele disse que receberia a visita, pois, desse modo, não teria de ouvir mais nenhum desaforo.

Assim que ela saiu do *ateliê*, o pintor lavou as mãos, retirou o avental e dirigiu-se à sala de visitas. Ao entrar, deparou com Lady Marie e ficou surpreso:

– Pensei que fosse Catherine, a filha de Gerhard! Estou surpreso com sua visita!

Aproximando-se, ela o cumprimentou esbanjando charme.

– Olá, Jean Pierre! Vim desejar-lhe boas-vindas à sua nova morada!

– Muito obrigado. Sente-se e fique à vontade! A senhorita aceita um refresco?

– Obrigada pela senhorita, mas pode me chamar de Lady Marie ou Marie, como preferir. Sou sua escrava!

Ele sorriu, mas não gostou da brincadeira.

– Pedi um copo com água, assim que cheguei; no entanto, a sua escrava ainda não me atendeu.

– Ana não é minha escrava e sim minha ajudante.

Muito astuciosa, Lady Marie percebeu que o fidalgo era abolicionista e mudou imediatamente a sua expressão e também sua estratégia de conquista.

– Que maravilha! Vejo que estou diante de um abolicionista!

– Sim, sou abolicionista. Mas por que se maravilha com isso? Também contesta a escravidão?

– Oh! É claro que sim! Sou totalmente contra a escravidão. Isso deveria ser abolido de nosso país... – ela criou um discurso falso a respeito de sua opinião para tentar impressioná-lo.

Chamando Ana, ele pediu que ela trouxesse uma jarra com refresco. Então, aproximou-se de Lady Marie e, olhando nos seus olhos, perguntou seriamente:

– Diga-me, sinceramente, o que veio fazer aqui? O que deseja, realmente?

– Eu desejo a sua companhia! Não consegui tirá-lo do pensamento nem por um minuto.

Ele se lembrou dos conselhos de Gerhard e seu semblante modificou-se. Ficou preocupado com a declaração que aquela moça atraente, porém perigosa, acabara de fazer-lhe.

Ela, percebendo que ele desviara o olhar, rindo, perguntou:

– Tem medo de envolver-se comigo? Não precisa se explicar, eu já entendi. Gerhard e seu filho devem ter feito comentários horríveis a meu respeito. Se estiver disposto a conhecer-me, saberá que sou completamente diferente.

– Eu já a conheço.

– Digo, conhecer-me intimamente.

Ana voltou com a jarra de refresco, colocou sobre a mesa e, antes que saísse da sala, Lady Marie agradeceu-lhe de forma gentil e educada.

– Muito obrigada pela gentileza de me trazer um refresco, Ana.

A criada se retirou desconfiada.

Após tomarem o refresco, ela disse que gostaria de tomar uma taça de vinho e pediu que o fidalgo a acompanhasse. Logo, ele abriu uma garrafa, serviu a moça e tomou apenas uma taça. Tentando seduzi-lo, ela sentou-se a seu lado, entrelaçou os braços em seu pescoço e disse em tom provocante:

– Vamos parar de falar e começar a agir? Gostaria muito de provar o seu beijo.

Jean Pierre não resistiu à sedução e deu-lhe um longo beijo. Depois, ele a soltou e, arrependido, tentou desvencilhar-se dela:

– Pronto, já conseguiu o que queria. Agora, deixe-me, tenho muito a fazer...

– Não vou embora. Quero mais e sei que você também quer. Vamos ao seu quarto? – dizendo isso, voltou a beijá-lo.

Acabaram no quarto e se entregaram um ao outro.

Antes de partir, ela se declarou ao rapaz:

– Nunca me apaixonei verdadeiramente por ninguém. Você foi o único que conquistou o meu coração. Desejo ficar ao seu lado até o fim de meus dias.

– Acho que está exagerando, Lady Marie, além do mais, não lhe fiz nenhuma promessa de amor.

– Eu sei, não lhe estou cobrando nada. Mesmo porque já está preso a mim, querido! – Dando um sorriso malicioso, perguntou: – Gerhard lhe contou que tenho uma filha?

– Sim, contou-me.

– E, mesmo assim, vai se casar comigo?

– Mas já está me pedindo em casamento, Lady Marie?

– Estou brincando, seu tolo!

– Quanto à sua filha, Gerhard contou-me que você se envolveu com um fidalgo, que prometeu se casar com você e que depois fugiu e não retornou. Não sou preconceituoso. Creio que se entregou a ele porque estava apaixonada. É comum as pessoas se enganarem ao longo da vida. O importante é ser uma boa mãe para sua filha e amá-la.

– Eu não acredito no que estou ouvindo! Nunca nenhum homem me disse palavras tão bonitas! Você é maravilhoso, Jean Pierre! Se soubesse como tenho sofrido nesta cidade por causa de minha filha. Os homens pensam que eu sou uma leviana.

– Talvez seja pelo fato de não esperar nem vinte e quatro horas para se entregar a eles.

– Seu estúpido, eu nunca me deitei com alguém tão inesperadamente! Não tire conclusões precipitadas. Você é muito especial para mim, por esse motivo entreguei-me, mas acho que me precipitei. Não lhe causei boa impressão.

– Fiz uma brincadeira, mas não estou pensando coisa alguma a seu respeito, apenas nos envolvemos um com o outro. Você é

uma mulher muito atraente e sedutora. E eu sou um pintor solitário, que se deixou envolver-se pelos seus encantos...

– Você é encantador, Jean Pierre! Tenho muita pena por
Milene ter sido rejeitada pelo pai, que fugiu quando soube de
minha gravidez...

Na verdade, Lady Marie não sofria somente pelo preconceito da sociedade em relação à sua condição de mãe solteira, mas
também pelos seus envolvimentos com homens casados e compro-
metidos. Quanto à Milene, nunca a tratou com amor; sempre a
rejeitou por causa de sua semelhança com o pai biológico.

Quando ela foi embora, bateu um grande vazio no coração
de Jean Pierre. Ele sentiu que ela não passava de uma distração.
Seu desejo era conhecer um grande amor, alguém que lhe desper-
tasse um sentimento maior.

No dia seguinte, Lady Mary voltou, exatamente na hora do
almoço. Assim que entrou na casa, Jean Pierre a convidou para
sentar-se à mesa e almoçar na companhia dele e de Ana.

A moça estranhou a presença da empregada à mesa, mas
tentou disfarçar. Sentou-se diante de Ana e olhou-a com tamanho
desprezo, que a fez levantar-se da mesa. O patrão insistiu para que
ela permanecesse. Ana disse que preferia almoçar na cozinha e
Lady Marie, tentando ser agradável, deu sua opinião:

– Bem, Jean Pierre, se Ana prefere almoçar na cozinha, tem
de respeitá-la. – Observando que ele permaneceu calado, ela argu-
mentou: – Por favor, Ana! Não se importe com a minha presença,
fique à vontade...

Ana sentou-se e almoçou calada. Depois do almoço, Jean
Pierre foi até a sala de visitas enquanto Lady Marie ajudava a empregada a retirar a louça do almoço. Ela olhou bem no fundo dos
olhos de Ana e disse sussurrando:

– Ouça-me, Ana: quando me casar com Jean Pierre não aceitarei dividir a mesa com você. Vai comer na cozinha, que é o seu lugar.

– Mas foi o *sinhozinho* Jean Pierre que pediu...

– Não importa quem pediu para sentar-se à mesa. Só a estou avisando que logo serei a dona desta casa e não permitirei que uma negra almoce com o meu marido.

Em seguida, ela se retirou e foi até a sala onde Jean Pierre se encontrava.

– O que vamos fazer agora, meu querido?

– Perdoe-me! Não vou poder dar-lhe atenção. Tenho de voltar ao trabalho.

– Oh! Meu querido, fique à vontade, não quero incomodá-lo! Farei um passeio pela fazenda enquanto você se ocupa com sua pintura. Volto logo mais.

Ela saiu e Jean Pierre se dirigiu ao *ateliê*.

Depois de duas horas a moça voltou. No momento em que seguia para o *ateliê*, Ana disse:

– Não entre, por favor! Ele não gosta de *sê* incomodado quando *tá* pintando os *quadro*.

– Cale-se, sua negra insolente! Você não vai me impedir de entrar!

Lady Marie entrou no *ateliê* falando em voz alta tirando toda a tranquilidade do ambiente. Jean Pierre se assustou.

– Olá, meu querido, já estou de volta!

– Posso saber quem a deixou entrar no meu *ateliê*, sem ao menos bater na porta?

– Desculpe-me, se o atrapalhei. Ninguém me avisou que não poderia entrar. Mas deixe-me ver seu trabalho...

Lady Marie tentou descontrair o clima desagradável que havia causado ao interromper bruscamente a concentração do pintor. Pegou o pincel das mãos de Jean Pierre e deslizou-o sobre a tela. Sorrindo, disse:

— Vou ajudá-lo a pintar.

Aquela atitude deixou o rapaz completamente irritado. Ele gostava de realizar suas pinturas sozinho e em completo silêncio, assim, pediu que ela se retirasse. Desesperada, ela implorou o seu perdão:

— Perdoe-me, Jean Pierre, não pensei que uma brincadeira pudesse ofendê-lo. Prometo nunca mais tocar em nenhuma de suas telas e também não voltarei a incomodá-lo quando estiver pintando...

— Está bem. Agora, por favor, saia, preciso ficar sozinho. Estou muito nervoso.

Lady Marie o abraçou e disse que voltaria no dia seguinte. Quando ela saiu, ele ficou um pouco mais tranquilo. Foi até a cozinha, sentou-se e conversou com Ana:

— Ana, vou tentar falar calmamente. Eu lhe pedi para que não permitisse que ninguém me interrompesse durante a execução das minhas pinturas. Por que não avisou Lady Marie?

— Eu *avisei*, *sinhozinho*, porém ela não *acreditô*...

Jean Pierre ficou furioso ao perceber que Lady Marie mentira. Pensativo, saiu da cozinha.

Lady Marie começou a frequentar a fazenda diariamente. Na presença de Jean Pierre era amável e gentil com Ana, mas, na sua ausência, insultava-a.

Ana ouvia em silêncio as ofensas, não queria criar uma situação incômoda com o patrão. No entanto, percebia que Lady Marie estava apenas criando uma ilusão a respeito de Jean Pierre, que, aparentemente, não evidenciava nenhum interesse em casar-se com ela; pelo contrário, demonstrava insatisfação com a sua presença.

Passados alguns dias, enquanto Jean Pierre e Ana tomavam o café da manhã, a visitante apareceu toda animada:

– Olá, meu querido! Bom dia! Tive uma ideia e creio que vai gostar: "Que tal pintar um quadro meu? Posso posar para você agora mesmo, se quiser!".

Como ele não respondeu, ela teve outra ideia:

– Já sei! Vamos passear? Que tal darmos um passeio a cavalo pela fazenda?

Ele levantou-se e seguiu para a sala de visitas. Ana começou a retirar a louça da mesa quando Lady Marie disse em voz baixa:

– O que aconteceu? Andou falando mal de mim? – responda, sua negra nojenta!

– Cale-se! Quem lhe deu o direito de humilhar Ana dentro de minha casa?

Jean Pierre voltou da sala e, ao se aproximar, ouviu as últimas palavras de Lady Marie. A moça tentou se explicar inventando mais mentiras:

– Jean Pierre, por favor, acalme-se! Eu posso explicar. Sua empregada me ofendeu, por esse motivo eu a destratei...

– Chega de mentiras! Não suporto mais a sua presença em minha casa! Quero que vá embora, agora! Que me deixe em paz! Desapareça, por favor!

– Por que está agindo assim comigo? – perguntou.

– Quer mesmo saber? Porque a sua presença me incomoda! Endividei-me para comprar esta fazenda e, no entanto, não consigo pintar nem uma tela sequer, por sua causa!

– Se o seu problema é dinheiro, eu pago o que deve a Gerhard. Tenho meios de saldar a sua dívida. Mas peço que não me maltrate! Vai se arrepender de suas palavras! – disse ela muito nervosa.

– Saia, por favor! Não preciso do seu dinheiro, obrigado!

– Entendi, cansou-se de mim, não me quer mais. Deitou-se comigo, usou-me e agora me despreza!

– Sim, é verdade, deitei-me com você e enjoei-me! Agora vá! Saia da minha casa!

– Iludiu-me, disse que não se importava que eu tivesse uma filha!

– Não misture as coisas, sua filha não tem nada a ver com sua falsidade e sua falta de educação. Simplesmente, não estou apaixonado. Entendeu?

– Você vai se arrepender, Jean Pierre, por me expulsar dessa maneira... Prometo que vou me vingar!

Ela saiu chorando, completamente arrasada. Ao chegar em casa, relatou o ocorrido a seu pai, sem omitir nenhum fato. Amaral se envergonhou. Embora não tenha explanado a sua opinião, devido ao estado emocional da filha, entendeu perfeitamente a atitude do fidalgo. Ele conhecia muito bem a estratagema de sedução que Lady Marie costumava usar e os transtornos que causara na vida dos homens por quem havia se apaixonado.

Durante os dias em que a moça frequentou a casa do pintor, seu pai a aconselhou a reduzir a visitação, pois o fidalgo não havia formalizado nenhum compromisso. No entanto, ela, segura de si, e completamente decidida a conquistar o francês, não deu a mínima atenção aos conselhos do pai.

Depois que ela se foi, Jean Pierre deixou-se cair no sofá da sala e deu um suspiro aliviado. Ana contou-lhe todas as ofensas e ameaças que a moça lhe havia feito. Ele aconselhou-a a não aceitar ofensas de visitante algum e, se caso voltasse a acontecer, solicitou que Ana o avisasse imediatamente.

– Enfim a paz! Ana, traga-me algo para beber, estou morrendo de sede...

— Depois dessa briga vou *trazê* um suco de maracujá, o *sinho-zinho tá* precisando!

Jean Pierre respirou aliviado e sorriu.

À tarde, o fidalgo foi até a cidade e confessou ao amigo Gerhard seu envolvimento com Lady Marie.

Depois de ouvir toda a narrativa, Gerhard comentou em voz alta:

— Eu o avisei para não se envolver com essa mulher! Se Lady Marie está apaixonada, como me diz, ela vai infernizá-lo! Você não deveria ter se rendido aos seus encantos de mulher!

— Lady Marie me envolveu, praticamente me levou...

— Quando um não quer, dois não brigam! Confesse, Jean Pierre, ela o seduziu porque você deixou.

— Está certo, ela me seduziu, enganou-me, disse-me que era abolicionista, tratou-me com carinho, enfim, submeti-me aos seus encantos. Mas o nosso envolvimento acabou; não quero vê-la nunca mais!

— Esqueçamos o ocorrido, caro amigo Jean Pierre. Mas prometa-me que não vai se envolver novamente com ela.

— Prometo-lhe, com toda a certeza! Quero paz e tranquilidade em minha casa...

Depois de conversarem por um longo tempo, o fidalgo despediu-se do amigo, subiu em sua carroça e, quando estava a caminho de sua fazenda, avistou Lady Marie beijando outro homem. Pensou: "Como pude envolver-me com uma mulher tão vulgar?".

* * *

Enquanto isso, na corte, na mansão do conde Molina, sua filha Dominique, junto com sua ama de leite, a quem ela chamava carinhosamente de ama Maria, conversavam no quarto:

– Menina Dômi, precisa se *arrumá pro* seu noivo, minha querida. Conhece bem o seu pai, daqui a pouco ele vai *batê* na porta *pra te chamá.*

Nascida em Paris, Dominique chegou ao Brasil com três meses de idade e cresceu em São Paulo. Estava sempre cercada de nobres, que se relacionavam com sua família. Embora apreciasse recepções e cerimoniais da corte, os festejos lhe traziam pouca satisfação, pois não concordava com as opiniões daqueles que eram a favor da escravidão.

Dominique era uma linda jovem, de vinte e dois anos, pele clara, cabelos castanhos e olhos verdes. Falava fluentemente quatro idiomas: francês, português, espanhol e italiano. Possuía uma sabedoria apreciável para dialogar com as pessoas, era inteligente e vaidosa, adorava roupas finas, joias, sapatos... Tinha um coração generoso e era abolicionista convicta, porém se sentia infeliz com o seu futuro casamento.

O conde Molina havia combinado com a filha que ela receberia o título de condessa no dia de seu casamento com dom Aurélio, a quem fora prometida aos cinco anos de idade. Na ocasião, foi feito um acordo cerimonial entre as nobres famílias de unirem seus filhos no enlace do matrimônio. Seus pais lhe diziam desde pequenina que ela se casaria com dom Aurélio. Contudo, a menina cresceu e se tornou muito infeliz por causa do acordo. A moça não amava seu noivo; na verdade, sentia aversão por ele, enquanto o rapaz a amava desesperadamente desde a infância. Dom Aurélio a cercava de todas as maneiras, ele a amava de forma doentia, tinha verdadeira obsessão por ela.

Naquela época, era comum os pais escolherem os noivados de seus filhos, porém, Dominique achava um absurdo ter de se casar com Dom Aurélio por causa da promessa feita por seus pais sem o seu consentimento.

Passados alguns minutos, o conde entrou no quarto e disse com a voz um pouco alterada:

— Dominique, seu noivo a espera há meia hora! Apresse-se, por favor!

— Diga-lhe que já estou indo, papai – respondeu desanimada.

Dom Aurélio era um rapaz muito bonito, descendente de alemães, louro, alto, de olhos azuis, que realçavam ainda mais o seu olhar perspicaz. Ele sabia da ausência de amor no coração de sua noiva, pois ela sempre lhe dizia que não o amava e que só iria se casar por causa do acordo feito pelo conde Molina com dom Hélder.

Passados trinta minutos, Dominique apareceu no salão com a ama:

— Boa noite, dom Aurélio!

— Boa noite, senhorita Dominique! Estou esperando-a há horas... Por que demorou?

— Desculpe-me, distraí-me conversando com ama Maria.

— Então foi esse o motivo de seu atraso? Sua ama a atrasou com conversas banais?

— Minha ama não me atrasou. Disse que me distraí conversando com ela. Pare de criar confusões, afinal, sempre me atraso quando você vem visitar-me.

— Quando me casar com Dominique, vou jogá-la na rua, sua negra suja!

Dominique ficou furiosa e deu um tapa no rosto do noivo. E, olhando-o no fundo dos olhos, disse:

— Preste atenção no que lhe vou dizer: "Nunca mais dirija a palavra para minha ama!".

Ele fixou os olhos nos lábios da moça e não resistiu, agarrou-se ao seu corpo e tentou beijá-la à força. Maria correu e chamou o conde:

– *Sinhô* conde, corre! Dom Aurélio agarrou a menina Dômi!

O conde saiu correndo da biblioteca e foi até a sala onde estavam os noivos.

– O que está acontecendo aqui, dom Aurélio?

Dominique, chorando, abraçou o pai e disse:

– Ele me agarrou, queria beijar-me à força, papai.

– Posso lhe explicar o que aconteceu. Fiz uma brincadeira e fui mal interpretado. O senhor sabe que nunca lhe faria mal. Serei seu esposo.

– Fez uma brincadeira muito desagradável, dom Aurélio! Não repita mais cenas grosseiras com Dominique! E seja mais agradável com minha filha...

– Peço gentilmente que me perdoe, sr. conde.

Diante da situação constrangedora, o rapaz tentou acalmar a noiva, que ainda estava em prantos.

– Dominique, meu amor, acalme-se! Por que chora? Prometo-lhe que não voltarei a fazer tais brincadeiras... – ele beijou a mão da moça e novamente pediu desculpas ao conde.

O pai da moça, muito nervoso, respondeu:

– Vou perdoá-lo, dom Aurélio! Mas não gosto de ver minha filha chorar! Peço que se contenha e não crie mais escândalos, por favor!

– Fique tranquilo, não voltarei a incomodá-lo. Gostaria de aproveitar a oportunidade e marcar a data do nosso casamento, que já foi adiado por várias vezes para satisfazer a vontade de sua filha.

– Creio que este não seja o momento adequado para falarmos sobre o assunto, dom Aurélio. Precisamos reunir as famílias para marcarmos a data da cerimônia.

– Eu espero sinceramente, sr. conde, que cumpra com a sua promessa e deixe de ouvir as desculpas de sua filha! Quero que marque a data ainda hoje!

– Acalme-se, dom Aurélio! Vamos manter uma conversa cordial! Queira me acompanhar até a biblioteca.

Dominique estava indisposta, então, pediu ao pai:

– Estou muito nervosa, papai! Peço a sua licença para retirar-me!

– Sim, minha filha, concedo-lhe a licença. Descanse, mais tarde conversaremos.

– Com licença, dom Aurélio!

Devido à exigência feita por dom Aurélio, o conde Molina teve de fazer um acordo com ele. Ao entrarem na biblioteca, o conde disse:

– Ouça-me, dom Aurélio, terei de me ausentar por alguns dias. Farei uma viagem para tratar de negócios... Mas prometo-lhe que quando retornar, marcaremos a data do casamento! Então, você concorda comigo? Pode esperar mais alguns dias?

– Concordo, espero seu retorno. Mas exijo que meu pai escolha a data...

– Assim seja! Dom Hélder escolherá a data!

Enquanto dom Aurélio conversava com o conde, Dominique dirigiu-se aos seus aposentos com sua ama. Atirando-se em sua cama, desabafou:

– Estou cansada de dom Aurélio! Tenho de convencer meu pai a desfazer esse maldito acordo!

Olhando para a ama, que estava sentada ao seu lado acariciando-a, percebeu que ela chorava.

– Ama Maria, não se entristeça. Vou exigir que dom Aurélio lhe peça perdão por sua indelicadeza...

– Não precisa *pedi* nada, menina Dômi, já *tô* acostumada com as *ofensa* do seu noivo. Choro porque sei que vai *tê* que se *casá* com ele.

As duas se abraçaram. Maria tinha certeza de que dom Aurélio faria o possível para separá-las. Ela amava Dominique de todo o seu coração e se sentia amargurada com toda aquela situação.

Mais tarde, no jantar, estavam à mesa: o conde, a condessa Madeleine e Dominique. O conde quebrou o silêncio dirigindo-se à esposa:

– Madeleine, amanhã após o almoço irei para Minas Gerais e vou me hospedar na casa do barão Alencar. Peça às escravas que providenciem a minha bagagem. Não insistirei para que me acompanhe, porque sei que não suporta o campo... Além do mais, pretendo ficar pouco tempo na casa do barão. Voltarei logo. – E, olhando para a filha, recomendou: – Peço-lhe, minha filha, que faça companhia a sua mãe e controle suas brigas com seu noivo.

– Seu pai tem razão, Dominique, vocês precisam se entender. Em breve vão se casar! Não pode tratá-lo mal! Toda vez que ele a visita, você cria uma contenda!

– Mamãe, somos muito diferentes, temos opiniões opostas, não concordamos em nenhum assunto. Eu adoro artes, ele só pensa em negócios. Sou abolicionista, ele é escravocrata... Esses são os motivos de nossas desavenças, enfim, eu e dom Aurélio somos como água e vinho.

– Como pode dizer um disparate desses, minha filha? Ambos são iguais, nasceram um para o outro: são nobres, lindos, ricos. Quanto às suas opiniões serem divergentes, creio que você deveria rever seus conceitos a respeito de vários assuntos, inclusive, escravidão. Você receberá um título de condessa! Existem questões mais importantes às quais se dedicar e se preocupar. Portanto, procure guardar a sua opinião a respeito da escravidão diante de seu noivo e perante a corte. Sabe muito bem que nos entristece e nos envergonha com essas ideias abolicionistas.

— Prefiro não discutir sobre esse assunto com a senhora, mamãe. Já tentei explicar-lhe que a diferença entre negros e brancos existe somente na coloração da pele, que somos todos iguais diante de Deus. Mas a senhora recusa-se a aceitar a verdade. Quanto ao meu noivo, gostaria de lembrá-la de um detalhe: eu não o amo!

— Mas o amor é dispensável para uma união nobre, Dominique!

— O amor nunca será dispensável para mim. Não se vive sem amor, mamãe. Em minha opinião, uma união matrimonial desprovida de amor jamais alcançará a felicidade.

A mãe tentou resumir o significado da palavra felicidade:

— Dominique, minha querida, ser feliz é ter riqueza, nobreza e filhos perfeitos para amar.

— Não concordo com a senhora, conheço pessoas ricas e nobres que têm uma única filha, mas não a amam.

— O quer dizer? Explique-se! Estou esperando!

— Quer que eu diga? Tenho certeza de que não me amam, pois se me amassem de verdade, não me obrigariam a casar-me com dom Aurélio.

Algumas lágrimas caíram dos olhos de Dominique. A condessa, então, tentou amenizar a discussão:

— Dominique, você está se excedendo e cometendo um equívoco. Nós a amamos e, por essa razão, fazemos questão que se case com um nobre como dom Aurélio, que a ama e é um excelente rapaz...

O conde encerrou o assunto dizendo:

– Minha filha, diante da exigência feita pelo seu noivo, tomei uma decisão: o casamento será realizado no retorno de minha viagem a Minas Gerais! O casamento tem de ser realizado, já foi adiado por muitas vezes...

Dominique pensou em contestar as palavras do pai, mas sabia que seria inútil tentar mudar a opinião deles, que idealizavam seu matrimônio desde a infância e não se importavam com as diferenças pessoais que havia entre ela e o noivo. Eles não acreditavam no amor, e sim na união vantajosa entre os nobres.

– Ouça-me, papai, não vou tentar convencê-los a desistirem de meu casamento. Sei que não vou conseguir. Talvez um dia se arrependam. Mas o que acha de levar-me com o senhor em sua viagem? Gostaria muito de conhecer Minas Gerais, dizem que há lindas cachoeiras por lá e a comida é maravilhosa!

– Não, Dominique! Não insista. Farei uma viagem de negócios. Não terei tempo para passear, muito menos para levá-la às cachoeiras.

– Levarei a minha ama para passear comigo! Prometo não incomodá-lo, papai. Por favor, leve-me! – insistiu a moça.

– Vou pensar! Agora, termine seu jantar.

– E se a mamãe nos acompanhar? Fará alguma objeção à minha presença?

– Desista, Dominique! Você sabe que eu detesto o campo!

A moça desistiu e terminou o jantar calada. Depois, saiu da mesa. O conde aproveitou a oportunidade e teve uma conversa particular com a esposa. Pediu à Madeleine que, na sua ausência, acertasse os detalhes do casamento com dom Hélder e a esposa.

Mais tarde, ele dirigiu-se ao quarto da filha para dar-lhe um beijo de boa-noite.

Ela, mais uma vez, insistiu:

– Papai, leve-me com o senhor, por favor!

– Está bem, Dominique.

Ela abraçou o pai e começou a beijá-lo.

– Estou agradecido pelos beijos. Agora, ouça-me: quando voltarmos, você vai se casar com dom Aurélio, combinado?

Dominique, sorrindo, respondeu:

– Combinadíssimo, senhor conde!

TRÊS

NASCE UM GRANDE AMOR

NA FAZENDA de Jean Pierre, os dias corriam tranquilamente; os empregados se dividiam nas tarefas. Alguns se encarregavam de executar os trabalhos no cafezal e outros se dedicavam às construções das casas. Contudo, necessitavam de um administrador.

Jean Pierre, então, conversou com Gerhard, que prometeu enviar-lhe alguns candidatos.

Ele encontrou muitas dificuldades, pois a maioria dos candidatos era escravocrata e não aceitava o trabalho porque os negros haviam sido alforriados.

Lady Marie, mesmo estando perdidamente apaixonada pelo pintor, resolveu não incomodá-lo. A moça acreditava que ele era um bom homem e que, com o passar do tempo, iria perdoá-la.

Ele descansava em seu quarto, quando Ana bateu à porta:

– *Sinhozinho*, tem visita esperando-o na sala!

– Não me diga que é Lady Marie!

– Fique tranquilo, *num* é aquela mulher. É um rapaz e uma moça muito bonita. Ele disse que é seu amigo!

Jean Pierre levantou-se e, muito entusiasmado, ressaltou:

– São meus amigos, Michel e Catherine!

O rapaz levantou-se e foi recebê-los. Catherine e Michel o cumprimentaram e a moça fez um elogio, referindo-se ao quadro que estava exposto na parede:

— Que tela maravilhosa!

— É a paisagem da fazenda. Gostaram?

— Adoramos! – exclamou a moça.

— Como sou mal-educado! Sentem-se, por favor!

— Ana, por favor, traga-nos refrescos e biscoitos.

Catherine sentou-se e Michel, impressionadíssimo, começou a observar os outros trabalhos do rapaz.

Enquanto o irmão passeava pela sala de visitas, ela conversava com Jean Pierre.

— Parabéns pela fazenda! Realmente é maravilhosa, a casa é ampla e muito bem decorada!

— Estou muito feliz que vieram! Espero que voltem sempre...

— Estávamos lhe devendo uma visita. Quase não temos tempo para sair por conta dos trabalhos do armazém. Quando meu pai está sóbrio, ele assume o comando, mas, quando se embriaga, eu e Michel temos de ajudá-lo.

Jean Pierre já havia percebido que Gerhard era vítima do alcoolismo, mas preferiu não fazer nenhum comentário a respeito.

— Mas diga-me, Jean Pierre, como está vivendo nessa imensa fazenda?

— Estou muito bem, mas em algumas ocasiões me encontro com a solidão, começo a recordar-me dos meus pais, de minha família e dos amigos, mas estou feliz. Faço o possível para viver bem, sempre converso com o pessoal daqui. Eles são muito agradecidos pelas mudanças que fiz depois que comprei a fazenda.

— Posso imaginar a gratidão de cada um pela liberdade que lhes proporcionou.

– A liberdade os fez renascer! Quando cheguei aqui eram tristes e cabisbaixos. Agora, estão felizes, constroem suas casas cantarolando, sem se preocuparem com os castigos e a estupidez daqueles que os conduziam. Todo fim de tarde sento-me na varanda para observar as crianças que brincam no jardim, tranquilas e serenas. Estão sempre rindo e aproveitando a natureza, que nos presenteia com um entardecer maravilhoso, uma contemplação diferente a cada dia...

Catherine prestava atenção a cada palavra dita por Jean Pierre e se emocionava com a satisfação que ele expressava por ter proporcionado a liberdade àqueles cativos.

Ele estava muito satisfeito com sua nova vida. A liberdade dos escravos era sua maior realização. Torná-los livres o fez conviver com a felicidade refletida em cada rosto, desde o mais jovem até seu João, que era o negro mais velho da fazenda. Estavam livres, e isso era um bom motivo para sorrirem.

– E quanto ao cafezal? Tem encontrado muitas dificuldades?

– Sim. Não entendo nada sobre o assunto, mas os amigos da fazenda me orientam, porque conhecem o cultivo do café, mas preciso contratar um administrador. Outra tarefa difícil, pois os interessados são a favor da escravidão e só trabalharam para fazendeiros escravocratas. Quando digo que os negros da minha fazenda são meus empregados, começam a zombar e deixam-me furioso... Mas espero conseguir alguém que possa satisfazer as minhas exigências e, assim, dedicarei o meu tempo somente às minhas telas.

– Tenho certeza de que conseguirá um administrador que concorde com suas ideias abolicionistas. Quanto às suas pinturas, são belíssimas... Agora, preciso lhe falar sobre outro assunto. Meu pai nos recomendou para que não tocássemos nesse assunto, mas tenho de lhe dizer. Não fique magoado com papai no que diz respeito a Lady Marie. Ele foi um pouco desagradável quando você expôs o episódio ocorrido aqui na fazenda. Ficou nervoso quando soube que aquela mulher conseguiu seduzi-lo. Sei que o comportamento dele o magoou, portanto, peço-lhe que o perdoe, pois ele tem verdadeiro apreço por você.

– Não pense dessa maneira, Catherine. Em momento algum seu pai foi desagradável, creio que teve razão por se irritar; afinal, ele me alertou sobre ela e eu não dei importância. Fiquei muito envergonhado depois de confessar a Gerhard o que ocorreu em minha casa. Na verdade, sinto-me um tanto encabulado diante de sua família por ter me envolvido com aquela mulher.

– Peço-lhe que esqueça o ocorrido, pois a nossa família lhe quer muito bem. Não queremos que Lady Marie dificulte a nossa amizade. De nossa parte, não ficou nenhuma mágoa...

– Fico muito feliz em saber que não ficaram magoados comigo por causa de minha fraqueza.

– Mas, agora, prometa-me que não vai arrumar mais nenhuma confusão! Estamos falando muito bem de você na cidade! Não se envolva em mais nenhuma aventura com Lady Marie, por favor!

– Fique tranquila. Não pretendo revê-la.

– Ah! Antes que me esqueça, recebi uma correspondência de meu noivo, ele chegará nos próximos dias. Gostaria muito que o conhecesse, tenho certeza de que vai simpatizar com ele.

– Irei conhecê-lo, sim! Mas espero que não fique enciumado, pois tenho por você uma estima especial!

– Mas, diga-me, seu noivo vem a passeio?

– Não. Vem a trabalho. Está acompanhando seu patrão, o conde Felipe de Molina.

Michel, que estava na sala, encontrou um violão e começou a tocar.

Jean Pierre ficou admirado ao ouvi-lo tocar, pois adorava músicas. Interrompendo a música, Michel disse:

– Jean Pierre, quando meu pai lhe fizer uma visita, mostre-lhe este violão e terá uma surpresa! Ele tocará um flamingo para você!

– Um francês que toca flamingo?

Michel respondeu:

– Meu pai morou alguns anos na Espanha e se envolveu com a música espanhola. Mas que os franceses não nos ouçam! – os jovens começaram a rir.

Michel e Catherine passaram a tarde conversando com Jean Pierre. Quando foram embora, ele os acompanhou até a carroça e voltou para a varanda. Lá, ficou observando a carroça desaparecer e se sentiu sozinho.

Os dias se passaram. A comitiva do conde chegou pela manhã à cidade de Ouro Preto. Havia muitos curiosos na rua, que almejavam conhecê-los.

Dominique desceu da carroça muito cansada, mas com muita elegância.

Foram recebidos pelo barão Alencar e sua esposa, a baronesa Adelaide. Cumprimentaram-se e, em seguida, a senhora pediu aos escravos que levassem as bagagens dos hóspedes e lhes mostrassem seus aposentos.

Gerhard e seus filhos receberam um convite para uma recepção que o barão realizaria em homenagem ao conde e sua filha.

Joaquim, o noivo de Catherine, era administrador e conselheiro do conde Molina. Ele também se hospedou na casa do barão Alencar.

Após descansarem, os hóspedes foram almoçar.

O conde conversava com o barão sobre negócios quando Dominique interrompeu a conversa:

— Desculpe interromper a conversa, sr. barão! Mas ouvi dizer que há lindas cachoeiras por aqui. Gostaria muito de conhecer uma cascata!

— Sim! É verdade, mas garanto que nenhuma possui uma beleza tão esplêndida como a sua, condessa!

Todos sorriram, porém o conde repreendeu-a:

— Dominique, por favor, não perturbe o sr. barão com seus anseios.

O barão respondeu tranquilamente:

— Sua filha não me causou nenhuma perturbação. Os jovens gostam de apreciar a natureza! — E, dirigindo o olhar para Dominique, completou: — Descanse e mais tarde pedirei a um escravo que a acompanhe até uma cachoeira, uma das mais belas da região.

— Obrigada pela gentileza, sr. barão!

Ela sorriu e piscou os olhos para o pai, que balançou a cabeça e pensou: "Minha filha consegue tudo o que quer!".

Depois do descanso, Dominique, sua ama e o escravo do barão seguiram para o passeio.

Enquanto isso, Jean Pierre cavalgava em direção à casa de Gerhard. No caminho, resolveu refrescar-se numa cachoeira próxima da cidade.

* * *

Algum tempo depois, Dominique ouviu o barulho das águas. O escravo parou a carroça e indicou-lhe a trilha que a levaria até a corredeira. A moça desceu rapidamente da carroça e disse:

— Ama, ajude-me a tirar o saiote! — Livrando-se daquela armação, saiu correndo em busca das águas; somente com o vestido e os sapatos.

O escravo ficou na carroça e Maria saiu correndo atrás dela, gritando:

– Espere, menina Dômi! Pode se *perdê*! Não conhece este lugar, tome cuidado!

Dominique já não a ouvia mais. Quando chegou, deparou com uma linda queda d'água e também com um jovem, com metade do corpo dentro da água. Ele trajava uma linda camisa branca, que possuía vários babados. Tinha os cabelos presos, como de costume, e ficou completamente paralisado diante da beleza da moça.

Dominique usava um vestido branco, seus cabelos estavam presos no alto da cabeça, e alguns cachos soltos caíam sobre seus ombros. A face rosada era marcada pelo calor de 35 °C.

Os jovens olharam-se por alguns segundos e ele estendeu os braços em direção a ela, quebrando o silêncio:

– Venha! A temperatura da água está maravilhosa!

Ela parecia hipnotizada. Tirou os sapatos e entrou até a altura da cintura. Ela caminhava em sua direção, quando ele disse, entusiasmado:

– Fique assim! Por favor, não se mova! Quero registrar esse momento na minha mente! – Ele olhou fixamente para ela, prestando atenção a todos os detalhes: rosto, cabelos e toda a natureza que emoldurava a presença daquela linda jovem.

Sem entender o que estava acontecendo, Dominique olhava nos olhos do rapaz, que, atenciosamente, observava cada detalhe de sua beleza encantadora.

– Qual é o seu nome?

– Meu nome é Jean Pierre. E o seu?

Quando a moça começou dizer seu nome, ouviu a voz de sua ama, que, ao longe, chamava-a. Nesse momento, ela deparou com as circunstâncias na qual estava: dentro da água com um estranho. Decididamente, voltou à realidade e disse em voz alta:

– Meu Deus! Tenho de ir embora! Minha ama está me procurando!

Saiu da água, pegou seus sapatos e seguiu correndo, sem ao menos se despedir do rapaz.

Ele gritou:

– Qual é o seu nome? Onde mora?

Sem resposta, correu atrás dela, mas a perdeu de vista. Sentou-se no chão e pensou que nunca sentira tamanha emoção em toda sua vida. Teria de encontrá-la! Lembrou-se de Gerhard, que conhecia todos na cidade e pensou: "Vou até a casa de Gerhard agora mesmo".

Dominique ficara encantada com ele, mas o medo do desconhecido foi maior que o desejo de ficar e desvendar o misterioso rapaz, que insistiu para que ela não se movesse, sem lhe explicar o motivo.

A moça chegou a casa com a barra de seu vestido completamente suja. Seu pai e o barão estavam na sala quando depararam com ela. O barão, assustado com seu estado, disse:

– Senhorita Dominique! Tenho certeza de que encontrou a cachoeira...

– Desculpe, sr. barão, pela sujeira. Encontrei a cachoeira e fiquei encantada! Peço sua licença, meu pai, para retirar-me, preciso banhar-me.

O conde lhe concedeu a licença e desculpou-se com o barão:

– Peço ao senhor que perdoe a ousadia de minha filha. Embora não pareça, Dominique ainda é uma criança, é muito infantil! Não deveria comportar-se desse modo em sua casa, barão.

– Sua filha é encantadora!

Jean Pierre chegou à casa de Gerhard e, quase sem fôlego, disse ao amigo:

– Ouça-me, amigo Gerhard! Preciso de sua ajuda!

– Acalme-se, Jean Pierre! Sente-se, vou lhe servir um copo com água.

O rapaz tomou a água e começou a falar:

– Estava eu me refrescando numa cachoeira quando, de repente, deparei com uma linda jovem e fiquei completamente apaixonado; foi amor à primeira vista. Preciso vê-la novamente!

– Jean Pierre! Como me assusta dessa maneira? Pensei que alguém lhe tivesse feito algum mal! Do jeito que chegou desesperado, achei que tivesse sofrido um assalto! Já percebi que não pode ver uma moça bonita que logo se encanta!

– Ouça-me, amigo Gerhard, não está me entendendo; estou apaixonado! Nunca senti tamanha emoção em toda a minha vida!

– Está bem, do jeito que se encontra, talvez esteja apaixonado. Deixe-me ver como posso ajudá-lo. Conheço praticamente todas as pessoas da cidade. Qual é o nome da moça?

– Não sei, não deu tempo para dizer-me. Só sei que é fidalga, tem uma ama, usa roupas finas, tem a pele clara, cabelos castanhos e olhos verdes, que parecem duas esmeraldas.

– Creio que já sei de quem se trata. Hoje pela manhã chegou uma comitiva com hóspedes do barão Alencar. Meu futuro genro veio com eles. A moça só pode ser a filha do conde Felipe de Molina. Joaquim passou por aqui e disse que ela daria um passeio na parte da tarde, queria conhecer uma das cachoeiras da região. Eu não a conheço, mas se ela é fidalga e você a conheceu numa cachoeira, só pode ser a filha do conde!

– E como poderei aproximar-me dela?

– Hoje à noite haverá uma recepção de boas-vindas, quando o barão vai homenagear o conde e sua filha. Eu e meus filhos fomos convidados, portanto, você pode ir conosco!

– Está querendo me dizer que poderei acompanhá-los?

– Sim! Para que possa participar da recepção direi ao barão Alencar que você é meu sobrinho. Ele não gosta de estranhos e se eu disser que é nosso amigo, talvez não o receba bem.

– Oh! Como fiz bem em procurá-lo, amigo! A que horas devo passar aqui?

– Pode chegar por volta das dezenove e trinta, a recepção será às vinte horas.

Despedindo-se, voltou para a fazenda. No caminho, não conseguia esquecer-se do rosto da moça... "Não acredito que voltarei a vê-la ainda hoje!"

Às dezenove horas, Jean Pierre já estava na casa de Gerhard apressando a todos. Eles se divertiam muito com a ansiedade do rapaz.

Enquanto isso, Dominique se preparava para o jantar, que reuniria as pessoas mais importantes da região. Maria a ajudava a vestir-se, enquanto ela relatava o que havia acontecido na cachoeira.

– Não consigo esquecê-lo, tenho a impressão de que já o conheço de algum lugar. Como é doce o Jean Pierre!

– Menina Dômi, nem conhece o rapaz e já *tá* dizendo que ele é doce? Nunca *vi a menina* desse jeito!

– Talvez seja porque nunca ninguém me encantou dessa maneira.

– Se o seu pai *ficá* sabendo do encanto que sentiu por esse moço, vai *querê* ir embora hoje mesmo!

A moça ficou pensativa por alguns segundos, depois comentou:

– Se por acaso voltar a vê-lo devo explicar-lhe que jamais tive costume de entrar em cachoeiras com estranhos. Minha atitude não foi correta. O que ele pensará de mim?

Maria sorriu e disse que ela não se preocupasse com a opinião do rapaz.

Os portões da casa do barão foram abertos às dezenove e trinta. Gerhard e sua família, por insistência de Jean Pierre, já estavam ali.

Catherine perguntou ao pai:

– O senhor não acha deselegante chegarmos tão cedo, papai?

– Não acho! Tenho certeza, querida!

E todos riram.

Entraram no salão em que havia muitas mesas vazias. Depois de trinta minutos, começaram a chegar os outros convidados.

Lady Marie não fora convidada, o barão conhecia a fama da moça e não desejava a sua presença em sua casa. Convidou somente os nobres da região. O pai de Lady Marie possuía alguns bens, mas não era fidalgo e quando havia recepções entre nobres e fidalgos, Amaral e sua filha não participavam, pois, além de não possuírem nenhum título, a moça comportava-se mal e sempre causava constrangimentos.

O salão já estava repleto de pessoas quando Joaquim, o noivo de Catherine, aproximou-se da mesa de Gerhard.

– Catherine! Quanta satisfação em revê-la, querida! Cumprimentaram-se e a moça apresentou Jean Pierre ao noivo. Os dois jovens começaram a conversar. De repente, a orquestra parou de tocar e o barão entrou no salão com seus convidados.

– Boa noite a todos! Organizei esta recepção para apresentar-lhes duas pessoas muito importantes da corte de São Paulo. O conde Felipe de Molina e sua filha, a condessa Dominique!

Todos os reverenciaram em sinal de respeito e boas-vindas.

Dominique ainda não havia recebido o condado, mas em cerimônias seu pai fazia questão que fosse apresentada aos nobres como condessa, pois, sendo filha única, tinha todo o direito de receber o título.

Jean Pierre suava e não conseguia tirar os olhos de Dominique, que trajava um lindo vestido azul-claro. A gargantilha de diamantes combinava com o par de brincos, e em sua testa resplandecia uma pedra azul, presa aos cabelos por uma corrente de ouro, complementando seu penteado. A moça estava deslumbrante e os convidados, encantados com sua beleza.

Ela olhava para todos, mas não fixava o olhar em nenhuma pessoa. Com o pensamento voltado em Jean Pierre, ela pensava: "Quem eu gostaria que estivesse aqui, não está".

A orquestra voltou a tocar, os rapazes a tiravam para dançar, porém ela recusava.

Jean Pierre pediu a Joaquim que o levasse até a moça. Os dois se aproximaram.

Custava a Dominique acreditar que Jean Pierre estava diante de seus olhos novamente. Ficaram mais uma vez parados, olhando-se fixamente.

Joaquim falou no ouvido da moça:

— Meu amigo deseja dançar com a senhorita!

Ela respondeu ansiosa:

— Peça ao meu pai, rápido!

— Joaquim perguntou ao conde e ele autorizou.

Jean Pierre pegou na mão da moça e ambos começaram a dançar.

— Eu tinha certeza absoluta de que iria reencontrá-la!

— Como sabia que eu estava hospedada na casa do barão?

– Iria procurá-la até o outro lado do mundo se preciso fosse! Depois que a vi na cachoeira, perguntei a um amigo que conhece a todos na cidade. Enfim, pela descrição, ele concluiu que a moça por quem eu estou apaixonado, só poderia ser a condessa Dominique. Então, sabendo que o barão iria homenageá-la, resolvi vir até aqui para lhe dizer...

– Quero dizer-lhe que talvez tenha ficado com uma má impressão a meu respeito. Não tenho costume de conversar com estranhos, muito menos me refrescar em cachoeiras. E, além do mais, sou noiva e vou me casar em breve.

– É linda! Nunca vi em toda minha vida olhos tão maravilhosos!

Dançando, levou-a até o jardim, sentaram-se num banco longe de todos. A noite estava linda, o céu estrelado iluminava o casal de nobres que almejava se conhecer.

– Eu não gostaria que pensasse mal de mim. Entrei naquelas águas sem ao menos conhecê-lo. Nunca estive sozinha com um homem antes...

– Como vou pensar mal do meu único e verdadeiro amor? – perguntou ele.

Ela ficou encantada e eles quase se beijaram. Mas Dominique lembrou-se de seu pai e advertiu-o:

– Por favor, Jean Pierre, não tente beijar-me! Avisei-o há pouco que sou comprometida!

Ele se desculpou e se afastou:

– Perdoe-me, condessa. Estou muito encantado com a sua beleza. Devo controlar-me e respeitá-la. Não tenho intenção nenhuma de ser inconveniente.

– Está bem, vou perdoá-lo. Mas, diga-me, é francês? Reconheci seu sotaque.

– Sim, sou francês, nasci em Paris.

– Que coincidência, eu também! E há quanto tempo está no Brasil?

– Cheguei aqui a Ouro Preto há um mês.

– E o que achou do Brasil?

– Maravilhoso! Sempre quis conhecer este país, aprendi até a falar português.

– E quando pretende regressar à França?

– Não sei se retornarei. Pretendo viver aqui para sempre. Apaixonei-me pelo lugar!

Joaquim interrompeu a conversa dizendo:

– Senhorita, seu pai a procura!

– Já estou indo, Joaquim. Preciso voltar para o salão, Jean Pierre!

Ele segurou sua mão e disse:

– Deixo-a ir se prometer dançar comigo novamente.

– Sim, mais tarde! – ela sorriu, entrou e dançou com seu pai.

– Quem é o rapaz que dançou com você?

– O nome dele é Jean Pierre, ele é francês.

– Por que a levou até o jardim sem a minha permissão?

– Posso explicar-lhe, papai. Eu estava um pouco sufocada e pedi que me acompanhasse.

– Por favor, Dominique, quando se sentir sufocada, fale comigo ou peça que sua ama a acompanhe. Não fica bem para uma condessa comprometida pedir ajuda a um estranho.

– Perdoe-me, papai. Não voltarei a conversar com estranhos sem a sua autorização.

Jean Pierre voltou para a mesa dos amigos e disse entusiasmado:

– Estou perdidamente apaixonado!

Gerhard brincou:

– Preparem-se, meus filhos! Lá vem encrenca pela frente!

Depois de muito tempo, Jean Pierre conseguiu se aproximar de Dominique. Ela estava sentada ao lado de seu pai. O rapaz se apresentou ao conde:

– Boa noite, sr. conde! Meu nome é Jean Pierre. Se não for incomodá-lo, gostaria de pedir a sua permissão para dançar novamente com sua filha.

– Tem a minha permissão.

O conde olhou para Dominique e perguntou:

– Deseja dançar com o rapaz, minha filha?

Dominique respondeu que sim, levantou-se, deu lhe o braço e o acompanhou até o meio do salão, onde iniciaram a dança.

– Condessa Dominique, eu posso lhe fazer um pedido?

– Se não for pedir-me em casamento, fique à vontade.

– Gostaria muito de encontrar-me com você, acompanhada de sua ama, amanhã na cachoeira. Prometo-lhe que não lhe farei mal. Não aceito não como resposta! – brincou Jean Pierre. A moça sorriu e aceitou o convite.

– Está bem! Eu irei. A que horas?

– Estarei esperando-a às catorze horas. Não deixe de ir, por favor!

– Irei, mas não entrarei na água. Não insista, por favor!

– Tenha a mais absoluta certeza de que não insistirei! Compreendi perfeitamente a sua explicação. Entendi que não resistiu ao meu encanto pessoal e acabou entrando na água, sem ao menos se dar conta do que estava fazendo.

A moça, sem se conter, riu do jeito bem-humorado de Jean Pierre.

O pai de Dominique observara-a durante a valsa e percebera seu entusiasmo pelo fidalgo.

Algum tempo depois, a recepção terminou e todos foram embora.

Dominique estava exausta, porém feliz. Tinha absoluta certeza de que estava completamente apaixonada por Jean Pierre.

Maria ajudava a moça a se preparar para dormir quando Dominique segurou em suas mãos e confessou:

— Ama Maria, preciso lhe dizer algo! Estou completamente apaixonada por Jean Pierre!

— Meu Deus do céu! Quando o seu pai souber...

— Acalme-se, ama! Meu pai não saberá coisa alguma sobre os meus sentimentos. Ele não entenderia. Ouça-me: amanhã vamos encontrá-lo na cachoeira, após o almoço. Tenho de pensar em uma desculpa para podermos sair novamente sem que meu pai queira nos acompanhar.

Maria ficou preocupada com a revelação, mas satisfeita com a felicidade da moça.

No dia seguinte, o conde foi convidado pelo barão para dar um passeio em sua fazenda, onde passariam o dia. Convidaram Dominique, mas ela recusou-se. Afirmando estar indisposta, disse a seu pai que preferia descansar para poder desfrutar as belezas naturais daquele lugar maravilhoso mais tarde.

Logo pela manhã, o conde seguiu com o barão, desprovido de qualquer preocupação.

Na hora combinada, Dominique chegou com Maria ao local do encontro. Jean Pierre já estava à sua espera, sentado diante da queda d'água. Quando a avistou, levantou-se, beijou sua mão e disse sorrindo:

— Pensei que não viria, mas vejo que tem palavra!

Ele cumprimentou Maria:

— Como vai, senhora? Obrigado por acompanhar a condessa!

– É, *sinhozinho*, se o pai dela descobrir esse encontro, com certeza irá me *castigá*.

– Ele só descobrirá se a senhora contar – respondeu ele sorrindo.

Sentaram-se próximos à cachoeira e Maria resolveu molhar os pés na água, enquanto Dominique perguntou ao rapaz:

– Jean Pierre, o que está fazendo comigo? Nunca fiz tamanha travessura, recusei-me a passear com meu pai, disse que ficaria descansando e, no entanto, estou aqui. Se ele souber que me encontrei com você, nem imagino o que fará.

– Pergunte ao seu coração, condessa! Ele vai lhe responder por que veio ao meu encontro.

Ela ficou triste por alguns segundos e com o olhar distante.

– O que há? Por que está triste?

Duas lágrimas escorreram dos olhos de Dominique.

– Vou me casar quando retornar a São Paulo, mas não amo meu noivo. Meu pai fez uma promessa à família dele quando eu tinha apenas cinco anos de idade.

– Entendi. Trata-se de um velho conde de oitenta e seis anos.

– Não sei como ainda consegue me fazer rir. Ele não é velho. Meu noivo é jovem, bonito, tem apenas vinte e seis anos. Mas a beleza exterior não corresponde com a interior. O que ele tem de belo por fora, tem de horrível por dentro. Ama-me desesperadamente, às vezes temo por esse amor doentio. Contudo, ele não enxerga ninguém ao seu redor, trata os escravos como animais. Fico indignada com suas atitudes, porque não acredito que haja diferença entre negros e brancos. Detesto esse preconceito...

Jean Pierre se emocionou com o discurso da moça.

– A senhorita está me surpreendendo! Também sou abolicionista! Realizei um sonho quando cheguei aqui; alforriei todos os negros da minha fazenda!

– Oh! Jean Pierre! Que atitude linda!

– Isso é só o começo, pretendo fazer muito mais pelos negros.

– E seus pais? Vieram também? Eles também são abolicionistas?

– Não. Meus pais faleceram, vítimas de uma praga que assolou a Europa. Esse foi o motivo que me fez partir; eu os adorava. Logo que cheguei aqui a Minas Gerais, comprei uma fazenda e vivo solitário.

A moça ficou comovida com a solidão do rapaz. Ambos ficaram se olhando e não resistiram: beijaram-se.

– Jean Pierre, nós não deveríamos nos beijar. – Antes que terminasse de falar, ele a beijou novamente.

– Dominique, eu a amo como nunca amei ninguém em toda a minha vida! Não consigo tirá-la do pensamento um só minuto!

– Eu também o amo, Jean Pierre! Não consegui esquecê-lo! Vou me lembrar deste momento enquanto viver! Mas, infelizmente, o nosso amor é impossível; meu pai nunca permitirá.

– E se abrisse seu coração a ele? Diga que não ama seu noivo.

– Jean Pierre, eu venho dizendo isso há anos, o máximo que consegui foi adiar o casamento. Meu pai acha que a palavra dele é mais importante que tudo, até mesmo que os meus sentimentos.

Ele abraçou a moça e disse:

– Fuja comigo, Dominique. Será muito feliz ao meu lado.

– Fugir? Como? Meu pai me encontraria em menos de uma hora nesta pequena cidade!

– Vamos armar um plano: vou buscá-la na corte e...

Antes que ele terminasse de falar, ela o interrompeu:

– Preciso pensar, não posso responder agora.

– Está bem, pense com carinho na minha proposta, ficarei esperando. Mande-me a resposta o mais rápido possível, e não se esqueça de que a amo mais que minha própria vida!

Depois de algum tempo, eles se despediram.

QUATRO

A FUGA

AO RETORNAREM à casa do barão, Dominique e Maria tiveram uma conversa reservada. A jovem precisava ouvir os conselhos de sua ama.

– Peço-lhe um conselho, ama Maria. Devo aceitar fugir com Jean Pierre e livrar-me do casamento com dom Aurélio?

– Tenho muito medo dessa fuga, menina Dômi. Mas acho que seria mais feliz com o *sinhozinho* Jean Pierre. O seu casamento com dom Aurélio *num* vai *dá* certo.

Dominique surpreendeu-se, tinha certeza de que sua fiel companheira iria aconselhá-la a esquecer Jean Pierre e obedecer a seu pai.

– Surpreendeu-me o seu conselho, ama Maria! Creio que Jean Pierre a conquistou também!

– Gostei do moço. Ele é bem-criado e trata os *nego* com respeito. Mas você tem de *decidi* sozinha se vai *fugi* ou não. É uma decisão muito importante.

Por volta das vinte e uma horas, o conde e o barão entraram na sala de visitas e depararam com Dominique, que tomava um chá com a baronesa. A moça cumprimentou o pai:

– Boa noite, papai! Aproveitou bem o passeio?

– Boa noite, minha filha! O passeio foi maravilhoso. Deveria ter nos acompanhado! Ficaria encantada com a fazenda do barão...

A conversa entre os nobres transcorria tranquilamente. Servindo-se de uma xícara de chá, o barão perguntou a Dominique:

– Não fez nenhum passeio hoje, senhorita Dominique?

A moça ficou um tanto constrangida com a pergunta, mas resolveu dizer a verdade:

– Sim, fizemos. Eu e minha ama voltamos à cachoeira.

O conde, contrariado, falou:

– Não deveria sair sem a minha permissão. E, além do mais, recusou-se a nos acompanhar até a fazenda do barão, dizendo que desejava repousar, que estava cansada...

– Perdoe-me, papai. Vou lhe explicar. Descansei pela manhã, mas logo depois do almoço, sentindo-me mais disposta, resolvi desfrutar a natureza. Pensei que não se importaria com um mero passeio.

O barão e a baronesa resolveram despedir-se dos hóspedes e retiraram-se.

– Está perdoada. Mas não volte a sair sem me avisar! Temo por sua segurança. Não desejo que passeie por lugares desconhecidos. Não está habituada com os perigos que existem no campo...

– Papai, eu sei que o senhor não gosta de conversar sobre esse assunto, mas peço-lhe, pelo o amor que tem a Deus, desfaça a promessa do passado. Liberte-me desse casamento, por favor!

O conde irritou-se com suas súplicas e ordenou:

– Não quero ouvir mais nenhuma palavra sobre esse assunto! Você prometeu que se casaria quando retornássemos da viagem. Lembra-se?

– Compreenda-me, papai! Não amo dom Aurélio!

– Não ama, mas aprenderá a amar com a convivência. Dom Aurélio é um rapaz nobre como nossa família... O tempo resolverá tudo!

– Será que é impossível convencê-lo? Não percebe a tristeza que me envolve quando estou com meu noivo? Nunca vou amá-lo!

– Dominique, aqui não é lugar para discussão! Vai se casar com dom Aurélio assim que voltarmos. Esse assunto já está resolvido!

A moça ficou muito contrariada, pediu licença e se retirou. Quando entrou no quarto de hóspedes, abraçou sua ama e chorou em seus braços. Maria sabia que Dominique tentaria convencer o pai antes de decidir o rumo que daria ao seu destino.

Dois dias depois, Joaquim foi até a fazenda de Jean Pierre e levou um bilhete de Dominique. O rapaz suspirou aliviado quando abriu o bilhete:

> *Jean Pierre.*
> *Pensei muito na proposta que me fez.*
> *Tenho uma resposta. Encontre-me no mesmo lugar, amanhã, às quatorze horas.*
> *Sem mais,*
> *Dominique*

Jean Pierre tinha nas mãos um bilhete misterioso. As palavras escritas eram um enigma. Joaquim disse ao rapaz que a moça lhe entregou o bilhete e pediu absoluto sigilo.

Depois que recebeu o bilhete, o pintor não conseguiu mais abrandar seu coração. Olhava para o relógio a todo o instante. Queria dar continuidade às suas pinturas, mas estava muito tenso e não conseguia se concentrar. Fechou as portas do *ateliê* e começou a andar pela casa.

Ana percebeu sua aflição e perguntou se poderia ajudá-lo, mas Jean Pierre não quis conversar sobre o assunto e continuou aprisionado em seus pensamentos. Ana o aconselhou a ir até a cidade e conversar um pouco com Gerhard. O rapaz não aguentava mais esperar o estender das horas e aceitou o conselho.

Na casa de Gerhard, sentiu-se mais tranquilo e relatou, em particular, os últimos acontecimentos.

— Amigo Gerhard, preciso abrir meu coração. Mas peço-lhe o mais absoluto sigilo a respeito de nossa conversa.

— Fique tranquilo. Não trairei sua confiança. O que aconteceu?

— Gerhard, eu e a condessa Dominique estamos apaixonados.

— Sinto muito informá-lo, Jean Pierre, mas creio se tratar de um amor impossível. Soube pelo meu futuro genro, que a condessa vai se casar assim que retornar a São Paulo.

— Peço que me ouça com muita calma, por favor, Gerhard. A condessa não vai se casar porque vai fugir comigo.

— Meu Deus do céu! O que está me dizendo? Perdeu completamente o juízo, Jean Pierre! Como planeja tamanha aventura? Por acaso seguirão rumo ao fim do mundo?

— Vou lhe explicar. O conde e Dominique vão partir nos próximos dias. Em seguida, irei até São Paulo para buscá-la e trazê-la para viver em minha fazenda.

— Diga-me, Jean Pierre, a condessa concordou com seus planos?

— Ainda não. Amanhã ela vai me dar a resposta. Mas tenho certeza de que aceitará...

— Preciso lhe dizer que, se por acaso ela aceitar fugir, você estará correndo risco de morte. O conde Molina vai procurá-la em todos os lugares... Dominique é sua única filha e ele tem muito apreço pela jovem. E não devemos esquecer-nos de seu noivo, que não se conformará com sua fuga nas vésperas do enlace.

– Eu tenho absoluto conhecimento de tudo o que acaba de me dizer, mas nos amamos e estou disposto a correr qualquer risco para tê-la comigo. Eu a amo! E sei que ela também me ama. Não posso perdê-la. Confessou-me que sofre por estar sendo obrigada a casar-se.

– Joaquim nos contou essa história. Disse-nos que o conde fez uma promessa quando os nubentes eram crianças... Pobre moça. Realmente tem razão. Se a ama verdadeiramente, tem de salvá-la!

– Obrigado por sua compreensão, amigo.

– Ouça, Jean Pierre, não costumo questionar os apaixonados, mas saiba que seu plano é muito arriscado. Apesar disso, estarei torcendo para que tudo termine bem. E não se esqueça de que pode contar comigo, estarei pronto a ajudá-lo.

Jean Pierre ficou muito feliz com o apoio de Gerhard. Retornou à fazenda no fim da tarde. Estava mais tranquilo; no entanto, continuava ansioso pelo encontro que teria com sua amada.

No dia seguinte, encontrou-se com Dominique. Quando os dois se viram, abraçaram-se e a moça foi logo dizendo:

– Fugirei com você, meu amor!

Eles começaram a chorar de emoção e beijaram-se. Depois, Jean Pierre, fez uma promessa:

– Prometo que não vai se arrepender e será muito feliz ao meu lado.

Maria se aproximou do casal e fez um pedido emocionado ao rapaz:

– *Sinhozinho*, peço que faça minha menina Dômi feliz. Ela é a melhor pessoa que conheci na vida. Tem um coração bondoso e merece *sê* muito feliz.

– Tenha absoluta certeza de que Dominique será muito feliz.

Maria sabia que poderia ser castigada se Dominique conseguisse fugir com o fidalgo, mas não se importava com as consequências, queria ter a felicidade de ver a moça livre daquele casamento.

Jean Pierre começou a tramar o plano de fuga:

– Que dia seu pai pretende partir?

– Partiremos amanhã cedo.

– Amanhã é quinta-feira, partirei na sexta-feira, um dia depois.

– Disse algo a meu respeito ao seu pai? – perguntou o jovem.

– Não, nenhuma palavra.

– Muito bem, fugiremos e seu pai não suspeitará de nosso romance. Assim, ganharemos tempo... Podemos contar com Joaquim?

– Sim! Ele é de confiança e, além disso, detesta dom Aurélio.

– Está tudo planejado. Tenha fé, meu amor! Tudo sairá bem, se Deus quiser! E eu serei o homem mais feliz deste mundo!

– Jean Pierre, se acaso nos pegarem durante a fuga, saiba que o amei desde o primeiro instante em que o vi.

– Tenha certeza, Dominique, não vai se casar com dom Aurélio, nem que eu tenha de roubá-la no altar, na hora do sim!

Os três sorriram e despediram-se. A moça caminhava em direção à estrada com os olhos lacrimejados. Olhou para trás e acenou para Jean Pierre.

Na manhã seguinte, a comitiva partiu. Dominique estava ansiosa. Seu pai a observava e pensava que a viagem lhe fizera muito bem.

Jean Pierre passou toda a tarde finalizando a tela que começara a pintar no dia em que conhecera Dominique. Quando terminou, colocou o quadro na parede diante da porta da sala de visitas e chamou Ana.

— Ana, diga-me, gosta deste quadro?

— Muito bonito, *sinhozinho*! Quem é essa moça? Sua mãe quando era nova?

— Não, Ana. Em breve vai conhecê-la. Ouça-me, preste atenção no que vou lhe dizer: amanhã partirei bem cedo, viajarei por alguns dias. Farei algumas recomendações, mas peço-lhe que não comente com ninguém o que ouvir. Pode guardar segredo?

— Sim, *sinhozinho*.

— Muito bem. Quero que faça uma limpeza na casa! Se precisar de ajuda peça às mulheres da fazenda. Deixarei dinheiro para que você compre uma banheira e mande colocá-la no banheiro do meu quarto. Quero lençóis novos, toalhas novas, roupas de cama e muitas flores por toda a casa. Receberemos uma pessoa muito especial!

— Posso *perguntá* quem é essa pessoa?

— Vou responder: uma moça fina, da corte, linda e muito especial. Quero que a receba com muitas gentilezas!

— É a moça do quadro? Ela vem a passeio?

— Sim, é a moça do quadro. Mas ela não vem a passeio. Vem morar comigo. Estamos apaixonados!

— Entendi. Só mais uma pergunta: por que ninguém pode *sabê*?

— Porque ela fugirá da casa onde mora.

— Minha Nossa Senhora! Essa moça vai *morá* com o *sinhô* sem se *casá*?

— Sim. Mas se ela quiser se casar comigo, ficarei satisfeito e feliz.

— Desculpe, *sinhozinho*, mas essa aventura pode ser perigosa.

– Na verdade, será uma aventura muito perigosa, mas confio em Deus. E tenho certeza de que ele vai nos ajudar.

No dia seguinte, Jean Pierre passou na casa de Gerhard para se despedir. O amigo quis acompanhá-lo, mas o rapaz não consentiu, não queria envolver ninguém naquela aventura.

* * *

Depois de longos dias, Dominique e seu pai chegaram exaustos da viagem. Entraram na mansão e encontraram a condessa Madeleine com dom Aurélio, que ficou muito feliz ao rever Dominique. Dirigindo-se ao seu encontro, beijou-lhe a mão e disse entusiasmado:

– Oh! Querida, quanta saudade! Está tudo preparado, vamos nos casar na próxima semana!

– Marcou o nosso casamento na ausência de meu pai?

– Perdoe-me, querida, mas creio que não esteja bem informada. Seu pai e eu fizemos um acordo antes de partirem. Enfim, ficou resolvido que meu pai escolheria a data de nosso casamento e seu pai concordou.

– Antes de viajarem, seu pai deu-me permissão para convidar os pais de seu noivo e acertarmos todos os detalhes do casamento, inclusive a data.

O conde concordou com a esposa e Dominique pediu permissão para se retirar:

– Peço a sua licença, meu pai. Estou exausta e gostaria de descansar.

Tem a minha licença, mas creio que deveria dar mais atenção a seu noivo.

– Perdoe-me, dom Aurélio. Estou muito cansada, preciso de um banho. Depois, pretendo dormir algumas horas para me recompor.

– Fique à vontade, minha querida! Descanse, ficarei esperando-a pelo tempo que for preciso. Pode se refazer dessa viagem desnecessária.

– Não precisa esperar-me aqui! Vá para sua casa! Mais tarde, conversaremos! Quanto à viagem, posso lhe garantir que foi a mais linda de toda a minha vida!

– Pelo amor de Deus, meu amor! Teve a oportunidade de viajar para a Europa, conheceu países maravilhosos! Como pode dizer uma tolice dessas?

– Dom Aurélio, por favor, deixe-me em paz. Preciso descansar.

No quarto, Dominique desabafou com a ama:

– Se o plano der errado, estou perdida! Terei de casar-me com esse chato! Mas, se Deus quiser, tudo dará certo!

Maria concordou com Dominique. Sofria quando pensava na separação daquela a quem considerava como uma verdadeira filha.

Minutos depois, a condessa entrou no quarto e repreendeu a filha:

– Não tem o direito de maltratar seu noivo dessa maneira! Não sabe o quanto ele sofreu na sua ausência!

– Desculpe, mamãe! Fiquei nervosa quando soube que marcou a data do casamento na minha ausência...

– Dominique, por favor, ouça-me, dom Aurélio a ama! Ficará esperando-a enquanto descansa. É um rapaz muito romântico.

– O romantismo dele me irrita! Imagine, mamãe, quando estiver casada, ele não sairá do nosso quarto nem por um minuto! Vai me sufocar! Preciso banhar-me e dormir; estou muito cansada. Mais tarde conversarei com meu "querido noivo".

A condessa saiu do quarto contrariada. Maria foi preparar o banho de Dominique.

Dom Aurélio esperou até o anoitecer para rever a noiva. Durante o jantar, a condessa comentou:

– A viagem lhe fez bem, minha filha! Sinto que voltou mais feliz!

– Tem razão, mamãe, adorei o lugar!

– Quando nos casarmos vamos à Europa. Gostaria que escolhesse o país. Qual é a sua preferência? – perguntou dom Aurélio.

– Gosto muito da Europa, dom Aurélio, mas adoro o Brasil! Não faço questão de viajar para a Europa. Peço que escolha o lugar ideal para viajarmos.

– Está bem, querida, vou escolher o país de sua origem: a França!

Após o jantar, dom Aurélio, Dominique e Maria seguiram até o salão.

A moça não queria causar sofrimento à família e, preocupada, pensava na reação de dom Aurélio quando soubesse de sua fuga... "O que ele fará quando souber que fugi com outro homem?"

Deixando os pensamentos se dissiparem, ela resolveu ter uma conversa definitiva com dom Aurélio. Seria uma tentativa de tentar cancelar a fuga e livrar-se de seu compromisso. Enchendo-se de coragem, começou falar:

– Dom Aurélio, ouça-me, preciso abrir meu coração.

– Diga-me, meu amor. O que houve?

– Não posso casar-me contigo, não o amo.

O rapaz respirou fundo e tentou interromper, mas Dominique pediu para que não fosse interrompida.

– Por favor, ouça o que tenho a dizer. Depois, prometo ouvi-lo.

Mesmo contrariado, dom Aurélio aceitou o pedido da noiva, que iniciou a conversa tranquilamente.

– Tentei falar com meu pai por diversas vezes, mas ele não me atendeu. Então, resolvi pedir-lhe que nos ajude a nos livrar deste casamento, que não será conveniente nem para mim, nem para você. Creio que você deve se casar com alguém que o ame, verdadeiramente. Compreenda, dom Aurélio, não podemos assumir um compromisso feito por nossos pais. Peça a dom Hélder que desfaça essa promessa. Tenho certeza de que, desse modo, meu pai aceitará o rompimento do nosso noivado.

– Jamais farei esse pedido a meu pai. Nunca desistirei do seu amor! Sonho com esse casamento desde a infância. Ao contrário de você, amo-a desesperadamente. Estou contando os dias, as horas e os minutos para tê-la em meus braços como minha esposa.

Diante da declaração de amor, Dominique desesperou-se, iniciando uma súplica. Depois, perdeu a paciência, aumentando a voz a cada frase.

– Pelo amor de Deus, dom Aurélio! Por que não consegue dominar seus sentimentos? Tenha um pouco de amor próprio! Eu acabei de dizer que não o amo e você insiste no casamento? Se pudesse me livrar desse compromisso hoje mesmo, livrar-me-ia!

– Eu conheço muito bem os seus sentimentos. Desde a infância me dizia que não se casaria comigo. Mas terá de se casar! A maioria dos nobres da corte casa-se sem amor e vive muito bem. E devo lembrá-la de que a partir da próxima semana, você terá de me respeitar e obedecer. Comece a mudar os seus conceitos abolicionistas. Não pretendo passar pelo mesmo constrangimento que seus pais passam diante da corte quando você inicia seus malditos discursos em defesa dos escravos.

– Jamais mudarei meus conceitos abolicionistas por sua causa!

– Aviso-a desde já que sofrerá muito se continuar com esse tom de voz. Aprenderá a me respeitar e verá que sou muito diferente de seu pai. Vou ensiná-la como deve comportar-se diante das pessoas, e também a me amar como seu esposo.

– E como pretende ensinar-me, dom Aurélio?

– Aguarde mais uma semana, condessa. Controle sua ansiedade. Posso lhe adiantar que cada capricho seu será descontado em sua ama.

– Seu maldito! Não ouse tocar num fio de cabelo de minha ama!

– Não tocarei na sua querida ama. Desde que seja obediente, carinhosa e, acima de tudo, diante da corte, feliz ao meu lado!

Maria estava em pé do lado do sofá onde os noivos discutiam. Sofria calada por presenciar mais um desentendimento do casal.

– Como me enganei abrindo o meu coração a um ser tão maldoso!

Dom Aurélio respondeu:

– Saiba que dentro de seu coração só há um sentimento: a ingratidão! Não valoriza o meu amor, maltrata-me a todo instante e, ainda, tem coragem de declarar que não me ama...

Dom Aurélio ainda discutia com Dominique, quando Joaquim entrou no salão e lhe fez um sinal. A moça usou toda sua astúcia, pegou nas mãos do noivo e tentou uma reconciliação para conseguir despedir-se de dom Aurélio, pois desconfiou que Joaquim trouxera notícias de Jean Pierre.

– Perdoe-me, dom Aurélio! Não deveria ter iniciado essa conversa que acabou numa discussão. Agora, peço a sua licença para que eu possa descansar, estou morrendo de sono.

– Mas você descansou a tarde toda!

– Dom Aurélio, por favor! Amanhã nos veremos.

O rapaz despediu-se e seguiu para sua casa.

– Oh! Finalmente esse chato foi embora! Agora me diga: o que houve, Joaquim?

– O combinado era que Jean Pierre chegasse amanhã, mas deve ter se adiantado e já está na cidade! Estive com ele há pouco. Ele planeja partir com a senhorita durante a madrugada, quando todos estiverem dormindo.

O coração de Dominique acelerou e a moça começou a tremer. Não esperava que Jean Pierre chegasse naquela noite. Joaquim começou a dar as orientações passadas pelo pintor.

– Preste atenção: entrarei em seus aposentos durante a noite com uma corda. Jogarei seus pertences pela janela e, lá embaixo, um negro, que veio com Jean Pierre, estará esperando por sua bagagem. Em seguida, vou levá-la pelos fundos da mansão até a carroça de Jean Pierre.

– Está bem! Vou arrumar meus pertences. Estarei esperando-o com a porta encostada. Não bata na porta para não fazer barulho.

Maria e Dominique foram para o quarto.

– *Vô senti* muito a sua falta, minha menina – disse Maria chorando.

– Ama! Venha comigo, não posso deixá-la!

– O *sinhozinho* Jean Pierre *num* vai *querê* me *levá.*

– Vai comigo e está resolvido! Se não quiser levá-la, não seguirei com ele a lugar algum! Não posso deixá-la! Meu pai vai castigá-la até a morte, tentando extrair a verdade sobre a minha fuga.

Feliz, Maria aceitou.

As duas começaram a arrumação. Encheram dois baús com os pertences. Em seguida, Dominique emocionou-se, pensou na decepção que causaria a seus pais, não queria resolver o seu destino daquela maneira, amava-os.

Contudo, estava a um passo da liberdade, não voltaria atrás nem desistiria da fuga. Enxugou suas lágrimas e começou a escrever uma carta de despedida.

O relógio marcava duas horas da madrugada, quando Joaquim entrou, dispensou os baús pela janela e, em seguida, os três saíram pelos fundos da mansão. Quando se encontraram, Jean Pierre abraçou Dominique e disse:

– Graças a Deus! Conseguiu sair de sua casa sem ser vista!

– Jean Pierre, eu preciso fazer-lhe um pedido muito importante!

– Peça tudo o que quiser, meu amor!

– Posso levar minha ama Maria?

– Claro! Fico muito contente que tenha resolvido vir conosco, ama Maria! Será muito feliz em minha fazenda!

– Muito obrigado, *sinhozinho*! Eu não ia *consegui vivê* sem a minha menina Dômi!

Joaquim os interrompeu:

– Apressem-se, antes que seja tarde! Boa sorte a todos.

– Adeus, Joaquim! Nunca esquecerei o que fez. Arriscou sua própria vida ajudando-me!

– Fiz tudo isso porque lhe quero bem, senhorita! Seja feliz!

Logo pela manhã, o conde sentiu a falta de Dominique à mesa e pediu que a chamassem para o desjejum. Devido à demora da escrava que a procurava por toda a mansão, o conde e sua esposa foram até o quarto da moça, onde encontraram a carta.

A condessa, desesperada, disse:

– Leia em voz alta, por favor!

O conde iniciou a leitura com a voz embargada:

Papai e mamãe!
Estou partindo desta casa por livre escolha. Tentarei ser feliz ao lado de alguém que amarei por toda a minha vida.
Sinto muito desapontá-los, mas não posso me casar com dom Aurélio. Supliquei a você, meu pai, que desistisse desse

casamento, mas de nada adiantou. O senhor insistiu em manter a promessa.

Espero que um dia possam entender essa triste atitude de sair desta casa sem ao menos despedir-me daqueles a quem devo a minha existência.

Peço que me perdoem e tenham absoluta certeza de que vou amá-los por toda a minha vida!

Levarei comigo a minha ama.

Não se preocupem com minha segurança.

Beijos,

Dominique

Terminada a leitura, a condessa começou a chorar e desabafou:

— Nunca pensei que Dominique pudesse denegrir o nome de nossa família dessa maneira!

O conde, nervosíssimo, tentava entender como Dominique conseguira fugir com a sua ama sem que ninguém percebesse.

— Para onde foram essas duas insolentes? Na carta que deixou não há nenhum indício do caminho para onde fugiram e nenhuma pista da pessoa que as ajudou a cometer tamanha insanidade. Tenho certeza de que tiveram o apoio de alguém! Mas quem será o traidor?

A condessa não conseguia dominar o seu nervosismo, começou imaginar o que os nobres da corte diriam quando soubessem que sua filha havia fugido alguns dias antes do casamento. O conde a abraçou e tentou acalmá-la:

— Acalme seu coração, querida! Encontrarei nossa filha e vou trazê-la de volta, custe o que custar!

No momento em que o conde leu a carta, não percebeu a presença de dom Aurélio. O rapaz ouviu toda a conversa do casal.

Desconsolado, saiu correndo. Encostou-se em um pilar que havia no jardim e começou a chorar. Tentou se acalmar e entrou novamente na casa. Quando se encontrou com o casal, começou falar desesperadamente:

– Pelo amor de Deus, sr. conde! Diga-me que estou enganado. Acabei de ouvir a leitura da carta... Não posso acreditar que tenha ela fugiu para livrar-se de mim!

O conde, assustado, tentou acalmá-lo:

– Não se desespere, dom Aurélio. Tentarei trazê-la de volta. Preciso descobrir se ainda estão na cidade, para onde foram... Peço que se acalme e me ajude a encontrar Dominique.

O conde chamou Joaquim. O rapaz se apresentou e ele contou-lhe sobre a fuga de filha.

– Ouça-me, Joaquim, minha filha fugiu de minha casa na noite passada. Quero que descubra como conseguiu fugir e onde se encontra. Preciso de informações...

O rapaz ouviu atentamente as recomendações do patrão e por algumas horas fingiu que estava investigando o paradeiro da moça. Sua intenção era atrasar as investigações para que Dominique pudesse seguir viagem sem correr o risco de ser capturada.

Passado algum tempo, Joaquim voltou à casa do conde e disse ao casal que, infelizmente, não havia conseguido nenhuma informação.

Joaquim, assistindo ao desespero do casal, tentou confortá-los:

– Creio que não devem ficar tão preocupados. A senhorita Dominique deixou uma carta explicando o motivo que a levou a fugir.

– Diga-me, Joaquim, o que devo fazer? Devo pedir a ajuda da guarda para obter mais informações sobre Dominique?

– O senhor está de mãos atadas. Creio que essa atitude ocasionaria um grande escândalo. Infelizmente, não tenho nenhuma sugestão. Aconselho-o que aguarde mais algum tempo. Creio que sua filha vai lhe mandar notícias. E, além do mais, não há motivo para desespero, já que a senhorita Dominique escreveu a carta de próprio punho, despedindo-se. Isso é sinal de que não foi obrigada a fugir. Tomou essa atitude para se livrar do casamento com dom Aurélio.

O conde permaneceu calado, não quis discordar de Joaquim. Na verdade, ele estava certo.

Joaquim se retirou.

Dom Aurélio saiu à procura da noiva em absoluto desespero. Cavalgou até o fim do dia tentando encontrá-la.

A viagem corria tranquila. Jean Pierre revezava-se com seu empregado na direção da carroça. Paravam em algumas cidades para comprar alimentos e água. Durante a viagem, Jean Pierre perguntou a Dominique:

– Meu amor, será que algum dia você vai se arrepender de ter fugido?

– Tenho certeza de que não vou me arrepender, Jean Pierre! Serei muito feliz ao seu lado.

– Temo que não se acostume com a vida do campo. Você está acostumada com grandes festas, com luxo, riqueza...

– Tem razão. Vamos voltar, sou uma moça muito rica e detesto o campo!

– Dominique, eu não acredito que já se arrependeu!

– Estou brincando! Vou adorar morar na sua fazenda! Acreditou mesmo que eu já havia desistido de morar no campo?

– Espere um pouco, Dominique. Preciso refazer-me do susto. Com certeza, se voltássemos à corte eu seria preso!

A moça não conseguia parar de rir do desespero de Jean Pierre.

– Quase me matou do coração, Dominique! Agora me ouça: escondo-lhe um segredo, mas você só saberá quando chegarmos à fazenda. Trata-se de algo sobre a minha pessoa.

– Nossa! Quanto mistério! Já sei: é casado e tem cinco filhos!

Ele sorriu e ressaltou:

– Errou, não sou casado!

– Ah! Jean Pierre, conte-me seu segredo! Sou muito curiosa. Não conseguirei esperar!

– Controle sua curiosidade, pois assim que chegarmos à fazenda, saberá...

Passavam das quatro e meia da manhã, quando chegaram a Ouro Preto. Todos os moradores da cidade estavam adormecidos. Jean Pierre pediu que seu empregado seguisse para a fazenda.

O sol começava a surgir entre as nuvens quando Jean Pierre desceu da carroça, pegou na mão de Dominique e apresentou sua fazenda.

– Seja bem-vinda, Dominique!

Antes de abrir a porta, ele tampou os olhos da moça com suas mãos e disse:

– Atenção! Agora vou revelar-lhe o meu segredo! Atenção! Vou abrir a porta!

Dominique já havia entrado na sala quando ele retirou as mãos de seus olhos e ela pôde ver um quadro com sua imagem retratada. A jovem sorria, entre as águas da cachoeira com seu vestido branco. À sua volta, as árvores e o céu azul celeste enfeitavam o momento em que se conheceram.

Ela ficou deslumbrada com a tela.

– Você é um grande artista! Estivemos juntos apenas por alguns minutos! Como conseguiu retratar-me com tamanha perfeição?

– Obrigado! Vindo de você, sinto-me honrado, pois sei que já viajou pela Europa e conhece várias obras dos grandes mestres da pintura. Quanto à tela, eu nunca havia feito um quadro assim. Naquele momento em que pedi para não se movimentar, comecei a memorizar seus olhos, sua boca, seus cabelos, enfim, todos os detalhes do seu rosto. Antes de começar o esboço, pensei que não iria me lembrar dos detalhes, mas comecei a traçar o desenho e lembrei-me perfeitamente de seu semblante... É como se eu a conhecesse de algum lugar...

– Tive a mesma impressão. Parecia que eu estava diante de alguém que já conhecia. Mas tenho de lhe dizer que o quadro ficou maravilhoso!

– Não reparou em mais nada?

– Jean Pierre! Obrigada pelas flores!

Ana interrompeu dizendo:

– Desculpe, *sinhozinho*. Posso *servi* algo *pra* moça *comê*?

Jean Pierre estava tão entusiasmado com a presença de Dominique, que nem reparou que Ana já havia se levantado e estava na sala. Ele cumprimentou a empregada e lhe agradeceu:

– Como vai, Ana? Obrigado pela arrumação da casa! Ficou impecável! Esta é Dominique e sua ama, Maria.

Dominique e Maria cumprimentaram Ana de maneira simpática. Ana respondeu apenas com um sorriso. Jean Pierre começou a dar as ordens:

– Ama Maria, quero que explique à Ana tudo o que Dominique está acostumada a comer.

– Pode *ficá* tranquilo, *sinhozinho*. Eu *vô* me *entendê* muito bem com Ana.

Dominique interrompeu a conversa num tom bem-humorado:

– Pelo que vejo querem me engordar de qualquer jeito! Não se preocupem comigo, não estou com fome. No momento, almejo um banho e o descanso. Mais tarde, experimentarei a sua comida, Ana!

Jean Pierre a levou até o seu quarto e mostrou o banheiro:

– Mandei colocar essa banheira especialmente para você.

– Obrigada, por mais essa gentileza! Você é maravilhoso, meu amor.

Dominique baixou o olhar um pouco constrangida. Nunca havia estado a sós com um homem.

– O que houve? Entristeceu-se de repente.

– Está tudo bem, Jean Pierre. Sinto-me um pouco constrangida. Peço que me entenda. Nunca estive tão próxima de alguém como estou de você.

Ele olhou dentro de seus olhos, deslizou a mão em seu rosto e disse:

– Meu amor, fique tranquila. Eu não a terei em meus braços contra a sua vontade. Desejo-a muito, mas saberei respeitá-la. Não a trouxe para minha casa somente pelo desejo, e sim porque a quero para o resto de minha vida!

– Obrigada por me respeitar. Eu o amo, Jean Pierre.

O casal se beijou e a moça fez um pedido:

– Por favor, chame minha ama para que me ajude a tirar meu vestido. Tomarei um banho para descansar. Mais tarde, quero conhecer toda a fazenda. Fiquei encantada com o jardim!

– Está bem, vou lhe mostrar tudo. Descanse, meu amor.

Jean Pierre pediu que Maria ajudasse Dominique e, em seguida, deitou-se no sofá e ficou pensando: "Quanta felicidade! Não acredito que o meu amor está no meu quarto...". E, pensando em Dominique, ele adormeceu.

Acordou depois de algumas horas. Ana estava na sala. Assustado, perguntou:

— Ana! Que horas são?

— Fique calmo, *sinhozinho*! As duas ainda estão *durmindo* e eu já fiz o almoço.

— Ana, fez a comida conforme o gosto de Dominique?

— Não. *Num* conheço o gosto dela. Ela disse que queria *comê* a minha comida. Então, fiz o almoço da maneira que *tô* acostumada.

— E o que preparou? Posso saber?

— Arroz, tutu de feijão com carne seca, mandioca e salada de alface. Ah! Assei também uma peça de pernil. ·

— Já basta! Pelo aroma que vem da cozinha, creio que tudo está delicioso!

— Fiz também um bolo de fubá para a sobremesa.

Ana simpatizou com Maria, mas ficou apreensiva com a presença de Dominique. Embora a moça tivesse demonstrado simpatia ao chegar a casa, ela era uma desconhecida. E a serviçal temia encontrar dificuldades para agradar-lhe.

Jean Pierre tomou um banho, vestiu roupas limpas e foi acordar Dominique. Entrou no quarto lentamente para não assustá-la. Beijou-lhe a face e ela despertou.

— E então, descansou? Vamos almoçar? Estou faminto!

— Eu também estou com fome, Jean Pierre!

Maria bateu à porta para ajudá-la a trocar de roupa para o almoço. Dominique pediu que ela entrasse e Jean Pierre se retirou.

Ana colocou a comida na mesa, dois pratos e dois talheres. Jean Pierre olhou para a mesa e disse:

– Está tudo errado! Por que somente dois pratos e dois talheres?

Ana, envergonhada, respondeu:

– Desculpe, *sinhozinho*, não sei se a moça *tá* acostumada a *almoçá* com a ama, e também pensei que não aceitaria a minha companhia.

Jean Pierre pediu:

– Ana, por favor, traga mais dois pratos e dois talheres para ama Maria e para você.

Ana continuou cabisbaixa e esperou que Dominique se manifestasse.

O pintor olhou para Dominique e explicou:

– Dominique, eu estou acostumado a fazer as minhas refeições com Ana. Creio que não se importa em dividir a mesa com ama Maria e Ana.

A moça respondeu sorridente:

– Fique à vontade. Não me oponho; ao contrário, sempre tive vontade de fazer as minhas refeições com minha ama, mas meu pai jamais aceitou.

– Pois saiba que sentaremos sempre os quatro à mesa. Na minha casa não existem escravos, e sim amigos!

Após acomodar Dominique na cadeira, o pintor ofereceu o assento a Maria:

– Sente-se, ama Maria, por favor!

– Agradeço de todo meu coração, *sinhozinho*! Nunca me sentei *pra comê* com os *branco*! É a *primera veis*!

Todos sorriram, Dominique começou a comer e disse:

– Ana, você cozinha muito bem!

Ana agradeceu e abriu um sorriso.

Durante o almoço, Dominique percebeu que as moças não sabiam manejar os talheres, e isso as deixava um tanto constrangidas. Quando terminaram de almoçar, Ana e Maria foram para a cozinha e deixaram o casal sozinhos. Dominique aproveitou a oportunidade e perguntou:

— Jean Pierre, posso ensinar a sua serviçal e minha ama a manusear os talheres?

— Perdoe-me, Dominique, mas eu creio que ambas vão se ofender com sua proposta.

— Entenda-me, achei um ato muito bonito de sua parte fazer suas refeições com Ana. Mas percebi que ela e ama Maria ficaram um tanto envergonhadas na nossa presença. Creio que queiram aprender a se portar à mesa. Os negros têm capacidade de melhorar os seus hábitos, basta alguém os instruir...

Entendendo a sugestão da moça, ele chamou as duas mulheres.

Dominique perguntou se elas tinham interesse em aprender a manusear os talheres. Prontamente, as duas responderam que sim e agradeceram.

Em seguida, Jean Pierre reuniu os negros no jardim da casa e apresentou Dominique:

— Boa tarde, amigos! Quero comunicar-lhes que esta moça que lhes apresento será minha esposa. O nome dela é Dominique. Não se preocupem, ela também é abolicionista e luta a favor da libertação dos escravos. Portanto, não há o que temer. Peço-lhes que a respeitem e façam todos os seus desejos.

Seu João pediu licença e falou em nome de todos:

— Seja bem-vinda, *sinhá*! Fique certa de que *vâmo fazê* o possível *pra* lhe *agradá*.

– Obrigada! Fiquei muito feliz quando soube que todos aqui são libertos. Embora não pareça, sou uma pessoa simples, espero que gostem de mim.

Jean Pierre terminou dizendo:

– Só peço a todos, um favor: por enquanto, não comentem nada a ninguém sobre a presença de Dominique nesta casa. Agora, podem voltar ao trabalho!

Jean Pierre convidou a moça para conhecer o seu *ateliê*:

– Entre, Dominique! Quero mostrar-lhe minhas telas. Devo dizer-lhe que a pintura é a minha razão de viver. Amo a arte da pintura...

– Estou encantada com o seu trabalho, Jean Pierre! Como retrata bem uma paisagem... Desejo conhecer a sua arte. Percebi que quando entrou aqui modificou completamente a fisionomia. Diga-me, com que idade aprendeu a pintar?

– Eu tinha dez anos quando meu pai levou-me a um *ateliê* de um amigo da família. Fiquei maravilhado com as telas, as tintas, os pincéis, enfim, tive vontade de começar a pintar naquele momento. O tal pintor percebeu o meu entusiasmo e disse que eu poderia brincar com as tintas e com os pincéis numa de suas telas. Então, meu pai e seu amigo retiraram-se do *ateliê*, deixando-me à vontade. Comecei a desenhar a janela que havia no *ateliê* e a paisagem do jardim que surgia através da vidraça. Ao terminar, chamei meu pai e o pintor para que vissem a minha criação. Eles tiveram uma surpresa com a paisagem. A pintura não ficou maravilhosa, mas, para um iniciante, posso dizer que ficou muito boa. No mesmo dia, meu pai me matriculou numa escola de pintura. E incentivou a minha arte até o último dia de sua vida. Perdoe-me, Dominique, sempre me emociono quando recordo o apoio e o incentivo que meu pai me deu com relação à pintura.

– Compreendo a sua emoção, meu querido. Seu pai percebeu o seu talento desde o primeiro instante e o incentivou. A atitude dele foi admirável!

O rapaz enxugou as lágrimas e convidou Dominique para dar um passeio na fazenda.

Andaram pelo cafezal. Mais tarde, sentaram à beira de uma árvore.

– Gostou da sua fazenda, meu amor?

– Estou adorando! Por que disse "sua fazenda"?

– Porque esta fazenda não pertence somente a mim. A partir de hoje, é nossa!

– Jean Pierre, será que conseguiremos nos casar sem o consentimento de meus pais?

– Creio que será muito difícil um padre nos casar. Apesar de ter vinte e dois anos, você fugiu de sua casa. Talvez a igreja não aceite a nossa união, mas daremos um jeito.

– Jean, eu estou muito feliz, não acredito que me livrei do casamento com dom Aurélio e que estou aqui com você, que tanto amo!

– Adorei ouvir o jeito que disse meu nome.

– Como assim?

– Disse somente Jean. Minha mãe só me chamava pelo meu primeiro nome...

Voltaram para casa quando já havia anoitecido. Jantaram e ficaram na sala conversando.

Algum tempo depois, ele a levou para o quarto e começou a beijá-la... Depois, afastou-se, e disse:

– Desculpe, descontrolei-me.

– Deite-se comigo, Jean Pierre, também o desejo muito, meu amor!

Jean Pierre pediu que ela o esperasse. Foi até a sala, pegou duas taças de vinho, levou para o quarto, e ambos brindaram.

– Um brinde ao amor que nos uniu! Que esse momento seja inesquecível em nossa vida!

Beijaram-se e amaram-se... Dominique adormeceu em seus braços.

Antes do despertar de sua amada, Jean Pierre acordou, preparou uma bandeja de café e levou até o quarto. Acordou-a e, percebendo que ela ainda estava sonolenta, pediu que continuasse repousando.

Algumas horas depois, Dominique percorreu a sala, entrou na cozinha e perguntou a Ana onde estava Jean Pierre. Ana disse que o pintor estava no *ateliê*, mas pediu que a moça não entrasse, pois ela tinha ordens de não deixar ninguém o incomodar quando estava pintando seus quadros. A moça prontamente respeitou as ordens e sentou-se. Depois de alguns minutos, Jean Pierre chamou Ana e perguntou por Dominique.

– Está na cozinha, pedi *pra* ela não *incomodá o sinhozinho*.

– Ana, preste atenção, Dominique é a única pessoa que tem acesso livre ao meu *ateliê*. Peça a ela que venha até aqui, por favor.

Ana, imediatamente chamou-a e a conduziu até o *ateliê*. Ele a abraçou, dizendo:

– Desculpe, meu amor! Esqueci-me de dizer a Ana que a única pessoa que pode entrar e sair livremente do meu *ateliê* é a minha adorada condessa!

– Jean Pierre, por favor! Não desejo incomodá-lo. Gostaria que continuasse realizando suas pinturas com a mesma liberdade. Entendi perfeitamente as ordens que deu a Ana. Um pintor precisa de paz e tranquilidade para manter a sua inspiração.

– Concordo. Mas eu preciso de você para me inspirar. E, além do mais, a sua opinião é muito bem-vinda, pois conhece arte.

– Sinto-me honrada em poder compartilhar esses momentos tão sublimes com você! Agradeço a sua gentileza, meu caro pintor!

Passados alguns dias, Jean Pierre pediu a um de seus empregados que fosse até a cidade e dissesse a Gerhard que comparecesse na fazenda com seus filhos, naquele mesmo dia, pois ele tinha uma grande novidade.

Algum tempo depois, Gerhard entrou na sala e levou um susto ao ver Dominique.

– Então, era essa a novidade? Perdeu completamente o juízo! Conseguiu roubar a filha do conde?

– Ainda não perdi o juízo, amigo Gerhard! Sou somente um homem apaixonado!

Todos riram.

Gerhard ficou admirado com a beleza de Maria.

– Gostei muito de sua ama, senhorita!

Maria ouviu o comentário e retirou-se, não queria envolver-se com um fidalgo.

Catherine não gostou do comportamento de seu pai e o repreendeu.

– Papai, o que Dominique vai pensar?

– Vai saber que não sou racista, que sou abolicionista. Enfim, que achei sua ama muito bonita! Por que me repreende, Catherine?

Todos sorriram.

Catherine sentia muito ciúme de seu pai e não queria que ele se casasse novamente.

**

Os dias se passaram e o conde não encontrou nenhuma resposta para o desaparecimento de sua filha.

– Posso estar enganada, meu marido, mas Dominique voltou muito diferente da viagem que fez com você. Creio que sua fuga tem algo a ver com Minas Gerais. Tente se lembrar de algum detalhe da viagem, de algum rapaz.

– Não é possível que tenha se encantado por alguém. Dominique permaneceu o tempo todo ao meu lado.

Pensou mais alguns minutos e saltou da cadeira, dizendo exaltado:

– Tem razão, Madeleine! Durante a recepção havia um rapaz que dançou com ela. Era um recém-chegado da França! Só pode ser isso! Ele a iludiu e a roubou. Vou buscá-la. Partirei ainda hoje!

CINCO

LAÇOS DE GRATIDÃO

PASSADOS alguns dias, seu João pediu para conversar com Jean Pierre. O idoso queria expor a situação do cafezal, que se arruinava a cada dia, devido à ausência de um administrador. Os negros precisavam ser comandados por alguém. Embora soubessem trabalhar no cafezal, depois que foi feita a divisão de trabalhadores, ocorreram danos ao cultivo do café, que somente um administrador poderia resolver. Dominique, sentada ao lado de Jean Pierre, ouvia a conversa com atenção. Seu João insistia para que ele tomasse alguma providência.

— O *sinhozinho* precisa *fazê* alguma coisa. Dá pena de *vê* os *grão* de café se perdendo no *cafezá*...

— O senhor tem razão, seu João, preciso resolver. Estou tendo muita dificuldade para conseguir um administrador...

Terminada a conversa, João se despediu. Em seguida, Jean Pierre pediu a opinião de Dominique a respeito do assunto.

— Antes de dar-lhe a minha opinião, preciso lhe fazer uma pergunta: por que não assume o comando do cafezal?

— Vou explicar-lhe, meu amor: a princípio, queria comprar uma casa e acabei comprando uma fazenda com uma plantação de café. Contudo, nunca tive a intenção de me tornar um fazendeiro, pois não tenho conhecimento algum a respeito do cultivo do café. E, além disso, não desejo me envolver com os fazendeiros. Sei que a maioria é escravocrata. Soube, por Gerhard, que minhas atitudes abolicionistas se espalharam pela região, e não pretendo discutir meus ideais com pessoas que discordam das minhas opiniões a respeito da escravidão. E, para finalizar, tenho um ofício que considero muito importante, que é a pintura e que exige muita dedicação. Além de pintar, tenho de preparar as telas, as molduras e fazer as entregas; enfim, não tenho condições de assumir o comando da fazenda.

– Tenho algumas observações a lhe fazer: adorei suas pinturas e devo dizer-lhe que não deve trocar a sua arte por outro ofício. Entretanto, você não queria se tornar um fazendeiro, mas se tornou. Tem um cafezal em suas mãos e creio que precisa administrá-lo até contratar uma pessoa competente. Quanto aos fazendeiros escravocratas, quando se reunirem, trate somente de assuntos ligados ao café. Não precisa falar sobre abolição com pessoas que não compartilham do seu idealismo. Desculpe a minha sinceridade, mas acredito que perderá essa fazenda se não assumir o comando.

– Vejo que estou diante de uma administradora e conselheira! E que atitude inicial a condessa me sugere?

– Sugiro que procure Gerhard e peça que ele lhe apresente um fazendeiro competente, que possa lhe dar algumas instruções a respeito do cafezal. Depois, reúna os empregados e tente orientá-los.

Assim, Jean Pierre decidiu procurar Gerhard, que o recebeu com muita alegria e o conduziu até sua casa para que pudessem ficar mais à vontade. Conversaram sobre os problemas que Jean Pierre estava enfrentando com o cultivo do café e também sobre os conselhos de Dominique. Gerhard prometeu ajudá-lo e apresentá-lo a um amigo que entendia do assunto.

Passadas algumas horas, Dominique, sentada na sala com sua ama, admirava seu quadro quando ouviu um alvoroço vindo do jardim da casa. O conde Molina acabava de chegar à fazenda. Estava muito apreensivo e empurrou alguns negros, que tentaram impedir a sua entrada. Subindo a escada, dizia:

– Saiam da minha frente, negros malditos! Vim buscar a minha filha!

Dominique pediu para a ama se esconder. Ela temia que Maria fosse capturada.

Invadindo a casa, ele deparou com Dominique e começou o sermão:

– Muito bem! Então, o que ouvi na cidade é verdade! Minha filha está vivendo nesta fazenda! O que pensa da vida, srta. Dominique?

– Papai, acalme-se! Vamos ter uma conversa civilizada. Estou aqui por minha vontade e muito feliz. Entenda-me, por favor, eu não poderia me casar com um homem que não amo! Por esse motivo, fugi de casa.

– Cale-se, Dominique! Não desejo ouvir suas explicações! Arrume sua bagagem e vamos embora daqui!

Dominique começou chorar e disse:

– Não posso seguir contigo, papai! Ouça-me, por favor!

– Ordeno que saia daqui comigo, imediatamente!

Jean Pierre entrou na sala e disse em voz alta:

– Dominique não sairá de minha casa contra sua vontade!

– Não se intrometa nesse assunto! Estou falando com a minha filha!

– Está falando com sua filha dentro da minha casa! E não tem o direito de responder-me dessa maneira, sr. conde!

O conde pegou no braço da filha e disse em voz alta:

– Sairá daqui por bem ou por mal, Dominique!

A moça se soltou do pai, agarrou-se a Jean Pierre, chorando, e pediu sua proteção:

– Jean Pierre, não permita que meu pai me leve daqui! Desejo ficar com você!

– Acalme-se, meu amor, ninguém vai levá-la daqui. Só se passarem por cima de meu cadáver!

O conde teve vontade de matá-lo, mas segurou seus impulsos. Respirou fundo e iniciou a conversa com um tom irônico:

– Muito bem, condessa Dominique! Vou relatar os últimos acontecimentos: está livre do casamento. Dom Aurélio morreu, atentou contra a própria vida por sua causa.

Dominique ficou desesperada com a notícia e disse:

– Não é possível que ele tenha cometido o suicídio, papai!

– Pois o fez! E você é culpada por toda essa tragédia!

Jean Pierre não se conteve diante da acusação e disse:

– Só existe um culpado: o senhor! Por prometer uma criança, de apenas cinco anos de idade, a um casamento! Em nenhum momento se preocupou com os sentimentos de sua filha!

– De onde você veio? De outro planeta? Todos os nobres prometem seus filhos!

– Discordo. Também sou fidalgo. Meus pais eram marqueses e não cometeram essa injustiça comigo. Permitiram que eu mesmo traçasse meu destino.

– Não creio na sua nobreza, meu caro. Um fidalgo jamais roubaria uma condessa de sua própria casa. Teve uma atitude horrível, que resultou numa grande tragédia.

– Sinto muito pelo transtorno que causei, mas devo dizer-lhe que não me arrependo. E creio que não tive culpa pelo suicídio de dom Aurélio.

— A culpada dessa tragédia é minha filha! Mas você a ajudou a fugir, portanto, também é culpado pela decepção e a atitude infeliz de dom Aurélio. Vamos embora, Dominique!

— Não seguirei com você, papai! Pela primeira vez na minha vida vou desobedecer-lhe. Nunca fui tão feliz como nesta fazenda! Um dia o senhor vai entender a grandeza desse sentimento tão maravilhoso que sinto por Jean Pierre.

— Não vou obrigá-la a seguir comigo, mas lhe digo, com toda a certeza: vai se arrepender! Eu e sua mãe nunca vamos perdoá-la! Você é uma filha ingrata!

Dizendo isso, saiu sem se despedir. Maria correu atrás dele e disse:

— *Sinhô* conde, não se preocupe, a menina Dômi *tá* muito feliz.

— Sua traidora! Viveu com minha família todos esses anos e é assim que me paga? Fugindo com minha filha?

Voltando até a casa, segurou a ama pelo braço e disse:

— Levarei comigo esta serpente! Devo lembrá-la, Dominique, que sua ama me pertence.

Dominique ajoelhou e suplicou a seu pai que não a levasse:

— Pelo amor de Deus, papai, eu lhe imploro! Não a obrigue a segui-lo! Sei que minha ama é sua escrava, mas não pode tirá-la de mim!

O conde ficou emocionado com o pedido de sua filha e soltou o braço de Maria.

— Pode ficar com essa traidora, não a quero em minha casa!

Depois que ele partiu, Jean Pierre tentou acalmar Dominique.

— Acalme-se, minha querida, com o tempo seu pai vai se acostumar com a situação e vai perdoá-la. Não está cometendo nenhum erro, só está tentando ser feliz ao meu lado...

– Se não tivesse chegado a tempo, meu pai teria me levado à força. Sinto-me muito infeliz com essa situação. Não queria que meu pai sofresse. Apesar de tudo, eu o amo muito.

– Eu compreendo os seus sentimentos, mas tente se acalmar. Não gosto de vê-la chorando.

– Jean Pierre, que notícia terrível meu pai trouxe. Dom Aurélio está morto, e a culpa é minha!

– Não diga isso, meu amor. Ele se matou porque era um covarde, um péssimo perdedor e talvez tenha sido cercado de mimos ao longo de sua vida. Não se culpe, fique tranquila.

Maria trouxe um chá para Dominique:

– Tome esse chá, Dômi, vai *fazê* bem.

Dominique tomou o chá, Jean Pierre a levou para o quarto e esperou que ela dormisse. Depois, voltou para sala onde Maria estava. Os dois se sentaram e começaram a conversar sobre a visita do conde.

– Como é insolente esse conde Molina. Não consigo acreditar que teve a audácia de invadir minha casa para tirar-nos a paz. Compreenderia perfeitamente se ele tivesse a intenção de entender o motivo da fuga de Dominique, afinal é seu pai. Mas nem quis ouvi-la. Queria obrigá-la a voltar para São Paulo, e, além de toda a situação constrangedora que causou, ainda colocou a culpa do suicídio de dom Aurélio em sua própria filha. Que absurdo!

– É, *sinhozinho*, o conde é assim mesmo, ele acha que tem autoridade *pra ofendê* todo mundo. Se ele tivesse acabado com o noivado, nada disso teria acontecido. Eu creio que, com o passar do tempo, ele vai *acabá* aceitando a vontade da filha.

– Espero que sim. Não permitirei que retorne a esta casa para ofender Dominique! Não deixarei ninguém magoá-la. Eu vou protegê-la até o fim de minha vida.

– Nunca vi um amor tão grande, *sinhozinho*! Fico até emocionada!

* * *

A partir desse dia, Dominique tornou-se melancólica. Lembrava-se do suicídio de dom Aurélio, culpava-se e chorava muito. Conviveu com o rapaz desde a infância e, embora não quisesse consumar o casamento, nunca desejou mal ao rapaz. Queria somente que ele fosse feliz ao lado de outra pessoa.

Jean Pierre, temendo que ela ficasse doente, passava todo o tempo ao seu lado.

Os dias se passaram e junto com eles passaram também a tristeza e a indisposição de Dominique. Jean Pierre e sua amada pareciam duas crianças. Corriam pela fazenda, cavalgavam e passeavam de carroça. O rapaz tentava agradar a ela de todas as maneiras. Não queria vê-la triste.

Lady Marie fez uma viagem para tentar esquecer Jean Pierre. Mas não conseguiu esquecê-lo um só minuto. Assim que retornou à cidade, soube da fuga de Dominique e também da paixão que Jean Pierre nutria pela fidalga.

Furiosa, entrou em sua casa e, antes de cumprimentar seu pai, começou a se lamentar:

– Quem essa condessa pensa que é para roubar o que é meu?

– Agora entendi o motivo de seu nervosismo. Na cidade não se fala de outro assunto. Com certeza já soube do romance entre o pintor e a condessa. Ouça-me, Lady Marie, ela não lhe roubou Jean Pierre, porque ele nunca lhe pertenceu!

– Cale-se, meu pai! Não sabe o que está dizendo!

Lady Marie estava transtornada. Movida por sua fúria, deixou a casa de seu pai e seguiu diretamente para a fazenda de Jean Pierre.

– Boa tarde, meu querido! Você disse a condessa algo sobre o nosso envolvimento?

– Quem permitiu que entrasse em minha casa?

– Não preciso de permissão para entrar na casa de meu homem!

– Saia daqui agora mesmo, sua meretriz!

– O que está acontecendo aqui, Jean Pierre? – perguntou Dominique assustada.

– Ah! Agora sou meretriz, mas quando eu estava na sua cama não era assim que me chamava! Lembra-se?

Jean Pierre, indignado, colocou-a para fora, gritando aos negros:

– Se esta mulher voltar aqui, façam o mesmo! Expulsem-na!

Dominique ficou completamente pálida e trêmula. Temia estar diante de uma situação que resultaria no fim de seu relacionamento com o grande amor de sua vida. Decidida a desvendar o mistério que envolvia a visita daquela mulher, perguntou:

– Jean Pierre, o que tem a me dizer? Quem é essa mulher?

– Entre, Dominique, por favor. Vou lhe explicar.

Jean Pierre contou como e onde conheceu Lady Marie e depois narrou o seu envolvimento com a moça. Dominique ouviu calada, sem dar uma palavra. Depois, quebrou o silêncio e perguntou:

– Por que se envolveu com uma mulher tão vulgar?

– Porque fui um fraco, um idiota. Arrependo-me muito. Mas o que fazer? Não posso apagar o passado. Eu não a conhecia, Dômi. Esse foi o motivo que me fez envolver-me com Lady Marie! Juro que se a conhecesse quando cheguei aqui, jamais teria me envolvido com ela!

Dominique abaixou a cabeça e ele insistiu:

— Por favor, não fique triste, sinto-me ainda pior! Temo que ela tente nos separar com intrigas. Não quero perdê-la, meu amor!

Dominique o beijou e disse ao seu ouvido:

— Nada nem ninguém vai nos separar.

Lady Marie ficou inconformada com a situação. Chegou a sua casa falando sozinha:

— Acabarei com a vida daquela condessa desgraçada!

Seu pai entrou na casa e, ouvindo suas palavras, perguntou:

— Está falando ao vento, Lady Marie?

— Devem estar rindo pelas minhas costas, papai. Mas eu juro que vou me vingar!

— Pelo amor que tem a Deus! Deixe Jean Pierre viver em paz! Concentre-se em sua filha e esqueça esse homem!

— Ouça-me, papai! Jean Pierre expulsou-me de sua casa por causa daquela maldita condessa! Mesmo que ele implore o meu perdão, eu jamais vou perdoá-lo!

— Não é a primeira vez que esse homem a expulsa! E, pelo que me recordo, no dia em que a expulsou, a filha do conde não morava naquela fazenda! Portanto, não a culpe por não ser bem-vinda! Já estou farto dessa história!

Muito magoada com a sinceridade de seu pai, Lady Marie se calou, retirou-se e seguiu para o quarto.

Alguns dias depois, o conde chegou à sua mansão e a condessa, ansiosa por notícias, perguntou:

— Encontrou Dominique?

— Sim. Está vivendo com o tal francês! A minha vontade é de matá-lo!

— Mas o que aconteceu? Por que não a obrigou a voltar?

– Tentei, mas pensei melhor e a deixei ficar. Ela fugiria no dia seguinte com aquele maldito pintor!

– Então está mesmo apaixonada por ele?

– Sim, está apaixonada e decidida a continuar morando naquela fazenda. Disse-me que nunca foi tão feliz em toda a sua vida...

– Qual é o nome do pintor?

– Chama-se Jean Pierre. Por quê?

– Tem certeza que é fidalgo?

– Sim, seus pais eram marqueses. Mas o que isso importa?

– Creio que só há uma maneira de limpar o nosso nome da vergonha que Dominique nos fez passar: se realizarmos o casamento deles aqui na corte. Afinal, ele é fidalgo, filho de um casal de marqueses, um pintor francês e fazendeiro. Creio que essas qualidades fariam cessar os comentários desagradáveis que vamos enfrentar caso descubram o verdadeiro motivo da morte de dom Aurélio.

– Talvez seja a solução.

– E quanto às suas pinturas, o que me diz? Chegou a ver alguma tela?

– Apesar da raiva que sinto, tenho de admitir que Jean Pierre é um ótimo retratista. Pintou um quadro de Dominique, que, devo confessar-lhe, ficou simplesmente maravilhoso! Não sei como conseguiu retratá-la com tamanha exatidão.

– Ouça-me, Felipe, talvez Dominique aceite voltar e se casar com Jean Pierre. Nossa filha precisa reparar o erro que cometeu e nos ajudar a limpar o nosso nome, antes que seja tarde demais. Você deve voltar a Minas Gerais e exigir que ela volte a São Paulo para que se case com o pintor na presença de todos os nobres! Se ela não lhe obedecer, eu não vou perdoá-la, e creio que não mereça receber o título de condessa...

O casal conversou por algumas horas e arquitetaram um plano. O conde voltaria à fazenda, mas a sua visita seria cordial. Tentaria convencer a filha, de maneira mais agradável e gentil, a regressar e se casar na corte.

* * *

No dia em que ocorreu a morte de dom Aurélio, depois de cavalgar o dia todo em busca de alguma notícia a respeito de Dominique, o rapaz regressou a sua residência um tanto exausto e sem nenhuma esperança.

O jovem entrou em sua mansão, onde estava somente seu pai. Alguns escravos o serviam, pois a outra parte da criadagem acompanhava sua mãe e irmãs, que haviam partido no período matinal para visitar uma pessoa da família que estava adoentada. Regressariam somente no dia seguinte.

O rapaz estava completamente desesperado quando se encontrou com dom Hélder na biblioteca. Entregou-se ao pranto diante de seu pai e relatou os últimos acontecimentos:

— Papai, ajude-me, por favor! Estou desesperado! Minha noiva fugiu na noite passada, deixando somente uma carta de despedida aos seus pais.

— Mas como sua noiva conseguiu fugir, meu filho? Alguém deve tê-la ajudado!

— Eu não sei como fugiu e se alguém a ajudou. Ontem à noite ela implorou-me para que eu desistisse do casamento. Não queria se casar comigo. Disse-me que não me amava...

Dom Hélder compreendeu perfeitamente a intenção de Dominique ao tentar convencer dom Aurélio a romper o noivado. Furioso, o pai explicou ao filho o intuito de Dominique:

— A srta. Dominique estava tentando se livrar de sua própria fuga. Por esse motivo, implorou que desistisse do casamento! Não posso acreditar que uma moça educada para se tornar uma condessa, teve a audácia de fugir uma semana antes de cumprir a promessa feita por nossas famílias!

– Papai, eu não conseguirei viver sem Dominique!

Chorando demasiadamente, dom Aurélio colocou as duas mãos sobre a cabeça e terminou a conversa dizendo:

– Não tenho coragem para enfrentar o alvoroço que está prestes a acontecer. Prefiro morrer antes de passar pela desonra do abandono! Imagine, papai, quando todos descobrirem que fui abandonado por minha noiva nas vésperas de nosso casamento? Será um grande escândalo envolvendo o nosso nome e a honra da nossa família!

Dom Hélder, percebendo o descontrole emocional do filho, pensou que um tranquilizante pudesse solucionar o problema.

– Tente se acalmar, meu filho. Vou dar uma ordem a um escravo para que chame o médico da família. Você está muito descontrolado, precisa de um tranquilizante. Aguarde alguns minutos, volto em seguida.

Dadas as ordens ao escravo, Dom Hélder deparou com a visita inesperada do conde Molina.

Dom Hélder o recebeu educadamente. Sua estima pelo amigo estava acima das atitudes de Dominique. Ele não queria indispor-se.

O conde estava preocupado e ansioso por alguma notícia a respeito da fuga de sua filha, então resolveu procurar dom Aurélio. O pai do rapaz estava explicando o estado lastimável que o filho se encontrava, quando ouviram um disparo vindo da biblioteca. Os dois homens correram, abriram a porta e encontraram o corpo do rapaz caído ao chão, totalmente sem vida.

Quando Dom Hélder se retirou, deixou-o na companhia de dois vultos que o envolviam. Dom Aurélio lembrou-se da arma que estava guardada na gaveta da mesa, apanhou-a e disparou um tiro contra a própria cabeça, que lhe tirou a vida no mesmo instante.

Dom Hélder se desesperou e foi amparado pelo conde Molina. Os amigos então fizeram um acordo: ocultariam o suicídio para não causar um escândalo ainda maior. Disseram que dom Aurélio fora vítima de um acidente quando estava limpando a arma de dom Hélder.

Durante o velório, as pessoas questionavam a ausência de Dominique. Para evitar falatórios, o conde disse que a filha estava muito transtornada e que se ausentaria por uns tempos para se refazer da perda.

Somente o conde Molina, sua esposa, seus escravos, Joaquim e dom Hélder tinham conhecimento da fuga de Dominique.

**

Jean Pierre foi apresentado por Gerhard a um fazendeiro, que lhe deu algumas explicações muito úteis a respeito do cafezal. Ele estava comandando os negócios da fazenda, mas sua fama de pintor também havia se espalhado pela cidade. Vendeu alguns quadros quando chegou à fazenda e ficou muito satisfeito. Embora não tivesse tempo para se dedicar às suas pinturas, ele planejava voltar a exercer o ofício da arte, após a contratação de um administrador.

Estavam reunidos à mesa, fazendo o desjejum quando ele disse a Dominique:

– Pretendo ir até a cidade pela manhã. Preciso fazer uma entrega de dois quadros e receber uma parte do pagamento da safra do café. Deseja algo da cidade, além dos presentes que trarei para você?

– Gostaria muito de acompanhá-lo e escolher pessoalmente as minhas encomendas. E aproveitaria esta manhã ensolarada para passear.

– Oh! Meu amor! Perdoe-me, hoje a carroça está lotada, as telas são enormes. Mas prometo levá-la em outra ocasião.

– Está perdoado. Ficarei ansiosa esperando meus presentes!

Ao chegar à cidade, Jean Pierre entregou seus quadros e recebeu por eles.

Depois de conversar com Gerhard durante algum tempo, Jean Pierre se despediu. Pensou em comprar os presentes para Dominique, mas resolveu voltar à cidade no dia seguinte com sua amada para que ela pudesse escolhê-los pessoalmente. Subiu na carroça e seguiu rumo à fazenda.

Ao passar por uma fazenda, gritos de dor o fizeram parar a carroça. Curioso, ele entrou na propriedade e avistou um escravo alto e forte, que, preso ao tronco, gritava e pedia piedade a seu dono, Alfredo, e ao feitor, que o açoitava.

As costas de Jacinto sangravam devido às inúmeras chicotadas que levava desde as primeiras horas do dia.

Escondido atrás de uma árvore, Jean Pierre observou que, além do fazendeiro, havia diante do tronco uma mulher e três crianças. Um garoto atendia pelo nome de José e devia ter por volta de sete anos; o outro se chamava Cícero, aparentava ter cinco anos; e uma garotinha, chamada Maria e que aparentava ter três anos. As crianças choravam por verem o pai sendo surrado. O pintor emocionou-se com a desumanidade que estava diante de seus olhos e não se conteve, aproximou-se e perguntou ao fazendeiro:

– O que esse escravo fez para merecer tamanho castigo?

Surpreendido com a invasão do fidalgo, Alfredo perguntou:

– Posso saber quem é o senhor? E como entrou na minha propriedade sem ser convidado?

– Sou seu vizinho, meu nome é Jean Pierre. Comprei a fazenda do sr. Otávio, onde vivo atualmente. Perdoe-me a invasão, estava voltando da cidade quando ouvi os gritos de seu escravo e resolvi entrar. Qual o seu nome, senhor?

– Meu nome é Alfredo. Peço que não se perturbe com esses gritos, sr. Jean Pierre. Esse negro merece o castigo que recebe! Ele é um ladrão.

– Posso saber o que ele roubou?

– Ele entrou na minha cozinha e tentou roubar doces caseiros para dar a seus filhos! Achei uma ousadia de sua parte tentar roubar doces para dar a três negrinhos escravos. Na minha fazenda os negros crescem sem sentir o sabor de um doce caseiro! Somente os meus filhos podem saboreá-los! Preso ao tronco, esse maldito confessou o roubo dos doces por diversas vezes.

Jean Pierre ficou indignado com o motivo que levara o negro ao castigo, mas preferiu não expor sua indignação ao fazendeiro. Decidido, o pintor fez uma pergunta que mudaria completamente o destino daquela família:

– Quanto quer por esse negro e sua família?

– Perdeu o juízo, sr. Jean Pierre? Acabei de dizer-lhe que se trata de um ladrão e, mesmo assim, quer comprá-lo?

– Responda-me, sr. Alfredo, por favor! Não pretendo explicar-lhe os meus motivos, pois tenho certeza de que não me compreenderia e não desejo me indispor com meus vizinhos. Apenas me diga quanto devo lhe pagar para que solte este homem desse tronco e o livre do castigo!

– Está bem. Vou fazer-lhe uma proposta, mas se não aceitar o valor exigido, ele morrerá no tronco! Creio que este negro deva pagar com sua própria vida o seu delito! Assim sendo, peço a quantia de duzentos contos de réis por toda a família! Se quiser levá-los, pague-me imediatamente!

Movido pela vingança, que envolvia Jacinto e sua esposa, Alfredo pediu um valor alto. Não tinha a intenção de vendê-lo, queria castigá-lo até morte na presença de sua família.

Jacinto chegou à fazenda de Alfredo com dez anos de idade. Logo se aproximou de Alberto, o primogênito de Alfredo. Corriam pela fazenda, brincavam e se divertiam. Rosa, a esposa de Alfredo, era uma mulher amável e caridosa. Ela observou a vontade de aprender a ler e escrever contida no garoto escravo e passou a dar aulas a Jacinto sem o conhecimento do marido. Esse era um segredo compartilhado entre Alberto, Jacinto e Rosa.

Quando Alberto completou catorze anos, mudou-se para Lisboa para estudar. Sua mãe, saudosa da presença do filho, pediu ao marido que permitisse que Jacinto trabalhasse dentro da casa-grande, proporcionando condições de vida melhores àquele a quem ela e seu filho tinham estima. Alfredo aceitou o pedido da esposa, mas estranhou sua atitude e passou a observá-la.

Jacinto trocou a lavoura pelos trabalhos domésticos. Rosa acreditava que quando Alfredo soubesse da alfabetização de Jacinto, iria se surpreender com a inteligência do escravo e iria libertá-lo.

Tempos depois, ao retornar de uma viagem, Alfredo surpreendeu Rosa ensinando algumas questões a Jacinto. O homem ficou furioso e exigiu uma explicação. Ela contou-lhe que Jacinto fora alfabetizado por ela durante todos os anos em que vivera na fazenda e que se dedicou a ensiná-lo por sua bondade e pelo interesse que o garoto demonstrava no aprendizado. Alfredo não acreditou muito na bondade da esposa e, movido pelo ciúme, começou a acreditar que sua esposa mantinha um caso amoroso com o jovem escravo. Rosa jurou que nunca tivera outra intenção a não ser ajudá-lo a melhorar suas condições de escravo e provar a todos que os negros têm a mesma capacidade de aprendizado que os brancos. Mas Alfredo não acreditou e retirou Jacinto da casa-grande, mandando-o para a senzala e para os serviços da lavoura.

Alberto, ao retornar ao Brasil estava completamente diferente, não queria nenhum contato com o amigo de infância, a quem estimara no passado. Jacinto o procurou algumas vezes, mas o rapaz não quis a sua amizade, que outrora lhe fora bem aceita. Seu pai aprovou a atitude do rapaz e aconselhou-o a manter-se longe dos escravos.

Quando Rosa deu à luz seu quinto filho, não resistiu e faleceu após o parto. Minutos antes de sua morte, afirmou a Alfredo que nunca o havia traído e, depois de fazer alguns pedidos a respeito de seus filhos, finalizou com um último pedido: que Alfredo alforriasse Jacinto. Depois que ela fez a última súplica, Alfredo teve absoluta certeza de que sua esposa fora amante de Jacinto e, daquele dia em diante, passou a maltratar ainda mais o belo escravo, que se destacava a cada dia no trabalho, devido à sua inteligência e agilidade.

A vida de Jacinto na fazenda de Alfredo piorou muito depois da morte de Rosa. Mas o escravo nunca perdeu a esperança de se tornar um homem livre e sempre dizia para os seus companheiros que um dia a escravidão teria fim.

A quantia exigida por Alfredo era exatamente todo o dinheiro que Jean Pierre possuía. O fidalgo olhou para Jacinto e pensou: "Esse valor é todo o dinheiro que possuo, mas a vida deste homem vale muito mais...".

– Aceito sua proposta! Vou comprá-lo juntamente com sua família!

O homem fez um sinal para o feitor, que o surrava, e ele soltou as mãos do escravo do tronco. Jacinto caiu no chão, olhou para Jean Pierre e duas lágrimas escorreram de seus olhos.

Jean Pierre pediu ajuda ao feitor, levantou-o do chão, colocou-o na carroça e lhe pediu um pouco de água para dar ao homem. Depois, chamou sua esposa e perguntou em voz baixa:

– Qual é o seu nome?

– Idalina, *sinhozinho*!

– Não tema, Idalina. Serão muito bem-recebidos em minha fazenda. Peço que não leve nada daqui.

Jean Pierre fez o pagamento, deu água para Jacinto e todos subiram na carroça e seguiram para a fazenda.

Dominique, sua ama e as crianças da fazenda estavam no jardim quando eles chegaram.

Jean Pierre desceu da carroça e pediu ajuda aos empregados para que retirassem o homem ferido da carroça.

– Ama Maria, peça à Ana que trate dos ferimentos deste homem com Idalina, sua esposa! Peço também que conduza estas três crianças até a cozinha. Alimente-as e, em seguida, ofereça a elas todos os doces caseiros que desejarem.

Idalina, chorando, agradeceu a generosidade do pintor:

– Muito obrigada, *sinhozinho*, por sua bondade! Deus o abençoe!

Maria seguia de mãos dadas com as crianças em direção a casa-grande quando José soltou de sua mão, correu até o jardim e abraçou o pintor chorando. Jean Pierre abaixou-se e, olhando no fundo dos olhos do garoto, disse:

– Fique tranquilo, não chore. Seu pai vai melhorar. Nós vamos cuidar dele.

– Obrigado, *sinhozinho*.

O garoto, emocionado, abraçou Jean Pierre, depois voltou para junto de seus irmãos e todos seguiram para a cozinha.

Uma hora depois, o negro já estava um pouco recuperado. Ana havia feito um emplastro com ervas em suas costas com ajuda de Idalina. Depois, serviu o almoço para o casal, enquanto seus filhos saboreavam os doces caseiros ofertados pelo dono da casa.

Acostumado a fazer suas refeições na senzala, sentado ao chão, com os outros escravos, Jacinto deparou com uma cena comum para as famílias dos brancos, mas totalmente inusitada tratando-se de uma família de escravos. Observando a mulher e os filhos sentados à mesa, comentou:

– Estou muito feliz, é a primeira vez que me sento à uma mesa com minha família para fazer uma refeição.

Jean Pierre entrou na cozinha e a família levantou-se em sinal de respeito. O pintor pediu que se sentassem, olhou para Jacinto e perguntou:

– Qual é o seu nome?

– Jacinto, *sinhozinho*!

– Quero que saiba que aqui na minha fazenda não precisará roubar doces para os seus filhos.

– Eu não sou ladrão, *sinhozinho*. Nunca roubei nada de ninguém.

– Não precisa justificar-se, eu entendo perfeitamente os seus motivos. Achei um absurdo aquele homem castigá-lo arduamente por causa de doces caseiros.

Na verdade, Jacinto não havia cometido o roubo, mas estava muito debilitado para tentar se explicar com Jean Pierre, então resolveu deixar a explicação para outra ocasião. Cansado e constrangido com a situação perguntou:

– Onde fica a senzala, *sinhozinho?* Se me permitir, gostaria de descansar. Ainda me sinto muito fraco.

– Na minha fazenda ninguém repousa na senzala, Jacinto. Todas as famílias têm suas próprias casas e, em breve, vocês terão a sua.

Jacinto surpreendeu-se com a notícia. Estava acostumado a ser tratado como escravo, e não imaginava que, algum dia em sua vida, fosse ter uma casa, onde pudesse morar com sua família.

– Ana, por favor, prepare um quarto da casa-grande para Jacinto e sua família repousarem e, amanhã, providencie uma morada para eles.

– Fique tranquilo, *sinhozinho*. Ainda hoje *vô procurá sabê* se tem uma casa desocupada *pra* eles.

Jean Pierre abriu um sorriso e completou:

– Quero avisá-lo também, Jacinto, que a partir de hoje estão livres. Serão alforriados.

Jacinto sentiu uma tontura, a frase que acabara de ouvir o deixara completamente atordoado. A liberdade era um sonho que o acompanhava desde a infância. Ser liberto com sua família era a maior realização de toda a sua vida. O negro se emocionou e fez uma promessa a Jean Pierre.

– *Sinhozinho*, eu vou ser-lhe grato até o fim dos meus dias! De hoje em diante sua vida e a vida dos seus valerão mais do que a minha! Prometo protegê-los de toda maldade e de todo o perigo!

– Levante-se, Jacinto, não precisa se curvar diante de mim. Agradeço-lhe por sua gratidão. Talvez as lembranças da crueldade que você foi vítima nunca se apaguem de sua mente, mas as feridas nas costas vão cicatrizar. E, tenha certeza, Jacinto, enquanto eu viver nenhum dos negros que mora aqui será castigado.

Jean Pierre retirou-se da cozinha e voltou para a sala, onde se encontrou com Dominique e, emocionado, contou-lhe o que havia ocorrido. Ele não se conformava com o regime da época e desabafou em voz alta:

— Quando essas injustiças vão acabar? Esse racismo maldito! Eu odeio a escravidão!

— Eu também não gosto desse regime absurdo, onde um ser humano é capaz de castigar o seu próprio semelhante sem piedade. Mas o que podemos fazer? Não se perturbe, você faz o possível para amenizar a situação dos negros que vivem na sua fazenda...

Ana preparou um quarto da casa de Jean Pierre para que a família de Jacinto repousasse naquela noite.

No dia seguinte, depois do café da manhã, Jean Pierre foi para o cafezal e, Dominique, sentindo a falta de Ana e Maria na mesa do café, foi até a cozinha e deparou com a família de Jacinto, que tomava o desjejum ao lado da serviçal e sua ama.

Dominique aproveitou a oportunidade para conversar com Jacinto e Idalina sobre os fatos ocorridos. Jacinto esclareceu tudo o que havia ocorrido.

Durante o almoço, Jean Pierre quase não conversou. A cena que havia presenciado no dia anterior não lhe saía da cabeça. Dominique quebrou o silêncio e disse que havia conversado com Jacinto pela manhã. Então, o pintor perguntou:

— Jacinto esclareceu sobre a acusação de roubo que o tal homem lhe fez?

— Sim. Disse-me que sua filha, Maria, de apenas três anos de idade, chorou a manhã inteira, após presenciar o filho do dono da casa saboreando um doce caseiro. Então Jacinto pediu a Alfredo que lhe desse permissão para pedir à cozinheira um pouco de doce para dar à filha. Imediatamente, ele se negou. Jacinto não teve opção, foi até a cozinha e pediu à cozinheira. Quando estava de saída, Alfredo o surpreendeu e ele deixou o doce cair ao chão. A cozinheira, temendo ser castigada, acusou-o. Jacinto não quis comprometer a escrava e se calou diante da acusação. O homem ordenou que o amarrassem ao tronco o dia todo e que não lhe dessem água nem comida. No dia seguinte, pediu que o feitor iniciasse os castigos. Cansado de ser torturado e ameaçado de morte, o feitor o fez confessar que havia roubado doces outras vezes, o que não era verdade. Ao finalizar, Jacinto me disse que você foi enviado por Deus para salvá-lo.

– Quanta crueldade! Ouça-me, Dominique, se eu não o tivesse comprado, ele morreria naquele tronco. Estava quase desmaiado quando o soltaram.

– Graças ao seu coração bondoso, Jean Pierre, Jacinto está a salvo.

– Acabei de lembrar-me! Perdoe-me, gastei todo o dinheiro e não comprei nenhum presente para você, meu amor!

– Como ousa dizer que não comprou presentes? A compra que fez é muito mais importante que qualquer presente. Os escravos que comprou e libertou serão nossos eternos amigos.

O casal se abraçou e foram para a sala de visitas, onde Dominique fez uma observação:

– Jean, ouça-me, achei Jacinto diferente dos outros, além de ser alto e forte, ele é muito inteligente e fala o português corretamente. Acho que deve dar-lhe um trabalho diferente aqui na fazenda.

– Explique-se melhor, minha querida. Qual trabalho darei a Jacinto?

– Não sei, mas será um desperdício colocá-lo para trabalhar no cafezal.

— Concordo. Preciso conversar com ele para saber quais são suas aptidões.

Jean Pierre estava sem tempo para a pintura. Ele administrava a fazenda e ainda tinha de negociar o melhor preço para vender o café.

Depois de algum tempo, ele pediu que Ana levasse Jacinto até a biblioteca, onde ficariam mais à vontade para conversar. O negro bateu à porta e Jean Pierre pediu que entrasse:

— Entre, Jacinto. Feche a porta. Sente-se, por favor. Está se sentido melhor hoje?

— Estou muito melhor.

— Muito bem, fico feliz que esteja se recuperando. Ontem me fez uma promessa, disse-me que iria me proteger.

— Sim, *sinhozinho*, eu vou protegê-lo até o último dia de minha vida!

— Eu lhe agradeço! Tenho uma proposta a lhe fazer. Gostaria que protegesse a minha casa de estranhos e até de malfeitores. É forte, causa medo aos estranhos e, além disso, confesso que admirei sua inteligência e a forma de conduzir as palavras. Sabe fazer contas?

— Sim, *sinhozinho*. Também aprendi a ler e a escrever, graças à bondade da *sinhazinha* Rosa. Que Deus a tenha na sua divina glória!

— Quem era essa bondosa *sinhazinha*, que o alfabetizou?

— A *sinhazinha* Rosa era esposa do sr. Alfredo...

Jacinto contou-lhe toda a sua história.

— O que mais aprendeu na fazenda do sr. Alfredo?

— Aprendi a trabalhar com o cafezal. Ajudava o feitor a dividir as tarefas e a fazer as contas das safras de café. Também tenho bastante experiência na plantação de verduras e frutas.

– Muito bem, Jacinto, estou precisando de um administrador e creio que é a pessoa ideal para o cargo. Não gosto de administrar a fazenda. Prefiro pintar meus quadros e vendê-los. Já soube que pinto quadros?

– Ana nos contou sobre os quadros...

– Mais tarde vou levá-lo até o meu *ateliê* para lhe mostrar algumas pinturas. Mas voltemos ao nosso assunto anterior. Os negócios com os comerciantes, por enquanto, eu mesmo fecho e você se encarrega de fazer as entregas das arrobas de café. Trabalharemos dessa forma por causa do preconceito dos fazendeiros, mas eu creio que, com o passar do tempo, eles aceitarão negociar diretamente com o meu administrador. Preciso que trabalhe como feitor no cafezal e estabeleça algumas ordens aos outros, cobrando os serviços. Creio que não terá problemas com o pessoal. Eles também são muito obedientes e gratos pela liberdade.

Jacinto ficou tão feliz que a sua vontade era sair correndo para contar tudo a Idalina e seus filhos.

– Ah! Esqueci do principal, não vou perdoá-lo se não proteger minha amada Dominique! Essa é a maior riqueza que tenho na vida! Não esqueça!

Jean Pierre encerrou o assunto com um sorriso. E entregou as cartas de alforria dele e da família.

– Muito obrigado por tudo, *sinhozinho*! Não sei se mereço tanto, prometo não desapontá-lo!

Passados alguns dias, Jacinto já estava instalado em sua nova morada e já havia iniciado seus trabalhos na fazenda.

Os negros aceitaram a colaboração do novo administrador com muito respeito. Além de melhorar a colheita do café, Jacinto fez algumas melhorias na lavoura de frutos e verduras. O casal conversava na sala visitas, enquanto Jean Pierre pintava uma tela. Jacinto interrompeu dizendo:

– Desculpe, *sinhozinho*, mas há um homem lá fora que insiste em entrar sem ser anunciado. Eu lhe disse que só entraria se o senhor permitisse.

– Muito bem, Jacinto! Vejo que está colocando ordem nesta casa! De quem se trata?

– Senhor conde Molina.

– Eu sabia! Pela petulância só podia ser ele! Faça-o entrar.

– O que traria meu pai aqui, novamente, Jean Pierre?

O conde entrou com um olhar mais brando:

– Bom dia! Quase que não consigo entrar!

A filha deu-lhe um abraço, um beijo e o conde foi logo dizendo o motivo de sua visita:

– Vim exigir que se casem na corte! Farei uma grande festa para comemorar! O que acham?

Enquanto ele falava, Jean Pierre continuava pintando, sem lhe dirigir o olhar.

– Será que pode parar com a sua pintura e prestar atenção enquanto falo?

– Creio que deveria perguntar se gostaríamos de nos casar na corte. E não exigir que nos casemos.

– Ouça, meu rapaz, vim em paz, não quero me indispor com ninguém. Portanto, dê-me uma resposta. Não tenho tempo a perder.

– Não, eu não estou interessado em me casar na corte. Se resolvermos nos casar, será aqui mesmo. E, além do mais, eu não gosto da corte.

O conde ficou furioso com a resposta de Jean Pierre.

– Tenho certeza de que minha filha ainda aprecia a corte, onde cresceu e foi educada! Ela envergonhou meu nome fugindo e terá de fazer a minha vontade!

– Papai, por favor! Não insista em nos casar na corte. Não tem o menor cabimento. Todos devem ter conhecimento da tragédia ocorrida com dom Aurélio. Com certeza, culparam-me e não receberiam bem o convite do meu casamento com outro homem.

– Dominique, sua mãe tem certeza de que se vocês aceitarem se casar na corte, os comentários a nosso respeito cessarão. Quanto a dom Aurélio, seu pai conseguiu abafar a notícia do suicídio. Ele disse a todos que ocorreu um terrível acidente, que a arma disparou enquanto seu filho a limpava. Decidimos dizer que você estava transtornada e resolveu fazer uma viagem. Por enquanto, só existem especulações a seu respeito. Ninguém tem conhecimento de sua fuga. A única pessoa de nossas relações que sabe da verdade é o barão Alencar, mas ele é de minha absoluta confiança, não permitirá que nenhum nobre da corte saiba o que aconteceu, pelo menos por enquanto... Jean Pierre, soube que você deve metade do valor da fazenda a um comerciante. Pagarei a sua dívida e não me deverá nenhuma quantia. O que acha?

– Não aceito sua proposta. Prefiro saldar minhas dívidas com meu trabalho. Gostaria que soubesse que não estou desesperado para pagar a fazenda, pois, Gerhard não está me cobrando. Deseja saldar minha dívida com Gerhard para exigir o casamento na corte! Certo?

– Estou vendo que não há nenhuma possibilidade de conversar! Vou embora, minha filha! Visite-nos quando puder, estaremos esperando-a.

– Espere, papai, almoce antes de partir.

– Se o dono da casa não me ofereceu nada, como posso comer algo nesta casa?

– Desculpe, sr. conde. Sente-se, fique à vontade. Peço a gentileza de nos fazer companhia durante o almoço. Deste modo, aproveitará mais tempo com sua filha.

– Obrigado, Jean Pierre, aceitarei, mas não posso me demorar, preciso voltar para a cidade. Estou hospedado na casa do barão Alencar...

Percebendo que ambos haviam se entendido, Dominique foi até a cozinha avisar Ana para que ela colocasse mais um prato na mesa. O conde aproveitou a oportunidade para fazer algumas provocações ao rapaz:

– Minha esposa se enganou a seu respeito, ela acreditou que, por ser um fidalgo, você aceitaria se casar na corte.

– Eu poderia ter aceitado se o senhor tivesse pedido a minha opinião. Como não pediu, eu não aceitei.

O conde se aproximou de Jean Pierre e disse em voz baixa:

– Minha filha está apaixonada e eu tenho certeza de que a paixão é um sentimento momentâneo, que se dissipa com o tempo. Em breve, Dominique vai se enjoar de sua fazenda, de suas pinturas, de seus negros alforriados; enfim, de tudo o que está à sua volta. Não percebe que ela é uma moça fina, que viajou pela Europa, que conhece toda a nobreza portuguesa? Acredita verdadeiramente que minha filha viverá para sempre aqui?

De repente, Dominique entrou na sala e disse:

– O almoço já está na mesa. Vamos almoçar?

Jean Pierre teve vontade de expulsar o conde de sua casa, mas se conteve, não queria magoar Dominique.

Ao sentar-se na mesa, o conde estranhou a presença das criadas e disse ironicamente:

– Quanta bondade, Jean Pierre! É a primeira vez que vejo um fidalgo almoçar com suas criadas.

– Senhor conde, Ana e ama Maria são minhas convidadas, peço que as respeite durante o almoço.

Tentando sensibilizar a filha, o conde disse:

– Dominique, sua mãe sofre muito com sua ausência. Se quiser nos visitar, virei buscá-la no próximo mês.

– Fique tranquilo, sr. conde. Diga à sua esposa que vamos visitá-los em breve. Eu mesmo levarei Dominique até sua casa.

Depois do almoço, todos seguiram para a sala de visitas, e a moça pediu ao pai que alforriasse sua ama. Atendendo ao pedido da filha, ele escreveu a carta de alforria. Antes de partir, porém, fez um comentário:

– Devo lembrá-la que só vou entregar-lhe o condado se você se casar na corte.

– É lamentável que continue a me negar o meu condado e me imponha a sua vontade. Entenda, papai, não almejo um título de nobreza. O único desejo que tenho é ser feliz e viver ao lado de Jean Pierre até o fim de meus dias.

Jean Pierre se emocionou com a declaração da moça e o conde resolveu partir. A filha o acompanhou até o jardim e ele aproveitou a oportunidade para dizer:

– Minha filha, eu não creio que esteja feliz neste lugar.

– Papai, eu sou feliz com Jean Pierre, não importa o lugar. Amo-o muito, nunca fui tão feliz em toda a minha vida.

– Está bem, Dômi, não adianta tentar convencê-la, o tempo vai lhe dizer que aqui não é o seu lugar... Seu casamento com dom Aurélio seria perfeito, viveria na corte e continuaria a ter uma vida cercada de luxo. Não me conformo com a sua decisão! Se ao menos Jean Pierre concordasse em viver longe desta fazenda! Mas parece impossível tirá-lo daqui!

– A vida no campo não é tão ruim, é muito saudável, além de podermos contemplar a natureza. Quanto ao meu casamento com dom Aurélio, procure se conformar, papai. Mesmo tendo uma vida repleta de riqueza, eu jamais seria feliz ao lado dele...

— Ouça, minha filha, se algum dia decidir voltar para a casa, saiba que a estaremos esperando de braços abertos.

O conde partiu e Dominique entrou na casa com a carta de alforria nas mãos. Entregou a Maria:

— Ama Maria, meu pai atendeu ao meu pedido. Pedi a ele que a alforriasse. Aqui está sua carta de alforria. Não pertence mais a ele! Está livre!

Maria não se conteve com a sensação de liberdade que invadiu o seu ser e entregou-se ao pranto.

— Muito obrigada, menina Dômi, por esse pedido de liberdade! Eu tinha muito medo de que seu pai resolvesse me *levá* daqui de volta *pra* São Paulo. Agora sei que posso *ficá* aqui *pra* sempre, minha menina querida!

Jean Pierre abraçou as duas e, emocionados, fizeram um brinde à liberdade de Maria.

Passados alguns dias, Dominique foi até a cidade com Jacinto e Maria para fazer algumas compras. Quando aparecia pelas ruas da cidade, ela causava muita curiosidade. Embora morasse na fazenda, a moça nunca deixou de se vestir como uma dama da corte. Era muito vaidosa, estava sempre bem penteada e usava joias de pedras preciosas.

Fizeram as compras e Dominique resolveu entrar na igreja antes de retornar à fazenda. Ela não sabia que naquele dia o padre celebrava uma missa de sétimo dia. A igreja estava lotada e, por coincidência, lá estava Lady Marie, que, ao vê-la, decidiu constrangê-la diante das pessoas da cidade. Observou que Dominique estava sozinha, Jacinto e Maria a esperavam do lado de fora. Assim, começou a falar em voz alta:

— Ora, ora! Vejam quem está aqui! A condessa que fugiu da corte para se amasiar com o pintor!

Todos começaram a sussurrar palavras ofensivas a respeito de Dominique.

Lady Marie continuou:

– Vamos expulsá-la daqui! Não é digna de entrar na casa de Deus!

O padre interrompeu as ofensas de Lady Marie:

– Pare com isso! O que pensa que está fazendo, Lady Marie? Ninguém expulsará a moça daqui!

– Que moça, padre? Esqueceu-se de que ela não é mais moça?

Todos começaram a rir. Jacinto ouviu as risadas e o alvoroço que se formou dentro da igreja, entrou e tirou Dominique do meio da multidão que a ofendia.

Dominique chegou à casa da fazenda chorando. Ela era muito sensível. Jean Pierre, assustado, perguntou:

– O que houve, Jacinto? O que fizeram à Dominique?

Jacinto narrou os fatos. Enquanto a moça, acompanhada por sua ama, seguiu para seu quarto.

– Vou tomar providências! Lady Marie não pode continuar cometendo injustiças ao seu bel-prazer! – resmungou Jean Pierre. Depois agradeceu a proteção de Jacinto: – Obrigado, Jacinto! A confusão poderia ter sido pior se você não tivesse entrado na igreja.

Jacinto pediu licença e se retirou. O pintor se dirigiu até os seus aposentos para conversar com sua amada:

– Dominique, eu vou até a casa de Lady Marie. Terei uma conversa definitiva com o pai dela. Essa mulher não tem o direito de ofendê-la!

– Não vá, Jean Pierre, por favor! Ela nunca vai desistir! Fique comigo, meu amor. Temo que se aborreça com as ofensas daquela mulher insuportável!

Ele a abraçou e disse:

— Não devemos permitir que ela acabe com a nossa paz! Estamos tão felizes! Por que temos de nos incomodar com essas pessoas maldosas?

Contudo, contrariando a vontade de Dominique, Jean Pierre seguiu para a cidade rumo à casa de Amaral.

Informando-se do endereço correto, bateu à porta e se apresentou ao dono da casa. O pai de Lady Marie estava sozinho, ela havia saído com Milene para dar um passeio. Amaral atendeu Jean Pierre com muita gentileza, pediu que entrasse, sentasse e lhe ofereceu uma caneca de vinho. Jean Pierre aceitou e começou a falar:

— Gostaria que me ouvisse sem me interromper, sr. Amaral. Cheguei à cidade há alguns meses e tive o desprazer de conhecer a sua filha. Envolvi-me com ela e me arrependo muito. Nunca prometi nenhum tipo de compromisso, mas Lady Marie parece que não entendeu e não aceita o rompimento de nossa relação. Portanto, peço que a proíba de se aproximar da minha fazenda e de todas as pessoas que moram comigo, principalmente de Dominique, o único amor que tive em toda a minha vida.

— Por que está me dizendo tudo isso? Lady Marie o incomodou?

— Sim, hoje criou um grande alvoroço na igreja, constrangendo Dominique diante das pessoas da cidade. Isso eu não posso aceitar, de forma alguma!

— Jean Pierre, minha filha está doente por você. Já cansei de lhe pedir que o deixe em paz, porém ela insiste em se vingar. Chegou da missa muito satisfeita, pegou a filha e a levou para dar um passeio. Eu estranhei a atitude, pois não costuma dar atenção à menina. Agora já entendi o motivo da felicidade. Ela conseguiu colocar todos contra sua rival, e isso a alegrou. Temo que se torne uma demente por sua causa.

O pintor irritou-se com a tranquilidade que Amaral conduzia as palavras ao falar das atitudes de sua filha.

– Então, tome uma atitude! Mude-se da cidade! E procure um médico para ajudá-la!

– Tentarei conversar com ela. Mas tome cuidado, pois ela prometeu vingar-se de você. Eu conheço a minha filha, enquanto não alcançar a vingança, não descansará.

Jean Pierre percebeu a fraqueza de Amaral diante das atitudes desastrosas da filha.

Antes do retorno de Lady Marie, o pintor se despediu. Não queria encontrar-se com ela. Retornou à fazenda e relatou a conversa que teve com Amaral à Dominique, sem nenhum entusiasmo.

– O sr. Amaral não me pareceu um homem severo em relação aos erros de sua da filha. Disse-me calmamente que terá uma conversa com ela...

Passadas algumas horas, o casal recebeu a visita do padre Rodolfo, que os cumprimentou seriamente.

– Como vai, sr. Jean Pierre? Desculpe a minha visita inesperada, mas resolvi vir depois do escândalo que presenciei hoje na igreja.

– Estou muito bem, sr. padre. Sente-se e fique à vontade. O senhor aceita alguma bebida?

– Sim, meu filho, eu aceito um vinho para molhar a garganta.

O padre tomou uma taça de vinho e foi direto ao assunto que o levara até a fazenda.

– Responda, Jean Pierre, por que não se casa de uma vez?

– Como podemos nos casar se já vivemos juntos? – perguntou Jean Pierre depois de servir mais uma taça de vinho ao padre.

– Mas que vinho maravilhoso, Jean Pierre!

– Depois lhe dou uma garrafa, sr. padre.

– A igreja não realizará o casamento de duas pessoas que contrariaram a vontade de um conde e fugiram. Ambos desobedeceram à vontade do pai de Dominique. Mas creio que posso abençoá-los numa cerimônia simples, fora da igreja.

– Não o estou entendendo. O senhor pode nos explicar de que maneira poderíamos nos casar? – perguntou Dominique.

– Posso abençoá-los aqui mesmo na fazenda, para que cessem de uma vez os comentários! Coloque mais um pouco de vinho, meu filho, por favor.

Jean Pierre, muito entusiasmado serviu mais uma taça de vinho ao padre e disse:

– Achei ótima ideia, padre Rodolfo! Vamos fazer uma grande festa e o senhor realizará a cerimônia!

– Ouçam, meus filhos, não vou casá-los. Farei somente uma bênção para oficializar a união.

Dominique ficou satisfeita com a ideia do padre e, imediatamente, começou a planejar uma viagem até a corte, onde convidaria os pais e compraria seu vestido.

Jean Pierre abraçou a moça e disse:

– Casaremos e teremos um *mooonte* de filhos!

– Nunca pensei que seria tão feliz! Eu o amo, Jean Pierre!

SEIS

A ARMADILHA

O BARÃO Alencar fez uma viagem a São Paulo com a esposa. Haviam sido convidados a participar da cerimônia do casamento de Rubens, um dos sobrinhos do barão.

Encerrada a cerimônia religiosa, os convidados se divertiram numa recepção oferecida pela família do noivo.

Depois de ingerir algumas taças de vinho, o barão começou a revelar a alguns nobres que o cercavam sobre a fuga de Dominique com Jean Pierre. E, ainda, aproveitou para dizer que o casal estava morando na cidade de Ouro Preto.

As famílias de dom Hélder e do conde Molina não estavam presentes por conta do luto pela morte de dom Aurélio.

Os nobres ficaram abismados ao descobrirem o verdadeiro motivo da ausência de Dominique na cidade, e bastaram apenas alguns minutos, para que a notícia se espalhasse entre os convidados.

Passados alguns dias, o conde Molina ficou sabendo que todos os nobres tinham conhecimento da fuga de sua filha e também do romance com o pintor.

Com a veracidade dos fatos, os nobres deduziram que dom Aurélio havia cometido o suicídio por causa da traição da noiva.

Quando dom Hélder foi interrogado a respeito do assunto, negou veemente e afirmou que o filho fora vítima de um acidente, enfatizando que ele jamais cometeria o suicídio por causa de uma moça tão leviana como Dominique, que tivera a petulância de fugir com outro homem na véspera de seu casamento com um descendente da família real.

Dom Aurélio era descendente do rei Frederico, que dera início ao seu reinado na Prússia, no século XVIII, no ano de 1701.

O conde, questionado, justificou o comportamento de Dominique, dizendo que ela nunca amara dom Aurélio e conhecera um fidalgo em Minas Gerais que a encantara. Disse também que ele e sua esposa haviam perdoado a atitude da filha. E que, em breve, convidariam toda a nobreza para o casamento de Dominique e Jean Pierre.

Os nobres não aceitaram a atitude de Dominique. Os pais dela foram excluídos das cerimônias e já não eram bem-vistos pela nobreza. A única esperança deles era a realização do casamento de Dominique e Jean Pierre na corte. Eles acreditavam que uma recepção realizada em grande estilo poderia trazer o retorno dos nobres à sua mansão.

Depois de uma noite de insônia, o conde levantou-se mais cedo e fez o seu desjejum sozinho.

A escrava que lhe servia, entregou-lhe uma carta de Dominique. Ele pensou: "Finalmente resolveram aceitar a minha proposta de se casarem na corte". Ansioso, abriu o envelope e começou a ler a missiva. Antes de terminar, levantou-se da cadeira e se dirigiu aos seus aposentos. Completamente contrariado, entrou e acordou a esposa.

— Acorde, Madeleine! Acabei de receber uma carta de Dominique!

A condessa, um tanto assustada, despertou e perguntou:

– O que houve? O que Dominique escreveu na carta que o deixou tão apreensivo?

– Nossa filha teve o despautério de enviar-nos uma carta nos convidando para o seu casamento, que será realizado na fazenda de Jean Pierre!

A condessa levantou-se completamente indignada com a notícia.

– Meu Deus do céu! Dominique ultrapassou todos os limites! Não é possível que vá se casar em meio à natureza, cercada de animais e insetos ao seu redor! E ainda teve o atrevimento de nos convidar? Eu jamais colocarei meus pés naquele lugar!

– Dominique deve ter sido obrigada por Jean Pierre a aceitar que a cerimônia se realizasse naquele lugar. Poderiam se casar aqui na corte e os comentários cessariam! Pois ele é um fidalgo, filho de marqueses!

– Engana-se, meu marido. Nossa filha está apaixonada por Jean Pierre! Ela deve estar radiante com a humilde cerimônia que farão! Mesmo que soubesse da exclusão que estamos vivenciando por causa de sua atitude, ela não se importaria nem um pouco com o nosso sofrimento e se casaria no campo...

**

Finalmente, chegou o dia do casamento. Eles convidaram algumas pessoas da cidade, que se tornaram amigas por causa do trabalho artístico de Jean Pierre. A todas as famílias, ele dizia que poderiam levar os amigos. A intenção era aumentar a lista de convidados. Ele queria atrair as pessoas que maltrataram Dominique na igreja para ter o direito de resposta às acusações que lhe foram impostas.

Sem tempo de ir à corte, Dominique encomendou seu vestido na cidade. Seus pais não compareceram.

Os negros enfeitaram toda a fazenda com flores. Maria e Ana proibiram o pintor de ver a noiva durante toda a manhã. Ele esperava ansioso. O relógio marcava doze horas, quando os sinos da fazenda começaram a tocar[1]. Em seguida, saíram da casa-grande dois músicos tocando violinos. Logo atrás, Dominique, acompanhada por Gerhard. Ela estava linda, trajava um vestido amarelo-claro cheio de pedrarias e uma coroa de flores naturais nos cabelos.

Ao deparar com a multidão, Dominique assustou-se com a quantidade de pessoas presentes. Lembrou-se de seus pais e uma lágrima rolou de seus olhos. Mas fixou o olhar no grande amor de sua vida, que a esperava no altar. Ela estava satisfeita com a cerimônia e com a sua escolha, tinha absoluta certeza de que seria feliz até o fim de seus dias.

Jean Pierre, completamente emocionado, lembrava-se de seus pais e imaginava a grande emoção que sentiriam se estivessem presentes naquele momento tão especial.

Ao tocar a mão de Jean Pierre, Dominique olhou no fundo de seus olhos e sussurrou:

– Eu o amo, Jean Pierre.

O rapaz beijou-lhe as mãos e a cerimônia teve início. Terminada, o noivo discursou:

– Amigos! Agradeço a presença de todos! Peço atenção para que me ouçam! Este dia é muito especial, porque estou me unindo à Dominique perante Deus, por amor, e não por promessas ou obrigações. Meus pais não vivem mais neste mundo, mas tenho certeza

---

1. Naquela época, os sinos das fazendas só eram tocados em ocasiões especiais ou fúnebres (Nota da Médium).

de que onde estiverem, estarão felizes com a nossa união. Como todos sabem, Dominique estava comprometida com outro homem, mas não por sua vontade, e sim por uma promessa feita por seu pai quando ela tinha apenas cinco anos de idade. Sei que nos tempos atuais as promessas de casamento são comuns. No entanto, Dominique se rebelou contra essa atitude "comum" e, graças à sua imposição, hoje estamos juntos e felizes! Esta é a prova de que o amor ultrapassa todas as barreiras. Não podemos controlar esse sentimento sublime, que transforma nossa vida! Peço a todos que não a julguem, Dominique simplesmente obedeceu ao seu coração ao aceitar fugir comigo...

A multidão se comoveu com suas palavras, principalmente as mulheres, que foram obrigadas a se casar por imposição dos pais.

Virando-se para a noiva, Jean Pierre se declarou:

– Dominique, há tempos queria esta oportunidade de declarar o meu amor diante de todos. Quando a vi pela primeira vez fiquei encantado com tamanha beleza! Você é doce, graciosa, meiga e possui a beleza mais perfeita que meus olhos já viram. Talvez uma vida seja pouca para mostrar-lhe o quanto a amo! Meu amor é eterno!

Todos aplaudiram.

– Não tenho palavras para retribuir tamanha declaração de amor. O que posso dizer-lhe, com toda a certeza, é que eu nunca amei ninguém e jamais amarei, porque vim a este mundo para amar somente você!

Eles se beijaram. A festa teve início com música. O almoço foi servido e os noivos sentiam-se felizes e satisfeitos.

Jean Pierre fez questão da presença de cada morador da fazenda. Em um determinado momento, Jacinto percebeu que os fidalgos estavam um tanto incomodados com a presença dos negros.

Após o almoço, as crianças brancas começaram a brincar com as crianças negras, e seus pais ficaram insatisfeitos. Interromperam as brincadeiras, quebrando a inocência e a pureza de sentimentos de seus filhos, dizendo que se quisessem continuar na festa, teriam de parar de brincar com as crianças da fazenda. Os infantes obedeceram, mas, minutos depois, aproveitaram a distração dos pais e voltaram a brincar com todos. Ao notarem que os filhos lhes estavam desobedecendo, todos resolveram se despedir e partir.

Jean Pierre não entendeu a atitude dos convidados. Chamou Jacinto e perguntou:

– O que houve, Jacinto? Por que os convidados estão partindo tão cedo?

Jacinto explicou sobre as brincadeiras infantis. Disse também que se Jean Pierre quisesse, ele pediria aos negros que se retirassem da festa. Dessa forma, os fidalgos poderiam continuar participando dos festejos do casamento.

Jean Pierre respondeu, um tanto nervoso:

– Jacinto, por favor, não faça isso! Se os fidalgos se sentem incomodados com a candura de sentimentos de seus filhos, que vão embora! Sinto muito pelas crianças, que estavam se divertindo. Que fiquem somente as pessoas livres do preconceito racial!

Os fidalgos se despediram do casal e somente a família de Gerhard e alguns amigos da cidade ficaram.

Daquele dia em diante, as pessoas da cidade passaram a respeitar Dominique. O discurso que Jean Pierre fez, mudou a opinião de algumas pessoas, que pensavam que Dominique tivera uma atitude leviana ao fugir com ele.

À noite, o casal estava em seus aposentos quando ouviu um barulho, que parecia um som de vozes soando ao longe.

Dominique perguntou:

– Jean, que barulho é esse? Sempre ouço durante a noite!

Jean Pierre levantou-se da cama, vestiu-se e respondeu:

– Levante-se, Dômi! Vou lhe mostrar de onde vem esse barulho!

Saíram correndo, seguindo o som das vozes. Eram os negros, que estavam em festa. Batucavam e dançavam de maneira diferente em volta de uma fogueira.

Jean Pierre sabia que eles se reuniam para cultivar as culturas africanas e respeitava a vontade deles, que foram tirados de seu país e, ao chegarem ao Brasil, foram proibidos de cultuar sua crença e também de exercer a cultura que envolvia seus ritmos musicais, suas danças, entre outras atividades.

O casal chegou e o silêncio reinou. Jean Pierre disse:

– Por favor, continuem! Não queremos atrapalhar. Apenas ficamos curiosos.

Jacinto recepcionou o casal:

– Sejam bem-vindos! Estamos comemorando a união de vocês de uma forma africana. E estamos honrados com a presença do *sinhozinho* e da *sinhazinha* Dominique.

Jean Pierre nunca havia participado das festividades e dos rituais religiosos dos negros. Envolvidos pelo som dos atabaques, o pintor começou a batucar e Dominique tirou os sapatos e dançou com as negras.

Ambos voltaram para casa às três horas da madrugada, tomaram um longo banho, depois foram para a cama e se amaram.

Passados alguns dias, Dominique estava no jardim, lendo para as crianças, quando teve uma ideia. Entrou na casa e foi para o *ateliê*.

– Jean! Acabo de ter uma ideia maravilhosa! Jacinto me disse, alguns dias atrás, que a senzala ainda não foi destruída.

Jean Pierre interrompeu:

— Não foi destruída, mas em breve será! Os negros têm péssimas recordações daquele lugar!

— Jean, ouça-me, por favor!

— Desculpe, querida, não voltarei a interrompê-la.

— Eu estava lendo para as crianças quando percebi que elas deveriam ler as histórias, em vez de ouvi-las. Gostaria de transformar a senzala em uma escola! Se me permitir poderei ensiná-las a ler e escrever. Qual a sua opinião a respeito?

— Meu amor, já disse que a fazenda não é só minha. Faça o que desejar. Adorei sua ideia! Acho um absurdo as crianças negras não terem direito à alfabetização. Só precisamos descobrir se elas não vão se sentir mal num local que lhes traz péssimas recordações.

— Não se preocupe com as más recordações. Aquele lugar horrível vai se transformar em uma linda sala de aula! Mais tarde falarei com Jacinto para que me ajude na decoração. As crianças não terão nenhuma má lembrança. Vou transformar aquele lugar!

Muito entusiasmada, Dominique chamou Jacinto e reuniu as crianças.

— Atenção! Gostaria de saber se gostariam de aprender a ler e escrever?

As crianças adoraram a ideia e, empolgadas com a novidade, responderam que sim.

Seguiram até a senzala, entraram, e Dominique iniciou as ordens para a reforma do ambiente.

— Jacinto, quero que me ajude a transformar este local em uma escola. Preciso que me ajude na decoração. Para começar, peça para as mães das crianças fazerem uma limpeza aqui. Depois, faremos uma linda pintura nas paredes! E, por fim, vamos decorar a nossa escola!

Uma semana depois, a sala de aula já estava pronta! Então, chamaram Jean Pierre para a inauguração.

O pintor ficou impressionado com a transformação do ambiente. Dominique pediu a Jacinto que pintasse as paredes de branco, colocasse mesas e cadeiras, fizesse uma decoração totalmente infantil e enfeitasse tudo com flores de cores variadas. Curiosa pela opinião de Jean Pierre, ela perguntou:

– Jean, diga-me, por favor, o que achou? Gostou da decoração da nossa escola?

– Sinceramente, custou-me acreditar que conseguissem transformar aquela senzala fria, que trazia péssimas recordações, em uma sala de aula tão linda! Parabéns, Dominique, e a todos os que colaboraram para essa mudança! A escola ficou simplesmente maravilhosa!

– Que bom que gostou! Fico muito feliz! Agora só falta colocarmos um nome.

Dominique pediu a opinião das crianças:

– Gostaria de pedir a opinião de todos para escolhermos o nome de nossa escola!

Eles cochicharam e disseram todos juntos:

– Escola Dominique.

Ela se emocionou e abraçou-os.

O objetivo de lecionar para as crianças era o da transformação. Dominique almejava comprovar aos escravocratas que não existia diferença entre negros e brancos e que todos tinham a mesma capacidade intelectual, desde que fossem alfabetizados. Antes da iniciação das aulas, ela explicou a importância da alfabetização para as crianças.

– Gostaria de dizer a todos que estou muito feliz, com o início de nossas aulas. Aprender a ler e escrever é fundamental.

Com o conhecimento da leitura, vocês poderão obter informações preciosas, que transformarão a opinião de todos ao longo da vida. Devo lembrá-los da fantástica viagem que fazemos quando lemos um livro, e o conhecimento que adquirimos com as matérias, que nos trazem informações essenciais. Com a matemática, todos conseguirão calcular o número de pessoas que moram na fazenda, o número de casas que foram construídas, enfim, tudo o que está à nossa volta tem a base de um cálculo, e a matemática nos apresenta esses cálculos...

Dominique seguiu sua palestra explicando a importância de cada matéria. Os alunos ouviam com atenção e entusiasmo. Assim, iniciaram a alfabetização.

Com o decorrer dos dias, os alunos começaram a formar palavras e ler frases inteiras. O efeito da alfabetização emocionava Dominique. Todos os dias, ao terminar a aula, ela contava o desenvolvimento de seus alunos para Jean Pierre, que ficava satisfeito com a tarefa da esposa. Toda vez que surgia uma oportunidade, ele também auxiliava as crianças no aprendizado. A causa da alfabetização unia ainda mais o casal.

Quando alguma criança questionava sobre a escravidão, Dominique sempre dizia que um dia isso teria um fim e que todos seriam iguais perante as leis e a justiça brasileira. Ela também os aconselhava a não se revoltarem, pois eles eram privilegiados por terem acesso à alfabetização e à liberdade.

**

Dois anos se passaram, Lady Marie, inconformada com a união do casal, contratou os serviços de uma feiticeira, que atendia pelo nome de Carmem. Depois de lhe entregar uma grande quantia em dinheiro, pediu-lhe que destruísse, por meio de seus rituais, o casamento de Jean Pierre e Dominique. Lady Marie queria que

Dominique fosse embora da fazenda para que ela pudesse realizar o seu grande sonho: viver ao lado de Jean Pierre. E os feitiços de Carmem pareciam estar dando resultados.

De repente, Jean Pierre tornou-se um homem muito ciumento. Dominique nunca mais voltou à corte. Ela queria visitar seus pais, porém ele não a autorizava. Temia que, ao retornar à corte, sua esposa não regressasse à fazenda, devido às diversas e intermináveis discussões que estavam tendo. O convívio entre o casal se tornou muito complicado.

Dominique só podia sair da fazenda acompanhada de Jean Pierre, que não permitia sua saída nem na companhia de Jacinto, considerado seu melhor amigo e pessoa de sua total confiança.

Por diversas vezes, movido pelo ciúme e medo de perdê-la, Jean Pierre a trancava no quarto. Depois se arrependia e lhe pedia perdão, chorava e dizia que temia que ela o abandonasse. Essa atitude deixava Dominique muito contrariada, pois ela percebia que ele estava doente e necessitando de tratamento médico.

Dominique não aguentava mais viver presa na fazenda. Até a escola fora fechada, as crianças tinham de participar das aulas dentro da casa-grande. Ela havia se tornado uma verdadeira prisioneira.

Sentada à mesa de jantar, ela fez uma pergunta ao marido:

– Jean Pierre, se não me deixa visitar meus pais sozinha, por que não me acompanha?

– Porque não gosto da corte! Está cansada de saber! Pensei que esse assunto já estivesse encerrado!

– Não aguento mais viver presa! Se ao menos viajássemos para outros lugares...

– Nossa, Dominique! Não esperava viver tamanha decepção com você. Creio que seu pai tinha razão ao tentar me alertar dizendo que você iria se enjoar desta fazenda e de tudo o que me pertencia!

– Adoro esta fazenda! Mas não suporto mais essa clausura...

Sem que eles percebessem, o espírito de dom Aurélio estava ali.

Depois do suicídio, ele ficou preso ao seu corpo, acompanhou os efeitos da decomposição e teve uma experiência pós-morte repleta de angústia e horror. Sofreu duramente pela infeliz atitude de se desfazer de sua vida corpórea por conta de seu orgulho. Durante o seu sofrimento, em momento algum se lembrou de Deus. Seus pensamentos eram somente de vingança. Ouvia vozes pedindo socorro, gritando, mas não conseguia se comunicar com ninguém. Em determinado momento de sua aflição, ouviu alguém chamá-lo. No primeiro instante, pensou que se tratava de sua imaginação, mas a voz insistiu, então ele respondeu:

– Estou aqui embaixo! Pode me ouvir?

– Sim! Eu vim buscá-lo!

A voz era de Simão, um espírito que trabalhava para um mestre do umbral. Simão pediu que ele saísse imediatamente de seu sepulcro e, depois de uma única tentativa, Aurélio libertou-se de seu fúnebre cativeiro.

– Aurélio, eu o libertei! A partir de hoje, é um prisioneiro, fará tudo o que o nosso mestre Ramón lhe ordenar! Se não obedecer-lhe, voltará para sua sepultura fria e fétida!

Aurélio sabia que havia desencarnado, pois acompanhou todo o seu velório e o sepultamento preso a seu corpo. Temendo voltar ao cativeiro, disse que iria obedecer-lhe. Quando começaram a caminhar, Simão informou-o que o levaria até a pessoa culpada por todo o seu sofrimento. Ele lembrou-se de Dominique. O espírito, então, revelou que ela estava casada com outro homem e que havia sido por causa desse romance que ele fora abandonado na véspera do casamento.

As informações o deixaram mais revoltado e com um desejo incontrolável de vingança.

Aurélio foi conduzido ao umbral, local situado na crosta terrestre. A névoa densa, que cobria toda a atmosfera, dificultava a entrada da luz solar. O ambiente era depressivo, angustiante e sujo. A vegetação não tinha vigor. O clima e o ar eram pesados e sufocantes.

Aurélio apavorou-se com os gritos que ouvia, mas continuou seguindo Simão, que manquejava com a perna esquerda e andava com certa dificuldade com a ajuda de uma bengala.

Chegando diante de um casarão, entraram e foram diretamente para uma sala, onde Ramón os aguardava. Ele era o chefe da cidade na qual Simão trabalhava.

– Mestre, trouxe o suicida Aurélio para trabalhar conosco, como o senhor me ordenou.

– Então este é dom Aurélio, descendente do rei Frederico?

– Saiba, Aurélio, seu título de nobreza acabou no dia em que se suicidou! Portanto, nunca mais será reverenciado pela sua descendência real! – disse Simão.

– Explicou-lhe que se desobedecer às minhas ordens voltará para o túmulo?

– Sim, mestre Ramón! Já o avisei que a qualquer tentativa de fuga, voltará àquele túmulo frio e escuro!

– Recebi um pedido para destruir uma união e você está incumbido de realizar a destruição! Tentamos nos aproximar do casal, mas eles são muito unidos. Contudo, encontramos algumas dificuldades e sei que você tem ligação espiritual com uma das vítimas. Ela foi sua noiva, atende pelo nome de Dominique!

Aurélio ficou satisfeito com a missão. Queria vingar-se de Dominique, e Ramón estava lhe dando a oportunidade, que havia tempos almejava.

— Destruirei essa união com o maior prazer!

— Cale-se! Ainda não terminei de dar as ordens! Primeiro, precisa aprender a influenciar os encarnados a ouvi-lo e a obedecer-lhe! Terá de despertar ódio, rancor, ciúme, discórdia e, desse modo, conseguirá realizar a destruição do casal!

Ramón lhe deu mais algumas explicações, depois pediu para se retirarem. Aurélio foi levado a uma sala para receber fluidos, que iriam deixá-lo fortalecido.

Algum tempo depois, ele tentou levantar-se da cama, quando Simão gritou:

— Não levante dessa cama! Ainda não está totalmente recuperado para assumir sua missão!

— Desculpe, Simão. Levantei-me porque não sinto mais a dor de cabeça que tanto me incomodava. Pensei que já estivesse recuperado. Preciso dar início à minha missão. Tenho sede de vingança!

— Vai demorar mais algum tempo para se recuperar e seguir para a fazenda!

— Quando sairei daqui?

— Deve esperar as ordens do mestre Ramón!

Aurélio deitou-se e ficou quieto, descansou, mas não dormiu. Simão percebeu tristeza nos olhos dele e, intrigado, perguntou:

— O que houve, Aurélio? Por que está triste?

— Lembrei-me de minha antiga morada e fiquei com saudades da paz e do silêncio de minha alcova.

— Ordeno que esqueça o passado! Essas lembranças podem atrapalhar os nossos planos! Pense somente em destruir Dominique, pois ela foi a culpada por todo o seu sofrimento!

Depois de algum tempo, por ordem de Ramón, Aurélio foi levado até a fazenda de Jean Pierre.

Ao chegar, deparou com o casal se beijando na sala de jantar. Simão aproveitou a cena romântica para deixar Aurélio mais revoltado:

— Que lindo casal! Foi com este homem que sua noivinha fugiu para livrar-se de você?

— Vou destruí-los, malditos! Não sairei daqui até que se separem!

Dominique sentiu uma leve tontura e comentou com Jean Pierre:

— Estou me sentindo mal, preciso deitar-me.

— O que houve? O que está sentindo?

— Preciso sair daqui, desejo ir para o quarto. Vou descansar.

— Irei contigo, querida.

— Deixe-me por um instante, por favor, Jean Pierre!

— Por que não aceita a minha companhia até o nosso quarto?

— Não sei! Preciso descansar! Deixe-me em paz! — gritou Dominique, descontrolada.

Jean Pierre chamou Maria e pediu que ela acompanhasse a esposa e descobrisse o que estava acontecendo.

Dominique seguiu para o quarto e Aurélio foi atrás. Ela estava pálida. Deitou-se e pediu que sua ama desamarrasse seu vestido e seu espartilho.

— O que aconteceu, menina Dômi? Por que *tá* cansada desse jeito?

Dominique começou chorar e disse que, de repente, lembrou-se de Aurélio e sentiu-se mal. Maria acariciou-a, sentou-se ao seu lado e ficou por um bom tempo assim, até ela se acalmar.

Maria saiu do quarto e encontrou-se com Jean Pierre, que, preocupado, perguntou sobre a esposa:

— O que houve com Dominique? Ela está doente?

— Não, *sinhozinho*. Dômi disse que se lembrou de dom Aurélio e sentiu-se mal.

— Mas isso não é motivo para destratar-me e rejeitar a minha companhia! Vou conversar com ela agora mesmo!

— Não vá, *sinhozinho*! A menina Dômi *custô pra pegá* no sono. Amanhã o *sinhozinho* conversa com ela...

A partir desse dia, as discussões entre o casal começaram.

Jaqueline, a mãe de Jean Pierre, foi chamada com urgência por Alberto, o mentor da colônia onde vivia.

— Jaqueline preciso lhe contar o que se passa na fazenda de Jean Pierre. O casal está sendo prejudicado por causa da interferência de Aurélio, o jovem que se suicidou após a fuga de Dominique.

— Como ele conseguiu entrar na fazenda? Ele não estava preso ao corpo em decomposição?

— Aurélio foi libertado do túmulo por Simão, um espírito que trabalha para Ramón, a pedido de Carmem, a feiticeira... Não foi difícil conseguirem convencê-lo, pois ele estava com muita sede de vingança contra Dominique e tornou-se prisioneiro de Ramón. Enfim, temos de tentar ajudá-los. Vamos tentar envolver Aurélio emanando amor, carinho e compreensão. Não se esqueça de que temos de respeitar o livre-arbítrio de cada um. A nossa missão será transmitir amor a todos, mas não podemos interferir em suas escolhas...

Durante o tempo em que Aurélio ficava na fazenda, ele sentia dores de cabeça periodicamente. Quando sentia dificuldade para envolver o casal, voltava para o umbral para se fortalecer, deixando Simão no seu lugar.

Maria e Ana desconfiavam que Lady Marie havia feito algum feitiço contra o casal. Mas Jean Pierre e Dominique não acreditavam nisso.

Durante uma das discussões entre o casal, Jean Pierre disse que Dominique havia se arrependido da fuga e que se pudesse voltar atrás se casaria com dom Aurélio. Ela ficou muito nervosa com a acusação e disse que não queria mais viver ao seu lado. Ele se desesperou e a trancou novamente em seu quarto. A moça chorou por alguns minutos, depois, começou a gritar por socorro:

– Socorro! Ama Maria, liberte-me desse cárcere! Ajude-me, por favor!

Um dia, Jaqueline finalmente conseguiu se aproximar de Aurélio e se comoveu com o sofrimento daquele que passou a ser prisioneiro de sua própria vingança. Aproveitando a oportunidade que havia tempos almejava, começou a falar carinhosamente:

– Aurélio, por favor, desista da vingança. Não percebe o quanto todos sofrem? Deixe esta casa. Venha comigo, eu vou ajudá-lo a se recuperar, a sanar todas as suas dores, a descansar e adormecer, como fazia antes do suicídio. Deus é misericordioso, ele vai acolhê-lo caso se arrependa da terrível ação que cometeu contra si mesmo.

– Não sairei daqui! Vá embora! Dominique é minha! Não permitirei que permaneça ao lado desse maldito.

Jaqueline fechou os olhos e fez uma prece. Permaneceu em silêncio por alguns minutos. De repente, Aurélio lhe fez algumas perguntas:

– O que quer comigo? Por que me persegue? Quem é você?

– Meu nome é Jaqueline. Fui mãe de Jean Pierre em minha última encarnação. Estou neste lugar para ajudar a todos e especialmente a você.

– Eu não creio que queira me ajudar. Se é mãe desse maldito pintor, quer ajudar somente a ele.

– Aurélio, veja o estado em que se encontra. Precisa de um tratamento, de repouso.

– Quando me sinto mal, recebo tratamento no umbral. Não preciso de sua ajuda!

– Mas não é um tratamento eficaz. Ainda sente dores na cabeça, seu ferimento não está sanado, não consegue dormir, sente calafrios... Aurélio, liberte-se do ódio e do rancor. Não percebe o quanto está prejudicando a si mesmo alimentando esse sentimento de vingança? Sinto que ainda ama Dominique. Por que não a liberta?

– Por que não consigo viver sem ela.

– Engana-se completamente, meu querido. Todos nós conseguimos viver sem os nossos entes queridos. Tenho certeza de que Deus vai lhe dar o maravilhoso ensejo de estar novamente com sua família e com todos aqueles que você ama verdadeiramente...

Jaqueline percebeu que Aurélio estava envolvido com suas palavras, então resolveu silenciar-se para que ele pudesse refletir.

Comovida com o lamento de Dominique, Jaqueline resolveu seguir até o *ateliê* para tentar envolver Jean Pierre com o seu amor. Ao se aproximar, pediu carinhosamente:

– Jean, liberte aquela a quem tanto ama. Traga-a junto de você e cesse o seu pranto. Você é bom, foi criado com amor e carinho, pense nisso, meu querido...

Simão aproveitou a ausência de Jaqueline e se aproximou de Aurélio:

– O que pensa que está acontecendo? Pare com essa choradeira!

Imediatamente, Aurélio desapareceu. Simão não conseguia envolver Dominique, mas ficava atento a qualquer visitante espiritual que entrasse no local para tentar libertar o casal da obsessão de Aurélio.

Maria não se conteve e, desobedecendo às ordens de Jean Pierre, foi até a porta do quarto e, chorando, respondeu:

– Não posso abrir a porta, minha querida! Não tenho permissão do *sinhozinho*. Acalme-se, logo ele se arrepende e vem *libertá você*...

– Ama Maria, vá chamá-lo, por favor! Implore que venha até aqui!

Jean Pierre, envolvido pelas vibrações de amor de sua mãe, comoveu-se com o pedido da ama e se dirigiu até a porta do quarto. Dominique, ouvindo seus passos, disse chorosa:

– Por favor, Jean Pierre, abra essa porta!

– Vou libertá-la se prometer que não vai partir! Que não vai me abandonar!

– Eu prometo. Não vou abandoná-lo. Esqueça a nossa discussão. Eu estava muito nervosa quando disse que retornaria à casa de meu pai...

Jean Pierre abriu a porta e agarrou-se a ela, desesperado, chorando muito. Contudo, Dominique só tinha um objetivo, livrar-se daquela prisão, à qual fora submetida pelo esposo.

Ramón castigou Aurélio por sua fraqueza levando-o até o vale dos suicidas e ordenando que permanecesse ali durante toda a noite.

***

Depois do jantar, Dominique trancou-se no quarto com Maria e planejou em voz baixa:

– Jean Pierre sairá ao amanhecer para fazer a entrega de alguns quadros. Aproveitaremos a sua ausência e fugiremos para a corte. Levaremos conosco dois negros da fazenda. Não diga nenhuma palavra a Ana. Ela pode nos trair. Tem muita gratidão por Jean Pierre.

— Menina Dômi! Perdeu o juízo? Como pretende convencer os *negro* a *traí* o patrão que eles tanto *ama*?

— Darei um jeito de convencê-los! Se estiver temerosa, vou sozinha!

— Sabe muito bem que não *vô deixá* a menina *viajá* sozinha! Dômi *pédi pro sinhozinho* mais uma *veis*! Quem sabe ele permite que faça essa viagem?

— Não! Cansei de pedir! Está tudo resolvido. Amanhã cedo seguiremos viagem rumo a São Paulo! Conhece-me muito bem, ama Maria, quando me decido a resolver a minha vida, somente Jesus Cristo para fazer-me mudar de ideia. E, agindo desse modo, Jean Pierre saberá com quem está lidando.

Maria esperou que todos adormecessem para providenciar o necessário para a viagem.

Antes do retorno de Aurélio à fazenda, Ramón lhe passou as últimas informações:

— Ouça, Aurélio! Parece que a nossa missão está chegando ao fim! Recebi um recado trazido por um trabalhador que passou a noite com Simão na fazenda. Dominique fugirá pela manhã, deixando o pintor na fazenda!

Aurélio ficou satisfeito com a notícia, e Ramón continuou:

— Ordeno que não acompanhe Dominique nessa viagem! Pode se influenciar com a tristeza dela e tornar-se acessível aos espíritos que tentam ajudar o casal! Continue na fazenda! Tente envolver o pintor com outras mulheres para que tenhamos a certeza de que não vão se reconciliar! E não se esqueça de que será a sua última oportunidade! Se não me obedecer, voltará para a sepultura fria e escura, de onde nunca deveria ter saído!

No dia seguinte, depois que Jean Pierre partiu, acompanhado de Jacinto, Dominique tentou convencer dois negros a seguirem viagem com ela e sua ama, mas eles se negaram. Um deles finalizou dizendo:

– De jeito nenhum, a gente *num* pode *traí* o nosso patrão!

– Então seguirei sozinha! E se me acontecer algo de ruim no caminho, Jean Pierre saberá que se recusaram a me fazer companhia. Deixarei uma carta avisando-o de que os seus empregados não quiseram me proteger durante a viagem. Com certeza, ele vai expulsá-los da fazenda! E eu duvido que arrumem um patrão igual a ele!

Os dois olharam um para o outro e, decididos, disseram:

– *Nóis vâmo protegê* a *sinhá*!

Ela deu um suspiro e os tranquilizou:

– Fiquem tranquilos, não estão traindo Jean Pierre. Eu assumo toda a responsabilidade por esta viagem!

Dominique entrou na casa para pegar os seus pertences. Ao entrar no seu quarto, Aurélio começou a falar enquanto ela se preparava para a viagem:

– Eu não conseguirei vê-la partir! Seguirei com você, meu amor! Não vou separar-me de você novamente!

Simão apareceu e disse que ele se arrependeria, caso seguisse com ela.

– Ramón não vai perdoá-lo! Vai trancá-lo em seu túmulo! Exijo que não saia daqui, Aurélio!

– Não posso ficar! Tenho de acompanhá-la! Não compreende que eu a amo e que não consigo ficar longe dela?

Simão não conseguiu impedi-lo, e Aurélio seguiu com Dominique.

Ana estava na varanda quando a carroça saiu em direção ao portão. Ela gritou, chamando Dominique, mas a moça fingiu não ouvi-la e ordenou que os homens seguissem em frente.

Quando Jean Pierre e Jacinto regressavam para a fazenda, o administrador aproveitou a oportunidade e quebrou o silêncio dizendo:

— O *sinhozinho* teve uma mudança drástica nos últimos tempos. Não se parece com aquele fidalgo que me libertou de meus castigos...

Jean Pierre, que ouvia calado as observações de Jacinto, teve de conter a sua emoção para não chorar.

— Tem razão, Jacinto, mudei muito nos últimos tempos. Estou muito nervoso, não tenho paciência com ninguém. Eu não compreendo o que está acontecendo.

Jean Pierre se entregou ao pranto. Depois, enxugou algumas lágrimas e continuou:

— Às vezes não me reconheço. Estou magoando as pessoas que me cercam, meus amigos e minha esposa, que é a pessoa que mais amo na vida.

— *Sinhozinho*, lute contra esses sentimentos, contra essa raiva, esse ciúme que o domina. A *sinhazinha* Dominique o ama e nunca vai deixá-lo se tratá-la com amor e carinho. Não a castigue trancando-a em seu quarto! Ela não merece ser tratada dessa maneira! Fugiu de um compromisso com seu antigo noivo, abdicou de sua riqueza e abandonou seus pais para viver ao seu lado! Reconheça que ela o ama verdadeiramente e tente mudar o seu comportamento.

— Você tem toda a razão, Jacinto! Obrigado por me ouvir e aconselhar, meu amigo. Pedirei perdão a Dominique, quando retornar à fazenda. Ela não merece sofrer. Não posso continuar agindo mal com a mulher que amo...

Ao retornar à fazenda, Jean Pierre convidou Jacinto para almoçar na casa-grande. Os dois entraram e depararam com Ana, que estava chorando na sala.

— O que houve, Ana? Onde está Dominique?

— A *sinhazinha* fugiu com Maria! Eu achei essa carta em cima da cama!

O pintor estremeceu e, muito nervoso, abriu a carta e começou a ler em silêncio:

Jean Pierre!

Eu não estou fugindo, vou apenas visitar meus pais.

Não venha à minha procura. Voltarei em breve, ficarei somente alguns dias na corte.

Ana não teve culpa alguma, não brigue com ela. Ama Maria não me deixou seguir viagem sozinha, por esse motivo me acompanha.

Estou levando dois empregados para se revezarem na direção da carroça, mas eles são inocentes. Eu os obriguei a traí-lo e a me obedecer.

No meu retorno, conversaremos! Não fique magoado comigo, pois você é o grande causador de minha desobediência.

Apesar da vida encarcerada que estou vivendo ao seu lado, ainda o amo.

Sem mais,

Dominique

Ao terminar de ler, Jean Pierre amassou a carta, deu um soco na mesa e disse:

— Como teve a audácia de se aproveitar de minha ausência? Enganou-me e traiu-me! Jamais vou perdoá-la.

— Ela foi embora, *sinhozinho? Num* volta mais? – perguntou Ana.

— Não sei! Escreveu na carta que voltará! Contudo, ontem me prometeu que não iria me abandonar, e hoje fugiu para a corte!

– Se ela escreveu na carta que vai *voltá*, fique calmo, *sinhozinho*!

Jacinto os interrompeu:

– Se o senhor quiser, partirei agora mesmo. Talvez consiga alcançá-los na estrada.

– Não precisa segui-los, Jacinto! A essa hora já devem estar longe...

Envolvida por Aurélio, Dominique sentia-se mal durante a viagem. Resolveu parar numa estalagem para descansar. Desceu da carroça e começou a andar. Ramón surgiu na frente de Aurélio e esbravejou:

– Como ousou me desobedecer, seu inútil? Exijo que retorne imediatamente à fazenda!

– Eu não retornarei à fazenda!

– Não me desobedeça, Aurélio! Volte e permaneça com Jean Pierre!

– Não ficarei junto daquele maldito! Permanecerei ao lado de Dominique!

– Então voltará para o seu túmulo agora!

Aurélio foi arremessado ao túmulo, onde seu corpo estava sepultado, e, quando deparou com o seu antigo cárcere, gritou apavorado.

* * *

Depois de alguns dias de viagem, Dominique chegou inesperadamente à mansão, assustando os pais. O pai a abraçou e a mãe a cumprimentou friamente perguntando:

– O que houve? Separou-se do pintor?

– Não me separei de meu esposo, mamãe. Estou apenas os visitando.

– Ah! Lembrou-se de que tem mãe?

– Nunca me esqueci disso, mamãe! Por que nunca me visitou? Esperei ansiosamente pela presença de ambos ao meu casamento, mas, infelizmente, não pude ter o prazer de me deleitar com a presença de meus pais no dia mais feliz de minha vida.

– Sabe que não suporto o campo!

O conde fez um sinal para que a esposa encerrasse o assunto.

– Se me permitem, gostaria de descansar. Mais tarde conversaremos e prometo dar-lhes todas as explicações sobre minha visita.

Dominique se dirigiu ao seu antigo quarto, jogou-se na cama e recordou-se do tempo em que morou naquela mansão. Logo veio a lembrança de Aurélio. Depois, pensou em Jean Pierre... Como teria recebido a notícia da viagem...

Maria entrou em seguida e ajudou-a a se preparar para o descanso.

Enquanto Dominique repousava, seus pais conversavam no salão. O conde orientava a esposa para que tratasse a filha com mais tolerância.

– Se quer sua filha de volta em nossa casa, trate-a com mais carinho e com mais tolerância. Ela chegou sem o marido, é sinal de que não estão se entendendo. Você percebeu, Madeleine, que nossa filha não pronunciou o nome de Jean Pierre?

– Você tem razão. Não devo maltratá-la. Ela está abatida, perdeu alguns quilos e não tem mais aquele brilho no olhar! Algo aconteceu. Conheço-a, sou sua mãe, sei também que ela adora a corte! Eu sabia que um dia recuperaria o juízo e voltaria para nossa casa... Com certeza, deve ter enjoado do campo, dos animais...

– Então, sejamos espertos! Vamos agradar-lhe e tratá-la com carinho. Dominique é envolvente, com certeza, quando os nobres souberem que ela voltou, vão nos convidar para alguma recepção.

E creio que ela perceberá que sua vida na corte é muito mais interessante do que naquela fazenda...

Dominique ainda estava dormindo, quando a condessa entrou no quarto e disse amorosamente à Maria:

— Pode se retirar, Maria, vou esperar minha filha acordar. Aproveite para descansar um pouco.

— Eu já descansei, condessa.

— Então, vá até a cozinha e se alimente. A viagem foi muito exaustiva para ambas. Depois, mando chamá-la para ajudar minha filha a se vestir para o jantar.

Maria estranhou a gentileza, mas retirou-se. Madeleine nunca havia tido um diálogo tão ameno com a ama de sua filha; ao contrário, sempre a tratou com desprezo e de forma autoritária.

Depois de alguns minutos, Dominique acordou, e, em meio à pouca luminosidade, avistou alguém sentada ao seu lado e perguntou sonolenta:

— Ama Maria, já anoiteceu?

Sua mãe respondeu:

— Sua ama foi se alimentar. É sua mãe quem está ao seu lado, minha querida. Estava esperando que acordasse para conversarmos...

— Mamãe! Eu estou surpresa com a sua presença em meu quarto e a ausência de minha ama!

A condessa irritou-se, iluminou o quarto e respondeu:

— Fique tranquila. Eu não maltratei sua ama, apenas pedi, educadamente, que se retirasse! Almejava lhe fazer companhia! Mas, pelo que percebo, prefere a companhia dos escravos.

— Mamãe, por favor, não a trate como escrava! Ela foi alforriada.

— Seu pai me contou que libertou sua ama. Mas por incrível que pareça, ela continua a lhe servir como se fosse sua escrava.

– Engana-se completamente, mamãe. Ama Maria nunca foi minha escrava, e sim minha amiga. Ela era escrava de meu pai, e, movida pelo amor que me dedica, desde o meu nascimento, ela continua a me servir.

– Esqueçamos esse assunto, minha querida. Tenho uma opinião diferente da sua a respeito da liberdade e não desejo me indispor.

– Peço que expresse sua opinião, mamãe. Gostaria de ouvi-la.

– Está bem. Creio que seu pai não deveria ter alforriado Maria, pois ela nasceu escrava e está acostumada a ser tratada assim. Provou-nos que nunca deixará de ser uma ama de companhia. Os negros não sabem conviver entre nós como pessoas comuns. Eles estão acostumados a nos servir...

Dominique ficou decepcionada com os comentários e esperou que a mãe concluísse a sua opinião escravagista. Depois, respondeu:

– Quanto à sua opinião sobre a liberdade de ama Maria, devo dizer-lhe que a carta de alforria de minha ama foi o melhor presente que recebi das mãos de meu pai. Concordo com a senhora, quando afirma que ela continua a me servir, mas é porque me ama verdadeiramente, nunca me abandonou e é feliz ao meu lado, não importa o lugar em que eu resida. Enfim, minha ama tem um amor incondicional por mim...

Enquanto Dominique falava, a condessa se emocionava e tentava disfarçar para que a filha não percebesse. Na verdade, ela sempre soube da dedicação e do amor que Maria nutria por sua filha.

Dominique continuou o seu discurso abolicionista:

– E, para terminar a nossa conversa, digo-lhe que sua opinião é completamente inaceitável. Leciono para as crianças da fazenda e me surpreendo a cada dia com o desenvolvimento de cada uma delas. Ama Maria e Ana, minha serviçal, aprenderam perfeitamente a manusear os talheres e se portam à mesa exatamente como nós. Ficaria a noite toda fazendo comparações entre negros e brancos se a senhora deixasse de ser uma pessoa preconceituosa. Mas, infelizmente, percebo que continua a mesma condessa de outrora.

Percebendo que a filha havia se alterado durante o discurso, Madeleine tentou acalmar-lhe os ânimos:

— Apenas temos opiniões diferenciadas, não desejo discutir, minha querida. Mudemos de assunto. Conte-me, como vive em sua fazenda?

— Vivo muito bem. Aproveito o meu tempo para alfabetizar as crianças. Lá na fazenda não temos escravos, todos os negros foram alforriados por Jean Pierre.

A condessa a interrompeu indo direto ao assunto que lhe interessava:

— E o seu esposo? É um bom homem?

— Ele é muito bom. Contudo, se não fosse tão ciumento seríamos mais felizes.

— Ah! Jean Pierre é um homem muito ciumento?

— Ele não era ciumento quando nos casamos, mas ultimamente não está conseguindo controlar os seus impulsos. Creio que esteja com algum problema psicológico.

— Então esse foi o motivo que a trouxe de volta à nossa casa?

— Digamos que foi um dos motivos. Eu sentia muita saudade, queria vê-los, mas Jean Pierre não gosta da corte. E se negava a me acompanhar...

A conversa transcorria de forma agradável, enquanto a mãe acariciava a filha, tentando descobrir mais detalhes sobre sua vida conjugal. Algum tempo depois, Madeleine foi se preparar para o jantar e pediu para a ama auxiliar Dominique.

Maria entrou no quarto e perguntou à Dominique:

– O que *tá* acontecendo nesta casa? Sua mãe *tá* me tratando tão bem!

Dominique abriu um sorriso, deu um abraço na ama, e disse:

– Que boa notícia, ama, fico muito feliz que minha mãe a trate com o respeito que merece.

– Menina Dômi, *tá* se sentindo bem?

– Estou muito bem. Durante a viagem me senti mal, depois, num determinado momento, comecei a melhorar. Sinto que precisava viajar, sair daquela fazenda, rever meus pais.

– Essa viagem lhe fez muito bem!

– Só estou preocupada com Jean Pierre. Ele deve ter ficado furioso comigo depois que leu a carta...

O conde Molina fez questão de convidar alguns amigos para o jantar e eles retribuíram o convite. Durante o tempo em que Dominique ficou na casa dos pais, a família participou de algumas cerimônias. A moça estava satisfeita com os jantares e recepções, mas sentia falta de Jean Pierre. Ela gostava de participar dos eventos dos nobres, admirava o som das orquestras, que invadia os salões, as danças, os figurinos, mas o seu olhar estava sempre perdido na multidão. Ela amava Jean Pierre, mas não desejava voltar a viver em meio a discussões e encarcerada.

Dominique ficou um mês na casa de seus pais. Os dias se passaram e deixaram Jean Pierre ainda mais nervoso. Ele não se alimentava corretamente e se embriagava todos os dias.

Ana rezava a todo o instante para que Dominique regressasse à fazenda. Cansada de ver o patrão embriagado, ela resolveu ter uma conversa franca com ele:

– Ouça, *sinhozinho*! O vinho vai resolver o seu problema? Vai *trazê* sua mulher de volta? Por que não vai atrás dela?

– Deixe-me em paz, Ana! Sei que ela não voltará! Seus pais farão o possível para ter a sua companhia. Eles vão convencê-la a ficar lá, com eles e toda a corja de fidalgos e nobres que os cercam. E, além do mais, ela sente muita saudades da corte! Não vou me humilhar para que volte a viver comigo...

Lady Marie, sabendo da viagem que Dominique fizera sem o consentimento de Jean Pierre, tinha um plano. Sabia exatamente o dia que Dominique iria voltar por meio de informações colhidas com alguns amigos que haviam chegado da corte.

Na noite anterior à volta de Dominique, ela apareceu na fazenda. O relógio marcava vinte e duas horas. Jacinto a abordou na porta:

– O que deseja, senhorita?

– Trago notícias de Dominique. Posso entrar?

Jacinto pediu que entrasse e a acompanhou até a sala de visitas, onde Jean Pierre estava. Lady Marie disse educadamente:

– Pode me dar licença, por favor! Eu prefiro conversar com seu patrão a sós.

Jean Pierre estava embriagado, mas a reconheceu e perguntou:

– O que essa mulher está fazendo dentro da minha casa, Jacinto?

– Desculpe, *sinhozinho*, mas ela disse que tem notícias da *sinhazinha* Dominique. Resolvi deixá-la entrar.

– Diga logo o quer dizer sobre a minha mulher e vá embora, Lady Marie!

Jacinto se retirou e Lady Marie sentou-se ao lado de Jean Pierre. Começou a falar:

– Na verdade, vim lhe fazer companhia! Fiquei sabendo que sua esposa o deixou, meu querido! Eu sabia que Dominique iria abandoná-lo... Ela é uma menina mimada da corte... Não merece seu amor.

– Eu tenho de admitir que desta vez, você está com a razão! Dominique me abandonou! Escreveu uma carta dizendo que voltaria... Mas é mentira! Ela não voltará a viver nesta fazenda!

Enquanto o pintor desabafava, Lady Marie enchia a taça de vinho, que ele segurava, e dizia:

– Beba, beba, vai lhe fazer bem!

Após alguns minutos, ela disse:

– Deixe-me levá-lo para o quarto. Venha comigo.

Ana apareceu inesperadamente na sala e perguntou em voz alta:

– O que faz aqui, Lady Marie?

– Desapareça daqui senão eu a mato! Vim cuidar dele!

– O *sinhozinho* é um homem casado!

– É verdade? Onde está sua esposa, Jean Pierre? – perguntou Lady Marie.

Ele, olhando para Ana, perguntou:

– Boa pergunta! Onde está minha esposa, Ana?

– A *sinhazinha* foi *visitá* os pais, mas vai *voltá*.

– Não se iluda, Ana, minha mulher não voltará!

Lady Marie aproveitou e continuou a convencê-lo de que Dominique o havia abandonado:

– Tem razão, Jean Pierre. Dominique não voltará nunca mais a esta casa, porque ela não o ama...

Ana saiu da sala desconfiada.

Lady Marie o conduziu até o quarto, colocou-o na cama, depois começou a falar lentamente em seu ouvido:

— Dominique está na corte dançando com outros homens. Eles falam ao seu ouvido, ela sorri...

— Vá embora, Lady Marie! Eu não a desejo! Pare de me atormentar com essa conversa! Deixe-me em paz!

Ela, que trazia escondido entre os seios um vidro contendo sedativo, pegou-o e colocou no vinho sem que ele percebesse.

— Vou-me embora! Mas antes, tome a última taça de vinho comigo! Não desejo me indispor, portanto, vamos brindar a volta de Dominique!

Ele tomou e caiu em sono profundo. Ela retirou toda a roupa dele e se despiu. Deitou-se ao seu lado para dar mais veracidade à cena de adultério que Dominique presenciaria.

Ela chegou pela manhã, exausta. Quando desceu da carroça deparou com Jacinto, cumprimentou-o e fez-lhe um pedido:

— Ouça-me, Jacinto, voltei para ter uma conversa definitiva com Jean Pierre, mas temo que ele me prenda novamente. Peço que me liberte caso isso aconteça.

— Fique tranquila, *sinhazinha*. Se por acaso ele a trancar, entrarei na casa para libertá-la, mesmo que me custe a perda de um amigo.

— Obrigada, Jacinto, por sua compreensão.

Ela entrou na casa e deparou com Ana:

— Olá, Ana! Tudo bem por aqui? Onde está Jean Pierre?

Ana respondeu assustada:

— *Sinhá*! Como apareceu assim de repente?

— Como, de repente? Eu escrevi na carta que voltaria! Onde está Jean Pierre? Já sei, está dormindo...

Ela dirigiu-se ao quarto. Ana não sabia o que fazer, entrou na frente de Dominique e disse:

— Não entre! O patrão foi *durmí* muito tarde! Depois, eu acordo *ele* e digo que a *sinhá voltô*!

Ela desconfiou, tirou Ana de sua frente e entrou no quarto. Ficou transtornada com o que presenciou dentro de seu próprio quarto, e perguntou em voz alta:

– O que significa isso, Jean Pierre?

Os dois estavam dormindo juntos. A cena foi a pior decepção de sua vida. Ela sentiu uma tontura e quase desmaiou.

O pintor acordou surpreso com a volta de Dominique e perplexo com a presença de Lady Marie ao seu lado.

– O que houve? O que está fazendo aqui, Lady Marie?

– Não estou fazendo nada, mas ficamos a noite toda juntos. Não se lembra?

Dominique, muito nervosa, começou a atirar todos os objetos que via pela frente na direção de Lady Marie, que, satisfeita enquanto era agredida, pegou suas roupas e saiu..

– Retire-se desta casa imediatamente antes que eu mesma a coloque para fora!

Jean Pierre, sem entender nada, disse:

– Acalme-se! Vamos conversar! Não estou entendendo o que houve, mas creio que fui vítima de um golpe dessa mulher!

– Cale-se, Jean Pierre! Não consigo nem ouvir a sua voz. Sinto náuseas!

Dominique começou chorar e questionou a suposta traição de Jean Pierre:

– Por que cometeu o adultério dentro desta casa? Por que me traiu em minha própria cama com essa mulher? Você há de se arrepender, Jean Pierre!

– Dômi, ouça-me, por favor! Vou provar-lhe que sou inocente.

– Vou embora desta casa e não voltarei nunca mais!

– Não vá embora, por favor! Mate-me, mas não me abandone! Ajoelhado aos seus pés, ele chorava.

– Solte-me! Preciso sair e respirar um pouco. Sinto-me sufocada!

Ana saiu correndo atrás dela.

– *Sinhá*, escute-me, pelo amor de Deus!

– O que tem a dizer? Vai defender o seu patrão?

– Lady Marie armou toda essa confusão. Eu vi quando o *sinhozinho* foi *pro* quarto. Ele não aguentava nem andar sozinho. Ele *tava* muito embriagado. É impossível que os dois... O *sinhozinho* dizia que a *sinhá* não *ia voltá* mais. *Tava* desesperado! Então, começou a se *embriagá*, não queria se *alimentá* e até emagreceu.

– Ele mentiu para você, Ana. Eu escrevi na carta que voltaria. Jean Pierre deve ter inventado esse motivo para se envolver com essa mulher.

– O *sinhozinho* me disse que a *sinhá* escreveu que voltaria. Mas ele *num acreditô* nas palavras que a *sinhá*, escreveu! *Pensô* que a *sinhá* não voltaria nunca mais *pra* essa fazenda...

Dominique não queria mais conversar sobre o assunto. Então fez um pedido a Ana:

– Ana, por favor! Deixe-me sozinha. Perdoe-me, mas neste momento preciso pensar, não desejo falar sobre o assunto.

– Eu *vô deixa* a *sinhá* em paz. Só queria lhe *dizê* que o *sinhozinho* ama demais a *sinhá* e é inocente nessa história.

Ana se retirou e Dominique sentou-se no banco do jardim para refletir sobre o rumo que daria a sua vida.

Passados alguns minutos, Jean Pierre sentou-se ao seu lado e pediu que ouvisse suas explicações:

– Por favor, Dômi, deixe-me contar os fatos que me recordo da noite passada?

Sem lhe dirigir o olhar, ela não respondeu. Jean Pierre se calou e Jacinto se aproximou e começou a relatar alguns fatos:

– Eu deixei essa mulher entrar na casa porque me disse que trazia notícias da *sinhá*. Bem, como o patrão estava muito nervoso e ansioso, achei que estaria ajudando-o. Confesso que fui culpado pela entrada dela, *sinhazinha!*

– Não se culpe, Jacinto. Somente permitiu a entrada de Lady Marie. Não deve se culpar pela noite que ela passou nesta fazenda.

Jacinto se retirou e Jean Pierre tentou se explicar:

– Fiquei desesperado quando li a sua carta, pensei que não voltaria! Sofri demais com sua ausência. Ana me dizia todos os dias que você retornaria, mas eu não acreditava. Quando Jacinto entrou na sala ontem à noite e disse-me que Lady Marie havia trazido notícias suas, eu confesso que permiti que ela ficasse. Sentia-me revoltado com a sua fuga para a corte e ela começou conversar, dar-me razão, afirmou que você não voltaria e enchia a minha taça de vinho, sempre que ela se esvaziava... Por fim, fez-me tomar a última taça de vinho e, desse momento em diante, não me lembro de mais nada. Creio que adormeci.

– Ouvi tudo o que tinha a dizer. Estou exausta, Jean Pierre. Vou descansar um pouco. Depois, sigo para a cidade, hospedo-me na casa de Gerhard e, no dia seguinte, sigo rumo à casa de meus pais.

Dominique levantou-se do banco e se retirou. Jean Pierre se desesperou. Tentou chamá-la, porém ela estava decidida a abandonar a fazenda. Seguiu para o quarto de Maria, deitou-se e se entregou ao pranto.

A ama entrou em seguida, ajudou-a a se vestir e saiu do quarto, deixando-a sozinha com seus pensamentos.

Maria sentou-se lado de Jean Pierre, no jardim, e começou a falar:

– É, *sinhozinho, num* dá *pra acreditá* que um amor tão grande, se *acabô* desse jeito!

– Ama Maria! Por favor, acredite em mim! Estou dizendo a verdade! Não traí Dominique com Lady Marie! Ajude-me! Não a deixe ir embora!

– *Vô fazê* tudo *pra ajudá!* Mas o *sinhozinho* tem de me *prometê* que vai *sê* diferente com minha menina Dômi. Vai *volta a sê* o mesmo *home* de antes, sem esse ciúme, que só atrapalha a vida de vocês. E vai *pará* de *trancá* a menina no quarto... Senão eu *vô* embora com ela! Não quero que sofra! O *sinhozinho* sabe que amo muito a menina Dômi... – duas lágrimas caíram dos olhos dela.

– Não entendo. Por que sinto esse ciúme doentio por Dominique?

– O *sinhozinho* não sabe, mas eu sei por que sente esse ciúme: é feitiço que essa Lady Marie fez *pra acabá* com o casamento de vocês.

– Ama Maria, por favor, eu não acredito em feitiços.

– O *sinhozinho* não acredita? Pois bem, vou lhe *fazê* uma pergunta: por que não sentia ciúme da menina Dômi quando a conheceu?

– Não sei, ama. Eu não senti ciúme de Dominique quando soube que era comprometida com outro homem, quando chorou a morte de Aurélio... Não sei explicar, não gosto de ser ciumento, quero voltar a ser como antes, mas não consigo. Sinto pavor só de pensar em perdê-la! Descontrolo-me e acabo trancando-a no quarto, depois choro de arrependimento, porque não queria tê-la encarcerado...

– Converse com Deus, *sinhozinho*. Faça uma prece. Eu *vô rezá* lá dentro da casa com a Ana. Deus há de nos *ajudá!*

Veio à sua mente a lembrança de sua mãe ensinando-o a orar. Então, ele começou a pedir ajuda a Jesus para que seu casamento não terminasse. Sem que visse, apareceram dois espíritos ao seu lado. Eram seus pais, que vieram ajudá-lo. Jaqueline e Claude o envolveram com fluidos de amor e ele se acalmou. Depois, entrou na casa.

Ana e Maria oravam na sala quando Jean Pierre entrou e interrompeu-as:

— Ouçam-me por um instante! Peço que me ajudem a desvendar esse mistério. Estive pensando... depois que tomei a última taça de vinho, caí em sono profundo. Se ela colocou algum sedativo na bebida, ainda tenho uma oportunidade de provar minha inocência!

— Pois então, diga logo, *sinhozinho*! Talvez a gente consiga ajudá-lo!

— Lady Marie se despiu no quarto, pode ter deixado cair o vidro de sedativo no chão. Jean Pierre mal acabou de falar e as duas mulheres seguiram para o quarto do casal e começaram a revirar tudo...

Dominique não conseguiu dormir. Levantou-se, arrumou-se e se dirigiu para a sala. Encontrou-se com Jean Pierre e perguntou por Maria. Ele respondeu que a ama estava procurando a prova de sua inocência no quarto do casal. Decidida, disse que não queria mais viver com ele.

— Pelo amor de Deus, Dômi, não me abandone! Peça o quiser, eu o farei, mas não vá embora! Matarei Lady Marie se for de sua vontade!

— Quanta incoerência! Eu jamais lhe pediria para matar alguém!

— Eu não desejo ficar nem um minuto ao lado de Lady Marie! Eu a amo, Dômi!

— Bastou que eu me ausentasse desta casa para você colocar outra mulher em nossa cama! Ama Maria! Não vou esperá-la, seguirei sozinha!

Naquele exato momento Maria entrou na sala e disse:

– Espere, Dômi! Achei a prova da inocência do *sinhozinho*! *Reviramo* tudo e *achamo* metade do líquido no vidro!

– Parem de tentar me convencer! Vamos embora, por favor!

– Não, Dômi, primeiro *vô tirá* a prova! Ana, pegue um copo com água.

Maria colocou o líquido na água e tomou. Dominique tentou impedi-la:

– O que está fazendo, ama? Não beba essa água! Ama Maria, pare com isso!

Foram as últimas palavras que Maria ouviu. Ela caiu no sofá e Jean Pierre disse:

– Acredita agora que fui sedado, Dominique?

SETE

ANOS DE FELICIDADE

DEPOIS QUE Maria tomou o sedativo, Jean Pierre e Jacinto levaram-na para o quarto.

Dominique, apavorada, sentou-se ao seu lado, pegou na sua mão e tentou acordá-la.

Jean Pierre acalmou Dominique, dizendo carinhosamente:

– Não se preocupe, Dômi, ela só está adormecida. Peço que me acompanhe até a sala de visitas, preciso conversar com você.

Jaqueline e Claude estavam presentes para tentar ajudá-los. Ambos emanavam fluidos de amor e compreensão.

– Dômi, minha querida, enquanto descansava eu e ama Maria conversamos. Ela me fez entender o quanto o meu ciúme prejudica a nossa união. Naquele dia que vocês partiram para a corte, eu e Jacinto tivemos uma conversa muito importante e ele me deu conselhos valiosos, que se dissiparam quando eu soube que você havia fugido sem o meu conhecimento. Fiquei transtornado.

Dominique respirou profundamente e se explicou:

– Deixei-lhe um bilhete avisando-o sobre meu destino e meu regresso. Responda-me sinceramente, Jean Pierre, se eu tivesse lhe pedido permissão para visitar meus pais você teria autorizado?

– Sinceramente, não permitiria, porque estava completamente dominado pelo ciúme. Nesse momento, eu entendo perfeitamente sua atitude. Teve razão de fugir da fazenda. Não tenho o direito de recriminá-la.

A expressão de Dominique tornou-se mais serena diante da sinceridade dele. O silêncio reinou por alguns minutos, depois, Jean Pierre ajoelhou-se a seus pés, pegou em suas mãos, e lhe fez uma promessa:

– Prometo que mudarei minha conduta! De hoje em diante, serei um novo homem! Não vou prendê-la mais. Viverá livremente e fará todos os passeios que desejar! Peço que me perdoe por todas as vezes que a magoei. Você não merece sofrer nem um minuto sequer. É muito preciosa e amada por mim.

– Ouça-me, Jean Pierre, depois do desmaio de minha ama, confesso que estou convencida de que você foi vítima de uma armadilha de Lady Marie. Ela o enganou para destruir a nossa união. Fiquei completamente decepcionada com a cena que presenciei. Jamais imaginei que passaria por uma situação tão constrangedora. Encontrá-lo nos braços daquela mulher, em nosso quarto, na nossa cama, enfim, foi a maior desilusão que sofri. No entanto, graças a Deus, agora que tudo está esclarecido, sinto-me mais tranquila para conversar sobre a nossa união. Esse tempo que passei na casa de meu pai, refleti muito a respeito do nosso casamento e voltei decidida a romper os nossos laços matrimoniais. Peço, por favor, que não me interrompa e que me permita me expressar. Em seguida, prometo ouvi-lo o tempo que for preciso.

O pintor se calou e Dominique continuou:

– Quando me conheceu naquela cachoeira eu era uma pessoa submissa às vontades de meu pai e tinha um noivo, que tentava controlar-me a todo instante. Apaixonei-me por você pelas suas convicções, seus ideais e, principalmente, por sua personalidade. Contudo, com o passar do tempo, você se tornou possessivo como dom Aurélio, e autoritário como meu pai. Não consigo entender essa mudança. Lamento dizer que não sinto a mesma admiração de outrora. Sinto muito, Jean Pierre, mas seguirei para a casa de meu pai assim que minha ama se recuperar.

— Eu só lhe peço que me dê uma oportunidade para que eu possa demonstrar a minha mudança. Envergonho-me ao relembrar as palavras que pronunciei para magoá-la e pelo cárcere que transformei a sua vida. Creio que teve uma atitude sensata ao sair desta casa com ama Maria. Eu mereci sofrer a sua ausência. Durante o tempo que você passou longe daqui, percebi o quanto me equivoquei alimentando o ciúme e a insegurança. Peço que me perdoe, por favor! Prometo que não mais sentirei ciúme de você.

— Jean Pierre, não prometa o que não é capaz de cumprir, peço que não me iluda mais. Quantas vezes você me pediu perdão e depois repetiu os mesmos atos?

— Mas agora é diferente, estou realmente arrependido. Eu a amo, Dominique! Você é a pessoa mais importante da minha vida! Não saberei viver sem a sua companhia! Não me abandone, por favor!

O pintor a abraçou e Dominique resolveu perdoá-lo com a condição de que caso não cumprisse o prometido ela iria abandoná-lo. Jean Pierre acalmou o coração e disse:

— Para comemorarmos esse recomeço, proponho que façamos uma viagem!

— Uma viagem? Para onde?

— Gostaria de conhecer a Bahia?

— Adoraria!

– Muito bem! Faremos uma viagem à Bahia. Depois, seguiremos para o Rio de Janeiro, São Paulo, para onde você quiser! Eu saí da França para conhecer o Brasil e, no entanto, só conheço Minas Gerais e São Paulo.

– Eu também não conheço todos os estados brasileiros, apenas alguns...

O casal começou a planejar a viagem à Bahia e Dominique fez algumas observações:

– Jean Pierre, não podemos nos ausentar da fazenda por um longo período! E as crianças? Não posso deixá-las tanto tempo sem aulas!

– Quanto à fazenda, meu amor, não se preocupe, Jacinto cuidará de tudo. Deposito nele minha inteira confiança. As aulas das crianças continuarão. Tentarei conseguir alguém para substituí-la enquanto estivermos viajando...

Depois de planejarem a viagem, ele disse:

– Dômi, perdoe-me pela minha insegurança! Você deixou todo o conforto da corte para viver comigo! Envergonho-me da forma que a tratei nos últimos tempos.

– Jean, eu também tenho de lhe pedir perdão por não acreditar em você. Fiquei completamente dominada pelo rancor e não dei a menor importância às suas explicações.

– Meu amor! Não me peça perdão. Imagine se fosse eu que tivesse presenciado cena semelhante? Não quero nem pensar nas consequências. Mas mudemos de assunto, não vamos falar sobre isso. Não pretendo me aborrecer nem vê-la apreensiva por causa de uma pessoa tão insignificante.

Os dois se beijaram. Claude e Jaqueline, felizes com a reconciliação do casal, retiraram-se.

Ana entrou e os interrompeu:

– Desculpe *interrompê* a conversa, *sinhazinha*, é que eu queria *sabê* se posso *servi* o jantar. Depois, posso *ajudá* a *tirá* o vestido, *pra sinhá durmi*, porque Maria só vai *acordá* amanhã.

– Ana, sente-se um pouco, por favor. Preciso me desculpar com você. Eu estava muito nervosa quando conversamos pela manhã. Creio que fui indelicada.

– Não precisa pedir *disculpa*. Sei que a *sinhá tava* nervosa. Mas *vô* lhe *dizê* a verdade: tenho muita gratidão por tudo o que o *sinhozinho* fez pelo meu povo, mas também tenho muita estima pela *sinhá*. Senti muito sua falta. Durante a sua viagem, orei muito *pra sinhá voltá*! Fiz até uma promessa.

– Obrigada, Ana! Eu também lhe quero muito bem.

As duas se abraçaram e Jean Pierre disse:

– Agora que está tudo esclarecido, vamos jantar! Estou faminto!

Ana já havia jantado, então serviu o jantar para o casal e foi para a cozinha.

Quando voltou para servir a sobremesa, Ana sorriu e disse:

– *Tô* vendo que *num* vai *sê* preciso *ajudá* a *sinhá tirá* o vestido! Jean Pierre respondeu:

– Pode deixar, Ana, eu mesmo a ajudo!

Os três começaram a rir.

No dia seguinte, Jean Pierre conversava com Gerhard em seu armazém quando Lady Marie se aproximou e, sem ser notada, escondeu-se e ouviu toda a conversa. Jean Pierre contava ao amigo que estava muito satisfeito com o regresso de Dominique e que, em breve, fariam uma viagem. Aproveitou para dizer ao amigo que eles estavam muito felizes.

Quando ela soube da reconciliação, ficou furiosa e se dirigiu até a casa de Carmem. Ao chegar, entrou sem pedir licença e, quando a viu, começou a esbravejar:

— Ordeno que me devolva todo o meu dinheiro! Estou cansada de suas falsas promessas!

— Abaixe o tom de voz porque não está em sua casa! E me explique o que houve. Por que está tão nervosa?

— Vou lhe dizer o que houve. Quase acabei com a fortuna de meu pai acreditando em suas falsas promessas! Só agora percebi que você é uma vigarista! Não tem nenhum poder para separar Jean Pierre de Dominique! Terá de me devolver todo o meu dinheiro, imediatamente!

— Acalme-se, Lady Marie! Fiz tudo o que estava ao meu alcance para separar o casal!

— Mentirosa! Eles estão juntos, amando-se cada vez mais! Soube que vão fazer uma viagem! Destruirei a sua vida, sua bruxa!

Antes de Lady Marie se retirar da casa de Carmem, a feiticeira jurou que não faria mais nenhum feitiço ao casal e que não iria lhe devolver o dinheiro.

Ao regressar à fazenda, Jean Pierre entrou em sua casa e foi à procura de Dominique. Encontrou-a no quarto do casal, deu-lhe um beijo, e disse entusiasmado:

— Bom dia, meu amor! Fui até a cidade ao amanhecer, não quis despertá-la. Resolvi deixá-la dormindo. Tenho novidades!

— Diga-me, estou curiosa! Onde esteve?

— Fui até o armazém de Gerhard e conversamos sobre a nossa viagem! Pedi que ele me apresentasse alguém que pudesse dar continuidade às aulas das crianças da fazenda. Ele citou o nome da filha. Eu a procurei e lhe pedi para assumir o seu lugar na escola enquanto estivermos viajando. E ela aceitou! Pediu-me para dizer-lhe que vai nos fazer uma visita nos próximos dias para conversar com você sobre as aulas!

— Que notícia maravilhosa! Viajarei mais tranquila sabendo que Catherine assumirá o meu lugar!

Depois de algumas semanas, o casal estava preparado para partir para a Bahia. Maria acompanharia Dominique se percebesse que a mudança de Jean Pierre não era verdadeira, mas como ele estava cumprindo com as promessas, resolveu permanecer na fazenda e fazer companhia a Ana.

Jean Pierre estava conversando com Jacinto na biblioteca a respeito dos últimos acertos da viagem:

– Jacinto, já escolheu os homens que vão nos acompanhar durante a viagem?

– Sim, *sinhozinho*, cinco homens vão acompanhá-los. Escolhi Samuel para assumir o comando. Se, porventura, houver algum problema durante a viagem, ele resolverá.

Samuel era responsável pela fazenda na ausência de Jean Pierre e Jacinto. Dominique o ensinara a ler e escrever, a pedido de Jacinto, que observou a sua competência no trabalho e o seu interesse em se tornar um administrador. Jacinto o orientava com a autorização de Jean Pierre, que também apoiou o aprendizado de Samuel.

– Fez uma ótima escolha, Jacinto! Samuel é muito astuto e saberá conduzir a viagem. Quanto à fazenda, ficarei tranquilo sabendo que você cuidará de tudo enquanto estivermos viajando. Lembre-se, Jacinto: na minha ausência, você tem toda a autoridade para dar ordens e resolver os problemas em meu nome! Não permita que ninguém entre nesta fazenda sem ser convidado, com exceção da família de Gerhard, que são pessoas que merecem toda a consideração. Se acaso surgir alguma dificuldade, procure Gerhard. Ele é generoso e está sempre disposto a nos ajudar. Peço a você e sua família que se hospedem em minha casa e permaneçam com as mulheres para que se sintam protegidas. Ficarei mais tranquilo sabendo que estão todos juntos e que qualquer coisa que Ana e ama Maria necessitem, poderão contar com você e desfrutar da maravilhosa companhia de sua família.

— Obrigado pela confiança de nos oferecer o conforto da casa-grande e a felicidade de conviver com Ana e Maria. Fico imensamente honrado com o convite e agradeço a gentileza em nome de minha família. Tenha a certeza, *sinhozinho*, tudo ficará na mais perfeita ordem. Pode seguir viagem em paz e aproveitar o passeio.

Dominique se emocionou quando se despediu de Maria, que recomendou ao pintor que cuidasse bem dela. Jean Pierre respondeu num tom bem-humorado:

— Farei o possível para desempenhar bem os afazeres de uma ama. Creio que não conseguirei superá-la, ama Maria, pois a sua dedicação à minha esposa é perfeita. Jamais terei o mesmo esmero que tem com seus penteados e sua arrumação!

Dominique sorriu e disse:

— Parem de tratar-me feito criança. Saberei me arrumar perfeitamente, só preciso de ajuda para me vestir.

Todos se despediram e a comitiva partiu.

A viagem seguiu tranquila. Dominique sentia-se feliz, pois sempre desejou fazer uma viagem com Jean Pierre.

Ao chegar a Bahia, todos se admiraram com a comitiva de Jean Pierre. Os negros que os acompanhavam estavam bem-vestidos e calçados com sapatos, e isso não era comum.

Foram muito bem-recebidos numa estalagem da cidade pela sorridente Josefina. Jean Pierre apresentou-se e pediu que a dona da estalagem providenciasse dois quartos. Um para o casal e outro para os homens que os acompanhavam. Josefina cessou o sorriso acolhedor e tornou o seu semblante um pouco sério, dizendo:

— Perdoe-me, sr. Jean Pierre, sinto muito desapontá-lo, mas não hospedamos escravos em nossa estalagem.

– Senhora Josefina, devo alertá-la de que os homens que nos acompanham não são meus escravos, e sim meus empregados. São alforriados.

– Entendo perfeitamente, sr. Jean Pierre, mas não podemos hospedar negros, mesmo alforriados, pois os nossos hóspedes não aceitariam dividir o espaço com eles e perderíamos nossos clientes... Mas se o senhor me permitir, posso colocá-los na senzala com os meus escravos.

Jean Pierre franziu a testa com ar de reprovação e se despediu de Josefina:

– Muito obrigado pela atenção, sra. Josefina! Vamos procurar outra estalagem, onde os meus empregados possam descansar da viagem exaustiva que acabamos de realizar!

– Espere, sr. Jean Pierre! Se o senhor faz tanta questão de hospedar os negros na minha estalagem, tomarei uma providência para que se instalem aqui. Não desejo magoar um hóspede tão nobre!

A mulher se retirou e saiu à procura de Ernesto, seu marido, para tentar solucionar a questão. Ela não queria perder o casal de hóspedes para outra estalagem e estava disposta a rever os seus conceitos, caso fosse preciso. Enquanto expunha o problema para Ernesto, Samuel pediu a Jean Pierre autorização para que ele e seus companheiros se instalassem na senzala com os escravos. Tinha a intenção de acabar com aquela situação constrangedora. Jean Pierre não aceitou o seu pedido alegando que estava pagando pela hospedagem de todos que o acompanhavam e que esperaria a solução dos proprietários.

Em seguida, Josefina voltou:

– Ouça-me, sr. Jean Pierre, conversei com meu esposo e ele me disse que os seus empregados podem se acomodar em um dos quartos da parte inferior da estalagem, a fim de que não transitem com a nobreza que se encontra na parte superior, onde o senhor e sua esposa ficarão.

– Aceitarei sua sugestão desde que eles tenham camas para descansar e seja permitida a presença de todos no refeitório para realizarem as refeições e também que possam desfrutar da comodidade que é oferecida a todos os seus hóspedes.

Mesmo contrariada, Josefina aceitou as condições.

Antes de seguirem para os aposentos, Jean Pierre entregou a Samuel um relógio que pertenceu a seu pai e o instruiu a consultar o relógio para se encontrarem no refeitório no mesmo horário para que fizessem as refeições juntos e sentassem na mesma mesa.

Depois do descanso, o casal fez um passeio pela cidade e apreciou a beleza do lugar. Eles estavam felizes até conhecerem o Pelourinho, local onde se cumpriam atos severos contra os escravos que apresentassem periculosidade ou escravos fujões. O casal deparou com escravos presos em argolas, chicoteados e castigados.

Dominique sentiu-se mal com a cena de brutalidade que presenciaram, e pediu para voltar para a estalagem. Ela não suportava ver tamanha crueldade com os escravos, que sofriam terríveis castigos diante da população, que, em alguns momentos, divertia-se com o sofrimento deles.

Voltando para a estalagem, foram abordados por um escravo que lhes trouxe um convite para um jantar de boas-vindas de um barão, que morava na cidade. Jean Pierre escreveu um bilhete e pediu ao escravo que o entregasse ao seu dono. Respondeu que estavam agradecidos e que aceitariam o convite.

Dominique estranhou a atitude do pintor ao aceitar o convite de um barão desconhecido, pois sabia que Jean Pierre nunca almejou participar dos festejos dos nobres. Movida pela curiosidade, indagou:

– Por que aceitou o convite? Sempre disse que queria distância da nobreza por não compartilharem dos nossos ideais!

– Prometi que seria um novo homem. Sei perfeitamente que aprecia a nobreza e suas comemorações. Creio que devo ceder às suas vontades e satisfazê-la.

– Obrigada por ceder a minha satisfação! Tenho certeza de que não vai se arrepender de participar desse jantar e compreenderá o meu contentamento. Verá que tenho razão quando digo que entre os fidalgos há muitas pessoas boas de coração, que não são movidas pelo preconceito e pela ganância de enriquecer com o trabalho escravo. Existem muitos movimentos abolicionistas infiltrados na corte. Eu conheço muitos nobres que compartilham do nosso idealismo.

Jean Pierre estava disposto a participar das festividades oferecidas pelos nobres. Desse modo, aproveitaria para defender as suas convicções a respeito da escravidão e tentaria influenciá-los com suas ideias abolicionistas.

Ao anoitecer, o casal entrou no casarão onde foram muitos bem-recebidos. O barão Pedro Ferreira organizou um jantar e reuniu as nobres famílias que residiam em Salvador. Todos estavam curiosos para conhecer o casal que havia chegado à cidade de Salvador em grande estilo.

A baronesa os cumprimentou e os conduziu até o salão de visitas, onde os nobres os aguardavam. Todos se apresentaram e logo descobriram que Jean Pierre era um fazendeiro que se dedicava à arte da pintura em tela. Ficaram curiosos para conhecer o trabalho artístico do pintor. Jean Pierre transformou sua expressão com as indagações feitas a respeito de suas pinturas. Ele adorava falar sobre arte e dominou completamente o assunto ao qual dedicara quase toda a sua vida.

Sentia-se muito bem entre os convidados do barão. Dominique tornou-se ouvinte do esposo. Ela percebia o quanto Jean Pierre estava satisfeito em meio à nobreza.

Entre os convidados do barão Pedro Ferreira, estava um nobre cavalheiro que conhecia Dominique e sua família. Logo se juntou ao casal e começaram a conversar:

— Creio que não preciso me apresentar a sua esposa, meu caro Jean Pierre. Conheço-a da corte de São Paulo.

Jean Pierre arregalou os olhos e ficou meio enciumado com a cortesia inesperada do rapaz, que dirigiu o olhar para Dominique e indagou:

— Guarda a lembrança de minha pessoa, condessa Dominique? Lembra-se de mim?

— Romeu, meu grande amigo! Como poderia esquecer! O que faz aqui?

— Estou passando uma temporada. Meu pai tem uma fazenda aqui na Bahia e eu possuo uma casa em Salvador, onde estou hospedado.

A moça dirigiu o olhar para Jean Pierre e apresentou-lhe seu amigo:

— Jean Pierre, esse é um amigo de minha família. Romeu Tavares de Lima.

— Muito prazer, Romeu!

Jean Pierre o cumprimentou educadamente, mas sentiu-se um tanto constrangido com a aparição de Romeu na casa do barão. Temia ser mais um nobre apaixonado por Dominique, mas se conteve, não queria se hostilizar com a esposa. Esperaria o momento adequado para fazer suas indagações a respeito do fidalgo.

Romeu pediu licença e se ausentou por alguns minutos, deixando o casal na companhia de outras pessoas. Depois, retornou e disse:

— Tenho uma grande novidade, condessa! É com muito prazer que lhes apresento minha esposa, Lívia.

A moça era tímida, mas muito educada. Dominique não a conhecia, e ficou feliz ao saber que ele tinha se casado.

Romeu fora destinado a se casar com Lívia por determinação de seu pai, mas ao contrário de Dominique, ambos ficaram satisfeitos com a escolha. Apaixonaram-se no mesmo instante em que se conheceram.

Dominique fez questão de parabenizar o rapaz pela união do casal.

— Parabéns pela união! Percebo que estão muito felizes!

— Obrigado, condessa! Sinto-me realizado ao lado de Lívia.

Jean Pierre beijou a mão de Lívia e a cumprimentou. O pintor tornou-se mais tranquilo ao perceber o amor que Romeu sentia por Lívia.

Dominique disse que Romeu era abolicionista e Jean Pierre começou a conversar sobre o assunto com ele.

— Que satisfação poder conversar com alguém que compartilha os meus ideais! Estou muito feliz em conhecê-lo, Romeu, também sou abolicionista e creio que podemos contar nos dedos os nobres que estão presentes neste jantar que compartilham do nosso idealismo.

— Realmente, meu caro Jean Pierre, temos poucos amigos aqui na Bahia. Em São Paulo encontrará um número maior de abolicionistas. Mas não devemos perder a esperança de conseguir mais simpatizantes para a nossa causa...

Os dois cavalheiros conversavam abertamente sobre o assunto. Quando algum nobre se aproximava, e percebia a posição deles a respeito da escravidão, disfarçava e se evadia da companhia deles.

Romeu relatou as aventuras que arquitetou para ajudar os escravos a fugir para os quilombos:

– Eu e os meus amigos abolicionistas já salvamos muitos escravos, ajudando-os em suas fugas para os quilombos. Muitos conseguiram se salvar, outros foram pegos no caminho e, alguns, infelizmente, morreram antes de chegarem aos seus destinos. Mas não me arrependo de tê-los ajudado, e fico feliz em saber que muitos estão vivendo livremente.

– Desculpe, Romeu, mas não creio que ajudar os escravos a fugir para os quilombos seja uma atitude sensata.

Romeu se sentiu ofendido, arregalou os olhos e perguntou por que o pintor não concordava com a fuga dos escravos.

– Vou lhe explicar os motivos de minha discordância. Quando os escravos fogem para o quilombo, muitos morrem durante o percurso ou são recuperados e castigados pelos donos. Em minha opinião, quando os escravos fogem, correm grande risco de serem pegos, morrem ou são castigados na tentativa de alcançar a liberdade. Os que conseguem chegar vivos até o quilombo, tornam-se prisioneiros do lugar e levam uma vida encarcerada. O medo de serem descobertos e a insegurança que os cercam, fazem deles reféns de sua própria liberdade.

– Então, diga-me, meu caro Jean Pierre, o que devemos fazer para ajudá-los?

– Devemos tentar libertá-los da escravidão. Discursando de forma abrangente o nosso idealismo a todos os escravocratas. Não é uma missão muito fácil, pois aqueles que defendem a escravidão estão na verdade defendendo sua fortuna. No Brasil, enriquece-se rapidamente com o trabalho escravo.

– Concordo quando diz que temos de tentar libertar os escravos, mas creio que seja muito difícil conseguir a libertação deles com discursos abolicionistas. No entanto, se conseguirmos amenizar os sofrimentos dos negros, isso já será uma conquista.

– Explique-se melhor, Romeu. Como conseguiremos amenizar o sofrimento dos escravos?

– Creio que devemos convencer os escravocratas a respeitarem os seus escravos, proibindo os castigos e obrigando-os a oferecerem melhores condições de trabalho. Persuadi-los a agirem como nós, os abolicionistas, que respeitamos os nossos escravos como seres humanos e lhes suprimos as necessidades. Desse modo, iniciaremos a libertação dos escravos e, com o passar do tempo, os escravocratas compreenderão que devem abolir a escravidão.

– Eu não possuo nenhum escravo.

Romeu não acreditou no que ouviu e perguntou:

– Não tem escravos, Jean Pierre?

– Não. Libertei a todos os que me foram vendidos com a minha fazenda. E lhe afirmo, meu caro Romeu, que foi um dos momentos mais felizes de minha vida. Todos se tornaram meus empregados e estou muito satisfeito com o trabalho deles.

Romeu ficou boquiaberto com a declaração e o interrompeu para lhe tecer elogios:

– Confesso, Jean Pierre, que no início de nossa conversa me senti um tanto ofendido com seus conceitos a respeito dos escravos, mas admito que cometi um equívoco. Entendo perfeitamente que não quis me ofender ao dizer que os escravos devem ser libertos e não refugiados. Tem toda razão. E teve a oportunidade de provar-me o que disse narrando-me sua admirável atitude. Sinto-me um tanto envergonhado, pois me julgo um abolicionista e estou cercado de escravos em minha casa.

— Creio que deva rever os seus conceitos abolicionistas, meu caro Romeu. Tenho absoluta certeza de que ao libertar os seus escravos, eles vão lhe ser gratos até o fim da vida. Dar o direito à liberdade a um cativo é uma atitude muito nobre.

A conversa dos dois foi interrompida pelo convite do barão para se sentarem à mesa, onde o jantar seria servido.

Depois do jantar, os convidados continuaram na casa do barão. Ele pediu que Jean Pierre o acompanhasse até o seu escritório e Dominique ficou aguardando o pintor na companhia de Romeu e de sua esposa Lívia.

— Sente-se, Jean Pierre! Aceite mais uma taça de vinho e sinta-se à vontade. Pedi que me acompanhasse, porque gostaria de saber se tem interesse em comprar algumas terras aqui na Bahia?

— Ouça-me, barão Pedro Ferreira, não vim até aqui com essa intenção, mas confesso que fiquei encantado com o lugar! Com exceção dos maus-tratos aos escravos, devo confessar que adorei a Bahia!

— Meu caro Jean Pierre, não se perturbe com os castigos dos escravos. Geralmente, quando expostos no Pelourinho, é porque são fujões, ladrões, assassinos...

— Não me importa quais os delitos cometidos. Acho um absurdo as torturas sofridas por esses seres humanos.

— Entendo perfeitamente que tenha se magoado. Imagino que sua senhora também se perturbou, pois é afetuosa e possui uma delicadeza que encanta a todos.

— Tive de retirá-la do meio da multidão, que assistia a tudo e se divertia com todo aquele sofrimento.

Voltando a olhar para o barão, ele completou:

— Minha esposa é muito delicada e sensível a certas injustiças que assombram nosso tempo.

– Eu sinto muito pelo ocorrido e entendo perfeitamente suas frustrações. Para desfazer esse acontecimento lastimável que acabou de me relatar, tomarei a liberdade de fazer um convite ao casal: fiquem hospedados em minha casa durante o passeio pela Bahia, assim aproveito para mostrar-lhes uma de minhas fazendas e ainda tenho a satisfação de alegrar o jovem casal, tão gentil, que tive o prazer e a satisfação de conhecer!

– Agradeço a gentileza, barão Pedro Ferreira, mas preciso falar com minha esposa. Talvez ela prefira continuar hospedada na estalagem, onde estamos bem acomodados.

– Eu mesmo farei o pedido à condessa! Faço questão da ilustre presença de vocês em minha casa! Prometo que terão a mesma paz que encontraram na estalagem e muito mais conforto!

Jean Pierre estava cansado e preocupado com o bem-estar da esposa. Desejava voltar ao salão para se despedir dos amigos e conferir se Dominique queria descansar. Então, encerrou a conversa, agradecendo a gentileza do barão.

Os dois homens saíram do escritório e seguiram para o salão. Ao se encontrarem com Dominique, o barão Pedro Ferreira pegou nas mãos dela e ressaltou:

– Minha digníssima condessa! Gostaria de lhe fazer um pedido!

– Devo adverti-lo, sr. barão, que não possuo o título de condessa, mas agradeço a gentileza. Quanto ao pedido, espero que possa atendê-lo!

– Gostaria muito de hospedá-los em minha casa! Convidei seu esposo e ele me disse que teria de conversar com a senhora, então tomei a liberdade de convidá-la pessoalmente!

– Sinto-me honrada com o convite, sr. barão, mas creio que não devemos aceitar, pois não queremos incomodá-los...

– Eu e a baronesa fazemos questão de recebê-los!

– Agradeço a hospitalidade que nos dedica em tão pouco tempo. Esta noite nós seguiremos para a estalagem e amanhã daremos uma resposta. Muito obrigada pelo convite!

O casal se retirou ao som de uma salva de palmas, que o barão fez questão de pedir a todos os presentes.

Ao chegarem à estalagem conversaram sobre o jantar e também sobre o convite. Não queriam incomodar ninguém durante a viagem, mas resolveram aceitar.

Alguns dias depois, seguiram para a casa do barão, onde foram bem-recebidos. O quarto de hóspedes era muito arejado e espaçoso. A baronesa providenciou uma mucama para servir Dominique durante o tempo em que ficaria em sua casa.

Naquele mesmo dia o barão Pedro Ferreira os convidou para conhecerem uma de suas fazendas e aproveitou a oportunidade para tentar negociar com Jean Pierre. Mostrou a propriedade detalhadamente. Depois, os dois se sentaram na varanda para tomar um refresco, enquanto as mulheres foram descansar. E o barão indagou:

– Então, Jean Pierre, o que tem a dizer a respeito de minha fazenda?

– Estou encantado com sua fazenda, senhor barão! É simplesmente maravilhosa!

– Que bom que gostou! Não deseja comprá-la?

– Nós não fizemos essa viagem com a intenção de comprar terras. Estamos selando uma nova fase em nosso casamento. Quase perdi Dominique por causa de intrigas e ela só me perdoou porque prometi mudar vários conceitos, que estavam atrapalhando o nosso matrimônio, para retomar a harmonia que tínhamos no início do nosso envolvimento amoroso.

– Percebi que você a trata de maneira especial. Possui um discurso diferenciado dos homens do nosso tempo e até ouve a opinião dela. Não é costume os maridos consultarem as esposas antes de tomar uma decisão.

– Nós somos um casal muito diferente, porque nos amamos verdadeiramente e nos respeitamos mutuamente. Os meus pais se amavam e se respeitavam. Tive muitas lições de amor e compreensão dentro de meu lar. Talvez seja por essa razão que procuro viver em harmonia com minha esposa.

– Fiquei encantado com o bom relacionamento e a atenção que tem por ela! Aprecio casamentos realizados por amor. Coisa rara nos tempos atuais!

Na realidade, o barão Pedro Ferreira não apreciou o bom relacionamento do casal e não concordava com as opiniões de Jean Pierre, mas queria conquistar a amizade do pintor a todo o custo. Continuou:

– Entendo, meu caro Jean Pierre, que está na Bahia somente a passeio, mas insisto que avalie as belezas naturais deste lugar. Em minha fazenda cultivamos o café e temos também cultivo de frutas tropicais, que exportamos para outros países. Aumentará ainda mais a sua fortuna se comprar esta fazenda!

Jean Pierre estava rico com a lavoura de café e não almejava comprar outras fazendas. Mas reconhecia que a fazenda que o barão lhe oferecia era um ótimo negócio.

No dia seguinte, retornaram à cidade. O barão e a baronesa faziam todas as gentilezas possíveis para satisfazer os hóspedes.

Antes de adormecerem, Jean Pierre conversou com Dominique a respeito do anfitrião:

– Estou satisfeito com a hospitalidade do barão Pedro Ferreira, mas sinto que sua amizade não é sincera. Ele tem um interesse aparente em nos receber com muita cortesia! Deseja me vender a sua fazenda e não perde nenhuma oportunidade de falar sobre as vantagens que a propriedade oferece.

— Ele lhe disse qual o valor da fazenda?

— Ainda não conversamos sobre o valor, mas creio que mesmo que eu estivesse disposto a comprá-la, não teríamos dinheiro suficiente. A fazenda dele é maravilhosa e muito mais extensa que a nossa.

— Devo concordar, também achei-a maravilhosa! Qual será o valor? Pergunte ao barão. Fiquei curiosa.

— Deve ser um valor muito alto. Eu não fecharia um negócio que pudesse nos prejudicar. Estamos vivendo tão bem em Minas Gerais! Não tenho pretensão de abandonar nossa fazenda para viver aqui. Tenho um apreço especial pela nossa casa.

— Eu também amo a nossa fazenda! E não conseguiria passar o ano todo aqui na Bahia, acho que morreria de calor por causa desses meus vestidos longos! Precisaria de vários leques me abanando ao mesmo tempo!

— Tranquilize-se, meu amor! Não comprarei a fazenda! Continuaremos morando em Minas Gerais.

Na fazenda de Jean Pierre tudo estava na mais perfeita ordem. Jacinto e sua família estavam convivendo na casa-grande com as mulheres, como era da vontade do pintor.

Havia um respeito mútuo entre eles. Ana devia obrigações a Jean Pierre, mas na sua ausência, Jacinto era a pessoa responsável por todos os moradores da fazenda.

Qualquer problema entre as mulheres, que não fosse a respeito de trabalho, elas procuravam por Ana na cozinha da casa-grande.

Estavam sentadas na cozinha, conversando, quando Marialva entrou pedindo ajuda a Ana:

– Não quis *incomodá* o seu Jacinto, dona Ana. A senhora pode me *ajudá* a *curá* a febre do meu filho?

Ana prontamente foi ver o garoto e preparou um chá com as ervas medicinais que conhecia.

Idalina sentiu-se um tanto desconfortável com a situação e perguntou a Maria:

– Se o meu marido é o administrador da fazenda, porque as mulheres não me procuram para resolver os problemas?

– Olha, Idalina, vou lhe *dá* um conselho: guarde a sua opinião! A Ana conhece todo esse povo e *tá* acostumada a *lidá* com as *erva*. Jacinto *num* vai *gostá* da sua implicância com Ana. Ele vai se aborrecer.

Jacinto entrou na cozinha e ouviu o fim da conversa. Perguntou contrariado:

– O que pode me aborrecer? Aconteceu algum problema, Idalina?

Idalina expôs o ocorrido com a criança febril e disse ao marido que ela deveria tentar resolver esses tipos de problema na ausência de Dominique. Disse também que Ana deveria se colocar no lugar de serviçal e deixá-la resolver os problemas das mulheres da fazenda.

– Você não tem razão alguma! Ana sempre socorreu o povo! Portanto, não crie problemas com ela. Lembra-se do dia em que chegamos aqui?

– Claro que eu me lembro, nunca vou me esquecer daquele bendito dia.

– Foi a Ana quem cuidou dos meus ferimentos e nos alimentou. Gostaria muito que fosse grata pela amizade dela...

Idalina sentiu-se envergonhada ao lembrar-se da dedicação e bondade com que Ana os recebeu, e se arrependeu de ter feito a pergunta para Maria, que ouvia a conversa do casal calada, mas, em alguns momentos, a ama fazia gestos de concordância com as palavras de Jacinto.

Arrependida, Idalina fez um pedido ao marido e a Maria:

– Peço que perdoem a minha arrogância. Jamais deveria ter feito um comentário desse. E, por favor, peço que não comentem sobre a nossa conversa com Ana.

Jacinto perdoou Idalina, mas saiu sem dizer nenhuma palavra. Uma das maiores virtudes que ele possuía era a gratidão.

Depois de ter sanado a febre da criança, Ana voltou para seus afazeres mais tranquila. Jacinto perguntou pela saúde da criança e ela disse que estava tudo bem.

* * *

A Bahia era um dos principais portos de desembarque dos navios negreiros.

Jean Pierre e Dominique presenciaram a chegada de um dos navios. Os negros saíam acorrentados uns aos outros e muitos deles estavam doentes e mal conseguiam andar devido às péssimas condições que a viagem lhes proporcionava.

O barulho das correntes chamava a atenção de todos. Jean Pierre se informou com um dos marinheiros para onde seriam levados os recém-chegados. Recebeu a informação de que haviam vindo de Angola e seguiriam para o mercado de escravos.

Naquela noite, ele não conseguiu dormir. Virava-se de um lado para o outro tentando buscar o sono, que teimava em não chegar. Fechava os olhos e logo surgia em sua mente as imagens daquele terrível desembarque. Ele não conseguia esquecer-se do barulho incessante daquelas correntes.

Passadas algumas horas, Dominique acordou durante a madrugada e deparou com o marido sentado numa cadeira, observando o silêncio da madrugada.

– Por que não conseguiu adormecer, meu querido?

– Não consigo esquecer o barulho daquelas correntes em volta dos negros e seus olhares perdidos na multidão.

Jean Pierre sentou-se na cama, olhou no fundo dos olhos de Dominique e desabafou:

– Sinto-me infeliz neste lugar. Embora tenha paisagens maravilhosas, estou presenciando fatos que estão me incomodando muito: o Pelourinho, o desembarque do navio negreiro, fatos ocorridos durante nossa viagem, tudo isso me entristeceu profundamente.

– Também fiquei imensamente magoada com aquele terrível desembarque em que os passageiros foram forçados a descer daquele navio para serem vendidos e encarcerados para o resto da vida.

O casal se abraçou e as lágrimas caíram de seus olhos. Devido à tristeza que ambos estavam sentindo, o pintor tomou uma decisão:

– Ficaremos somente mais alguns dias, depois retornamos para nossa casa.

Dominique concordou com o marido e depois de algum tempo adormeceram abraçados.

Costumavam passear pela praia no fim do dia, depois ficavam sentados apreciando o entardecer e ouvindo o barulho das ondas do mar. Numa dessas tardes, o casal conversava sobre Samuel e suas qualidades. Ele estava conduzindo a viagem na mais perfeita ordem e era muito atencioso. Samuel e seus companheiros ficavam distantes do casal, mas estavam sempre prontos a atender as suas solicitações.

O casal se surpreendeu ao conhecer o mercado de escravos, local onde se vendiam seres humanos como se fossem mercadorias. Os negros eram expostos de forma humilhante. Ficavam todos despidos diante dos compradores. O vendedor abria-lhes a boca para a verificação dentária diante dos seus observadores. Muitos estavam adoentados e quase não conseguiam ficar em pé. Os mais debilitados não eram expostos para a venda, ficavam se recuperando da viagem longe dos olhos dos compradores.

Jean Pierre havia levado boa quantia em dinheiro para uso na viagem. Tinha planos de visitar os pais de Dominique antes de retornarem ao estado de Minas Gerais, mas, diante da humilhação que presenciou, decidiu que iria usá-lo para proporcionar liberdade àqueles que estavam prestes a ser vendidos e encarcerados.

Quando o casal entrou no mercado de escravos, alguns negros já haviam sido comprados por outros fazendeiros, que estavam no local. O pintor pediu que parassem a exposição e fez um pedido ao vendedor:

— Por favor, senhor, gostaria de pedir um minuto de sua atenção!

O homem se aproximou e, gentilmente, perguntou o que ele desejava.

— Peço que encerre a exposição de escravos. Se me permitir comprarei todos os que estão à venda.

— Meu caro senhor, devo adverti-lo que há muitos adoentados entre eles. Tem certeza de que deseja comprá-los?

— Tenho absoluta certeza. Faça o seu preço e vou lhe entregar a quantia desejada, mas encerre imediatamente essa exposição, por favor!

Dominique e Samuel estavam espantados com a compra que Jean Pierre estava prestes a realizar.

O homem encerrou a exposição, alegando a todos os presentes que Jean Pierre acabara de comprar todos os escravos. Alguns resmungaram e outros se afastaram, sem dizer nenhuma palavra.

Jean Pierre prometeu ao vendedor que iria buscar os negros que comprara em alguns dias. O vendedor aceitou, colocando-os numa cela separada dos outros.

Saíram do mercado de escravos e foram rumo à casa do barão, onde estavam hospedados.

Dominique estava preocupada e tinha várias dúvidas. Enquanto faziam o trajeto, pensava: "Onde vamos alojar os negros até a nossa partida? Como seguiremos viagem com tantos adoentados?". Ela queria fazer todas as perguntas naquela hora, porém resolveu esperar o retorno à casa do barão para conversarem em particular, longe dos empregados que os acompanhavam preocupados com a compra que o pintor acabara de realizar.

Ao regressarem ao casarão, foram diretamente para o quarto de hóspedes. Dominique, muito tensa, iniciou suas indagações:

– Responda-me, Jean Pierre, o que faremos com esses escravos? Como pretende viajar até Minas Gerais com tantos adoentados?

– Acalme-se, minha querida, vou lhe explicar: os negros que comprei ainda não seguirão viagem conosco. Eles ficarão aqui mesmo na Bahia. O barão Pedro Ferreira está disposto a facilitar a negociação de uma de suas fazendas. E eu estou decidido a comprá-la.

– Jean Pierre, como vai comprar uma fazenda se gastou grande quantia de dinheiro na compra de escravos?

– Ainda tenho algumas economias, que vão nos permitir voltar para nossa fazenda. Quanto ao pagamento da propriedade do barão, preciso do seu apoio. Peço que me entregue a sua caixa de joias para que eu possa oferecer ao barão como garantia e parte do pagamento da fazenda. Nós não podemos levá-los conosco para Minas Gerais, mas podemos libertá-los da escravidão e dar-lhes moradias para que possam viver livres!

Dominique olhou para o pintor completamente emocionada diante de tão nobre atitude, e lhe entregou todas as joias.

— Você é maravilhoso! Tem um coração cheio de bondade! Como poderia me recusar a ajudá-lo diante de uma causa tão nobre? Entrego-lhe minhas joias com o coração emocionado por essa sublime atitude!

— Eu sabia que iria me ajudar, meu amor! Prometo que vou lhe comprar joias maravilhosas!

Antes de conversar com o barão, Jean Pierre mandou chamar Samuel e foram para o quarto de hóspedes para conversar a sós. Samuel estava apreensivo, não sabia exatamente o que estava acontecendo, mas havia achado um absurdo a tamanha compra que o patrão fizera no mercado de escravos. Jean Pierre pediu que ele se sentasse e expôs seus planos:

— Samuel, preciso tomar uma decisão muito importante. Posso contar com a sua colaboração para ajudar os escravos que comprei nesta manhã?

— Pode contar comigo, *sinhozinho*! Farei o possível para ajudá-los!

— Muito bem. Eu sabia que podia contar com a sua ajuda! Você aceita viver aqui na Bahia e assumir o cargo de administrador de uma fazenda?

— Ora, *sinhozinho*, está me fazendo uma proposta irrecusável! Mas tenho uma família, que me espera em Minas Gerais! Como posso aceitar viver longe dos meus filhos e de minha mulher?

— Ouça-me: se aceitar, comprarei a fazenda e pagarei parte do valor com as joias de Dominique. O restante do pagamento trarei em breve. E lhe prometo que a sua família virá comigo para viver com você aqui na Bahia.

— Então já tenho a resposta! Ficarei na Bahia cuidando de sua fazenda, *sinhozinho*!

Jean Pierre abriu um sorriso e deu-lhe um forte abraço.

– Obrigado, Samuel! Você é um grande amigo!

Em seguida, foi direto ao escritório do barão para fazer-lhe a proposta de compra da fazenda. Sentaram-se, e o homem, muito curioso, perguntou:

– Então, meu jovem, o que deseja falar-me com tamanha urgência? Percebo que está preocupado. O que houve?

– Tenho uma proposta a lhe fazer, barão Pedro Ferreira: gostaria de comprar a sua fazenda!

O barão abriu um sorriso e falou em voz alta:

– Que notícia maravilhosa! Precisamos comemorar!

– Antes, preciso saber se o senhor vai concordar com as minhas condições de pagamento. Hoje pela manhã gastei uma grande parte do dinheiro que trouxe. Fiz uma compra de negros no mercado de escravos; porém, não tenho condições de levá-los para minha fazenda. Muitos estão adoentados e fracos. Gostaria de deixá-los aqui na Bahia. Eu proponho que aceite as joias de minha esposa como parte do pagamento e o restante vou lhe pagar quando retornar a Salvador. Prometo voltar o mais rápido possível para saldar a dívida. Aceita minha proposta, sr. barão?

Jean Pierre abriu uma maleta e expôs as joias de Dominique. O barão ficou impressionado com a fortuna em pedras preciosas que estava diante de seus olhos.

– Meu caro Jean Pierre, como são maravilhosas as joias de sua esposa! Creio que não ficará me devendo nada, pois me parece que as joias são valiosíssimas! Hoje mesmo chamarei um avaliador para que nos dê o valor exato das joias. Caso não chegue no valor da fazenda, pedirei que assine um documento se responsabilizando de pagar-me o restante em dinheiro.

Jean Pierre ficou satisfeito com os acertos da negociação. E o barão o convidou para almoçar.

Durante o almoço, todos brindaram à nova fazenda de Jean Pierre. Estavam presentes naquele almoço Romeu e sua esposa Lívia, que eram convidados do barão.

Mais tarde, Jean Pierre teve uma conversa em particular com Romeu, no jardim do casarão:

— Pedi que me acompanhasse até o jardim para ficarmos mais à vontade. Romeu, quero lhe pedir um grande favor.

— Peça o que quiser, Jean Pierre. Eu ficarei satisfeito se puder ajudá-lo. Estimo muito a sua amizade!

— Preciso lhe pedir que proteja Samuel. Talvez ele tenha problemas nas negociações da lavoura por causa do preconceito de alguns escravocratas, que se recusam a negociar com negros. Jacinto, o meu administrador, enfrentou muito preconceito quando assumiu o cargo na minha fazenda. Tive de interferir algumas vezes. Depois, acabaram aceitando-o, mas ainda existem os mais intransigentes, que criam problemas. Antes de viajarmos para a Bahia, tive de pedir a Gerhard, meu amigo, que auxiliasse Jacinto, caso ele precisasse de ajuda.

— Eu entendi perfeitamente, Jean Pierre. Caso Samuel tenha qualquer problema, oriente-o para que me procure imediatamente. Tentarei resolver os problemas da melhor maneira possível.

— Retornarei mais tranquilo sabendo que posso contar com você, Romeu! Agradeço sua ajuda e sua proteção a Samuel.

As joias de Dominique foram avaliadas naquele mesmo dia diante de Jean Pierre e do barão Pedro Ferreira.

Realmente, o barão tinha razão, o valor das joias quase findou a dívida. Restou um terço do valor total e Jean Pierre assinou um documento, no qual se responsabilizava a pagar o restante da dívida.

No dia seguinte, todos seguiriam para a fazenda para a entrega oficial e as apresentações do novo patrão.

Havia uma plantação de coqueiros que se iniciava no portão de entrada e seguia até o jardim da casa, onde bancos de madeira enfeitavam a decoração do florido jardim, que possuía também algumas árvores frutíferas.

A casa-grande era em estilo colonial português e foi decorada com azulejos em vários cômodos da casa. A mobília estava bem conservada. Embora o casal não fosse viver no local, ambos estavam emocionados. Tinham planos de visitar a Bahia periodicamente e de se hospedarem em sua própria fazenda.

Os escravos estavam apreensivos e muito curiosos com a chegada do barão e a notícia inesperada da venda da fazenda para o jovem casal, que, aparentemente, não lhes causava nenhum temor. Eles nem sonhavam com a libertação que o pintor iria lhes dar nas próximas horas.

O barão Pedro Ferreira fez questão de entregar-lhes a fazenda para que aproveitassem seus últimos dias na Bahia cercados pela natureza.

O antigo dono se despediu e partiu para a cidade, deixando o casal a sós.

Jean Pierre reuniu os escravos e lhes entregou a liberdade do mesmo modo que fez em Minas Gerais.

Ouviam-se muitos gritos de emoção! Eles queriam tocar em Jean Pierre para agradecer tamanha bondade. Todos estavam emocionados com atitude do novo patrão.

O pintor dispensou os serviços do administrador e apresentou Samuel como responsável pela fazenda daquele dia em diante.

Depois de dar as ordens finais, Jean Pierre e Dominique entraram na casa-grande, abraçaram-se e choraram de emoção por mais uma fazenda liberta da escravidão. O casal foi interrompido por Jacira, a escrava que trabalhava na casa da fazenda. Ela era uma mulher de cinquenta e sete anos, que, com os olhos ainda marejados de lágrimas, disse ao patrão:

— Desculpe *incomodá, sinhozinho*. Meu nome é Jacira, sou cozinheira e arrumadeira, mas conto com a ajuda de outras *nêga* que me ajudam no serviço da casa.

— Muito prazer, Jacira! Sente-se, por favor. Precisamos conversar.

A mulher estranhou a gentileza do pintor, abriu um sorriso e disse:

— Não *tô* acostumada a me *sentá* com meu patrão. Mas se o *sinhozinho* faz questão, então *vô* me *sentá!*

— Muito bem. Eu e minha esposa ficaremos somente alguns dias por aqui. Retornaremos para nossa casa em breve. Peço que escolha uma de suas ajudantes para servir a minha esposa, que se encontra sem a companhia de sua ama.

A mulher prontamente seguiu até a cozinha e disse que o *sinhozinho* queria uma mucama para servir a *sinhá*. Tereza logo se ofereceu para servir Dominique. Jacira avisou para a moça se comportar e levou-a até a sala. Quando Tereza viu o patrão de perto, encantou-se por sua beleza. Ela também era uma mulata muito bonita.

Jacira apresentou Tereza ao casal e Dominique disse que só precisaria dos serviços de Tereza por alguns dias e que, em breve, a moça poderia voltar a ajudar Jacira nos afazeres da casa.

No dia seguinte, Jean Pierre foi buscar os escravos que lhe pertenciam.

Dominique ficou descansando. Quando acordou, deparou com a mucama que esperava silenciosamente o seu despertar. Cumprimentou-a e disse:

— Não precisava aguardar o meu despertar, Tereza. Eu poderia chamá-la quando acordasse. Mas já que está de prontidão, ajude-me a me vestir.

Tereza falava muito pouco enquanto seus olhos apreciavam os vestidos da patroa.

Após a arrumação de Dominique, a moça seguiu para a cozinha e fez o seu desjejum junto à mucama. Jacira conversava animadamente com a patroa.

– A *sinhá* ainda tem a companhia de sua ama de leite?

– Sim, Jacira. E quando retornarmos à Bahia, vou trazê-la! Tenho certeza de que todos vão simpatizar com ela!

– Que maravilha, *sinhazinha*!

**

No mercado de escravos o clima era tenso. Os negros estavam amedrontados. Jean Pierre tinha uma expressão séria naquele lugar.

Ao se juntarem à comitiva dele, Samuel os tranquilizou com a notícia de que eles haviam sido comprados por abolicionistas e que seriam libertados nas próximas horas. Os negros começaram a orar em voz alta, agradecendo a liberdade.

Ao chegarem à fazenda foram recebidos pelos outros negros, que demonstravam felicidade pela liberdade alcançada, depois de terem vivido encarcerados e sofrerem todo tipo de castigos sob o comando do barão.

Naquela noite haveria uma grande festa na fazenda. Todos iriam comemorar a liberdade. A mucama Tereza ajudava Dominique a se arrumar. Jean Pierre entrou no quarto e disse à esposa que ela estava linda e que estaria à sua espera na sala de visitas.

Todos cantavam e dançavam ao som dos atabaques. Havia muita comida e o festejo durou até a madrugada.

Passados alguns dias, Jean Pierre se despediu de Samuel e pediu que ficasse instalado na casa-grande.

– *Sinhozinho*, muito obrigado pela confiança que está depositando em mim! Serei grato pelo resto de minha vida! E prometo não desapontá-lo.

– Você merece a minha confiança. Mostrou-me muito interesse no aprendizado que Jacinto se dispôs a lhe oferecer.

– *Sinhozinho*, perdoe-me, esqueci de lhe devolver o relógio que pertenceu a seu pai.

– Pode ficar com ele.

– Não posso aceitar um relógio que lhe traz tamanha lembrança de alguém que já partiu e que foi tão importante em sua vida!

– Peço que aceite esse presente, Samuel. Trago na lembrança algo muito mais valioso que esse relógio, que foram os ensinamentos que meu pai me ofertou ao longo de sua vida.

Samuel agradeceu com lágrimas nos olhos. Ao partirem, Dominique indagou:

– Por que se desfez de algo tão representativo?

– Presenteei o relógio a Samuel porque percebi o quanto ele é mais valioso que um relógio.

* * *

Jaqueline pediu permissão a Alberto para resgatar Aurélio. Ela queria ajudá-lo, mesmo sabendo que a liberdade poderia custar a perseguição do casal, a quem ela amava e protegia.

Alberto lhe deu permissão e algumas instruções:

– Tem a minha permissão para resgatar Aurélio, mas tenho de avisá-la que talvez ele não aceite sua ajuda. Ele está muito revoltado e tem o livre-arbítrio para permanecer preso ao cárcere, se for de sua vontade. Não podemos obrigar nenhum espírito a vir conosco e aceitar nossa ajuda. Temos de respeitar a vontade de cada um.

– Eu entendo perfeitamente, Alberto. Mas tenho de oferecer ajuda a Aurélio, ele está sofrendo muito.

Decidida a ajudá-lo, ela apareceu diante do túmulo dele e começou a chamá-lo:

– Aurélio! Está me ouvindo? Desejo ajudá-lo!

– Quem ousa tentar livrar-me deste cárcere maldito!

– Sou eu, Jaqueline. Lembra-se de mim?

– Sua maldita! Vá embora daqui! É culpada pelo meu cárcere! Se não fossem suas malditas palavras, eu não teria me emocionado, não seria castigado por Ramón e continuaria o meu trabalho na fazenda!

– Aurélio, admita que sua obsessão por Dominique, trancou-o novamente em seu cárcere. Se não a tivesse acompanhado durante a viagem e permanecesse ao lado de Jean Pierre, como Ramón desejava, você não estaria preso ao túmulo. Não tenho nada a ver com o seu sofrimento. Estou aqui para livrá-lo de seu cárcere! Arrependa-se de ter cometido o suicídio! Peça perdão a Deus e coloque um pouco de humildade em seu coração. Venha comigo, meu querido, desejo ajudá-lo a encontrar a paz.

– Vá embora! Não quero sua ajuda! Ou melhor, só sairei daqui se prometer levar-me até Dominique!

– Não posso prometer tamanho absurdo. Posso lhe afirmar que Dominique está muito bem. E não necessita de sua presença.

– Se não pode levar-me até Dominique, então vá embora! Eu prefiro continuar aqui, à espera de alguém que me ajude...

Jaqueline preferiu se retirar e respeitar a vontade de Aurélio. Percebendo que não tinha mais argumentos para convencê-lo, começou a orar para que Aurélio se arrependesse e fosse resgatado.

***

Jean Pierre e Dominique retornaram à fazenda em Minas Gerais, felizes e satisfeitos com a viagem. Todos vieram para recepcionar os viajantes, que estavam exaustos. Josefa, a esposa de Samuel, desesperou-se ao notar a ausência do marido. Pegou nas mãos de Dominique e perguntou o que havia acontecido, enquanto seus filhos, assustados, agarravam-se à cintura da mãe. Dominique respondeu:

– Acalme seu coração, Josefa. Temos ótimas notícias a respeito de Samuel. Ele está bem. Mas não regressou conosco. Vamos entrar e contaremos o motivo.

Assim que entraram na casa-grande, Jean Pierre deu a notícia a Josefa:

– Samuel ficou na Bahia cuidando de uma fazenda que comprei durante a viagem. Ele está trabalhando como administrador da fazenda e ficou muito satisfeito!

Josefa, com os olhos marejados de lágrimas, perguntou:

– Então o meu Samuel não vai *voltá pra* fazenda, *sinhozinho*?

– Ele não voltará, mas você e seus filhos irão ao encontro dele em breve. Essa foi a promessa que lhe fiz antes de partir.

– Que notícia boa, *sinhozinho*! Fico muito feliz e agradecida pela oportunidade.

O casal trazia muitas novidades. Após o descanso, Ana e Maria providenciaram um almoço especial e convidaram Gerhard e sua família para almoçarem na fazenda, a pedido de Jean Pierre. Jacinto e sua família também foram convidados a almoçarem com os patrões.

Maria ajudava Dominique a se vestir quando perguntou:

– O *sinhozinho lhe trato* bem, minha querida?

– Sim, ama, tratou-me muito bem! Fez todo o serviço de uma ama. Ajudou-me a me vestir, a banhar-me, até penteados nos meus cabelos se propôs a fazer!

– Nossa, que marido prestativo! Graças a Deus, ele *tá* cumprindo o que me prometeu. *Tô* muito feliz, menina Dômi!

– Eu também, minha ama querida!

A moça abraçou a ama e beijou sua face repetidas vezes.

Durante o almoço, Jean Pierre contou os motivos que o fizeram comprar a fazenda. Relatou a compra que fizera no mercado de escravos e Gerhard ficou admirado com a notícia e o cumprimentou:

– Que maravilha, Jean Pierre! Parabéns por mais essa vitória! Conseguiu salvar muitos escravos de seus lamentáveis cárceres. Devemos brindar à liberdade!

Todos levantaram um brinde aos que foram libertos na Bahia por meio de Jean Pierre.

Todos os dias, ao entardecer, ele se ausentava de seus afazeres para observar o pôr do sol. Sentado em sua varanda, observava as crianças brincando entre as flores do jardim e a luz do dia, que, ao se despedir, trazia a lua e as estrelas. Para ele, esse era o momento mais especial do dia. Dizia que as cores vistas no céu no momento em que o sol se despedia eram as mais lindas da natureza, e que era o espetáculo mais maravilhoso do planeta.

Depois de um mês, a comitiva de Jean Pierre estava de partida. Dominique fez questão da companhia de Maria, que seguiu feliz com o casal.

A família de Samuel se despediu dos amigos com grande emoção.

Josefa tinha nascido naquela fazenda. Seus pais já haviam falecido e seus irmãos tinham sido vendidos para pagar uma dívida de Otávio, o antigo dono da fazenda.

Ao chegarem à fazenda, na Bahia, Josefa e seus filhos se espantaram com a beleza do lugar. Desceram da carroça e Samuel, finalmente, pôde abraçá-los e agradecer a Jean Pierre:

– Obrigado, *sinhozinho*, pelo cumprimento da promessa que fez de trazer minha Josefa e meus filhos para junto de mim!

Quando o casal entrou na casa, Dominique perguntou ao pintor se ele já havia escolhido uma sala ampla para fazer a decoração de um *ateliê*. O pintor respondeu que não desejava ter um *ateliê* naquela casa.

Embora Jean Pierre levasse o seu material de pintura em todas as viagens, ele dizia que, para um pintor, bastava somente um *ateliê*, e que estava satisfeito com o de Minas Gerais.

O casal e sua comitiva ficaram algumas semanas na fazenda. Jean Pierre tomou conhecimento de todo o trabalho que era executado ali.

Tereza não prestou serviços à Dominique durante a viagem, mas estava sempre à disposição da moça quando Maria se ausentava.

Jean Pierre conversou com Romeu sobre assuntos relacionados à fazenda. Romeu lhe disse que teve de auxiliar Samuel somente nas primeiras semanas.

Tereza estava manejando algumas louças de um armário para colocar na mesa de jantar, quando Jean Pierre pediu à moça que servisse uma taça de vinho a ele e a Romeu.

Acostumada a oferecer o seu corpo ao barão em troca de alguns privilégios e presentes, a mucama desabotoou dois botões de seu vestido, curvou-se para servir o pintor e mostrou seus seios propositalmente.

Jean Pierre ficou furioso com a atitude dela e a expulsou da sala.

– Saia daqui, imediatamente! Não quero que me sirva nunca mais!

– O que houve, Jean Pierre? Por que se irritou com a mucama?

— Perdoe-me, Romeu. Mas não suporto ingratidão e desrespeito!

O pintor contou ao amigo a insinuação de Tereza e desabafou:

— Foi um atrevimento, eu nunca me insinuei a ela. Amo minha esposa e a respeito. Jamais me permitiria envolver-me com outra mulher!

Tereza estava assustada, pensou que seria duramente castigada pelo patrão e, ofegante, dirigiu-se rapidamente ao quarto de Dominique. E, sem que ela percebesse, roubou uma gargantilha de ouro com pedras preciosas que ela usaria naquela noite.

A serviçal saiu rapidamente dos aposentos do casal e seguiu para a cozinha. Ao chegar, Jacira perguntou o que havia acontecido:

— O que houve, Tereza? Parece que viu uma alma de outro mundo!

Tereza saiu da cozinha sem dar nenhuma explicação. Foi até o cafezal procurar Antonio, seu namorado. Mostrou a joia a ele e disse que precisava fugir da fazenda. Pediu que a acompanhasse. Antonio questionou o motivo da fuga e a razão de Tereza estar com uma joia tão valiosa.

Ela se recusou a dar explicações. Antonio ficou furioso e disse que não a acompanharia, pois estava muito feliz com o novo patrão.

Passado algum tempo, Dominique pediu para Maria pegar o colar que ela havia separado e deixado fora de sua caixa de joias. A ama procurou-o, mas não o encontrou.

— Menina Dômi, eu não achei sua gargantilha.

Dominique começou a procurar a joia com a ama.

Ao entrar no quarto, Jean Pierre perguntou:

— O que houve? O que procuram?

– Estamos procurando minha gargantilha de ouro, que eu usaria no jantar! Mas não a estamos encontrando. – Não percam tempo procurando sua joia! Creio que já sei o que houve!

– Então me diga de uma vez! O que aconteceu? Onde está minha gargantilha?

– Dominique, quem além de nós entrou neste quarto desde o dia em que chegamos?

– Somente ama Maria e Tereza. Mas o que está suspeitando, Jean Pierre? Pelo amor de Deus! Ama Maria é de minha inteira confiança e Tereza parece ser honesta. Acredita que tenha roubado minha gargantilha?

– Sim, eu tenho certeza absoluta! Tereza roubou essa joia!

– Por que a acusa com tanta certeza?

– Porque ela não merece a nossa confiança. Durante a tarde, insinuou-se para mim.

– Como Tereza ousou?

– Pedirei que lhe devolva a joia imediatamente! E vou expulsá-la desta casa!

Jean Pierre saiu apressadamente e Dominique e Maria seguiram atrás. Ao chegar à cozinha, ele disse em voz alta:

– Jacira, mande chamar Tereza, imediatamente, aguardarei na sala de visitas!

Jacira, um tanto assustada com a ordem do patrão, foi chamá-la.

Romeu e ama Maria se retiraram da sala e deixaram o casal a sós. Cabisbaixa, Tereza entrou. Jean Pierre disse:

– Em primeiro lugar, gostaria de saber por que cometeu tamanha ousadia comigo?

– Não tive a intenção de ofendê-lo, *sinhozinho*. Perdoe-me, por favor!

– De hoje em diante não trabalhará dentro da casa-grande. Está dispensada dos trabalhos de mucama! E exijo que devolva a joia de minha esposa, imediatamente!

– Roubei a joia da *sinhá* porque pensei em fugir depois do atrevimento que tive com o *sinhozinho*. Tive medo de *sê* castigada, mas *vô devolvê*. Perdoe-me, *sinhá* Dominique! Prometo que nunca mais chegarei perto da senhora!

Dominique não conseguiu dizer uma só palavra, estava completamente abalada. Jean Pierre respondeu:

– Não deveria ter roubado a joia para fugir. Você é uma pessoa livre e pode partir a qualquer momento. Quanto aos castigos, eu jamais iria castigá-la. Não suporto maus-tratos. Agora, peço que saia. Já lhe disse tudo o que queria.

A moça saiu chorando e Jacira foi atrás para saber o que havia acontecido. Tereza contou-lhe os fatos dizendo estar muito arrependida.

Romeu e Lívia foram convidados a ficarem hospedados na fazenda até o dia da partida do casal para São Paulo.

Samuel estava acostumado a se alimentar na cozinha da casa-grande com os serviçais que trabalhavam na casa. Então, convidou Maria para sentar-se à mesa com sua família e outros negros. A ama pediu permissão a Dominique para se ausentar da mesa de jantar e, durante sua visita à fazenda, fez suas refeições com os amigos.

Durante o jantar, os dois casais conversavam sobre os últimos acontecimentos e Dominique aproveitou para dar a sua opinião:

– Creio que Tereza se equivocou a respeito de Jean Pierre, talvez estivesse acostumada a se deitar com o barão e pensou que poderia fazer o mesmo com o novo patrão. Mas confesso que tive piedade de Tereza quando disse que pensou que Jean Pierre iria castigá-la. Os negros desta fazenda estão acostumados a serem maltratados e castigados, e ainda não perceberam a mudança que aconteceu em sua vida. Com o passar do tempo, compreenderão que não são mais cativos, e sim libertos da escravidão.

Embora Jean Pierre concordasse com Dominique, ele não queria Tereza de volta à casa-grande. Não a expulsaria da fazenda, mas não confiava mais na mucama.

Antes de se despedir, Jean Pierre fez algumas recomendações a Samuel e novamente pediu o apoio de Romeu.

O amigo prometeu que qualquer problema que surgisse na ausência dele, tentaria resolver. Prometeu escrever mandando notícias sobre a fazenda. O pintor ficou de voltar para buscar o dinheiro das safras e resolver os problemas pendentes, periodicamente.

Jean Pierre e sua comitiva embarcaram em Salvador com destino ao porto de Santos. Depois, seguiram para São Paulo e se hospedaram na casa do conde Molina, onde já estavam sendo aguardados. A condessa ansiava em conhecer o genro.

Quando o casal entrou na residência, o conde os cumprimentou com certa satisfação, enquanto a condessa se aproximou de Jean Pierre e fez uma provocação:

— Finalmente, vou conhecer aquele que roubou a minha filha de minha casa!

— Muito prazer, condessa Madeleine! Quanto ao roubo de sua filha, devo dizer-lhe que foi a melhor ideia que tive na vida!

Jean Pierre usou o seu bom humor para responder a provocação da condessa, tornando o ambiente mais agradável. A condessa sorriu e articulou:

— Pelo que vejo, minha filha se casou com um pintor muito bem-humorado!

Todos riram e a condessa pediu para a mucama conduzir o casal até o quarto de hóspedes. Ao entrarem, Dominique se desculpou:

– Perdoe a minha mãe, Jean Pierre! Eu sabia que ela faria alguma provocação, mas confesso que não imaginei que fosse durante a nossa chegada a esta casa...

– Não se perturbe, querida. Eu já esperava ser recebido dessa maneira.

Embora Jean Pierre e Dominique fizessem questão da presença de Maria durante as refeições, a ama preferiu se alimentar com os empregados da casa do conde. Desse modo, aliviaria a saudade de seus amigos e evitaria desentendimentos entre a família de Dominique. Maria tinha absoluto conhecimento de que não seria bem-vinda à mesa de jantar do conde, pois nunca havia se sentado com a família.

Durante o jantar, o conde Molina tentava ser gentil com o genro para agradar à sua filha. Então, resolveu falar sobre a fazenda da Bahia e aproveitar para descobrir os motivos da aquisição.

– Soube por Dominique que você comprou mais uma fazenda! Qual o motivo que o fez comprar uma fazenda na Bahia?

– Comprei a fazenda para abrigar os escravos angolanos que comprei no mercado de escravos em Salvador. Eu não tinha condições de levá-los para minha fazenda em Minas Gerais, então resolvi comprar a fazenda do barão Pedro Ferreira, que nos recebeu em seu casarão, com muita hospitalidade.

– Será que eu entendi perfeitamente o que disse? Comprou uma fazenda para abrigar escravos angolanos?

– Entendeu perfeitamente, sr. conde Molina. Devo acrescentar que não são mais meus escravos, eu os libertei; enfim, estão todos libertos.

— Nossa, Jean Pierre! Assusto-me com a sua riqueza! Como pôde enriquecer em tão curto espaço de tempo, se não tem mão de obra escrava?

— Para se tornar rico, sr. conde, não precisamos dos trabalhos de escravos. Basta que obtenhamos inteligência e sabedoria para administrar os bens que possuímos. Os meus empregados não ambicionam ganhar muito dinheiro, eles se contentam com o pagamento que recebem e são muito gratos pela liberdade que possuem, pela casa em que moram e pela dignidade que adquiriram com a minha ajuda. Eles trabalham felizes, cantando, sorrindo, talvez seja por esses motivos que me ajudam a enriquecer. Eles não apanham, não são castigados, não são humilhados e não estão arriscados a serem vendidos como mercadorias.

O conde respirou fundo. Ficou profundamente ofendido com o discurso abolicionista do pintor. Então resolveu mudar de assunto:

— Prefiro não discutir opiniões abolicionistas, Jean Pierre, pois não pretendo me aborrecer. Amanhã irei visitar o túmulo de dom Aurélio. Gostaria de vir comigo, minha filha?

Dominique não esperava o convite. Olhou para Jean Pierre sem saber qual resposta dar ao pai. Jean Pierre respondeu:

— Sinto muito, sr. conde, mas temos outros planos para o dia de amanhã. Dominique não poderá acompanhá-lo.

— Lamento que não possa me acompanhar, Dominique! Seria uma ótima oportunidade, para pedir perdão à alma de dom Aurélio.

Dominique respondeu a provocação de seu pai um tanto impaciente:

— Eu já pedi perdão à alma de dom Aurélio em minhas orações. Peço a sua permissão para que mudemos de assunto, papai.

Creio que não almeja ser indelicado com meu esposo. Portanto, não insista em falar sobre esse assunto.

O conde se calou e a condessa mudou de assunto:

– Ouça-me, Jean Pierre, posso lhe fazer um pedido?

– Fique à vontade, condessa Madeleine. Faça o pedido que desejar.

– Gostaria de posar para que possa retratar-me. Só lhe peço que não me exija uma fortuna pelo trabalho artístico.

– Terei muito prazer em pintar uma tela para a senhora! E não vou lhe cobrar nenhum valor. Dar-lhe-ei de presente!

– Oh! Que maravilha! Fico muito feliz! Meu esposo fez elogios à sua pintura. Disse-me que retratou Dominique maravilhosamente bem! Quando pretende iniciar a tela?

– Posso iniciar amanhã mesmo se a senhora permitir.

O conde interferiu, dizendo:

– Madeleine, não ouviu Jean Pierre dizer-me que tem outros compromissos pela manhã?

– Realmente, sr. conde, tenho alguns compromissos. Mas irei cancelar todos para poder me dar o prazer de retratar a condessa Madeleine.

– Oh! Quanta gentileza! Obrigada, Jean Pierre! Agradeço o seu presente e tenho certeza de que ficarei satisfeita com a finalização de seu trabalho...

O pintor continuou conversando com a condessa na mesa de jantar e Dominique aproveitou a conveniência e pediu licença ao esposo. Convidou o pai para acompanhá-la até a biblioteca, onde ficariam a sós por algum tempo.

A moça estava tensa, mas decidida. O conde acomodou-a numa cadeira, fechou a porta e a moça iniciou a conversa.

– Papai, pedi para nos ausentarmos porque almejo estar a sós com você para lhe dizer o quanto me entristeceu durante o jantar. Fez-me um convite fúnebre e indelicado na presença de Jean Pierre. Por que insiste em falar sobre dom Aurélio?

— Perdoe-me, querida, não tive a intenção de aborrecer o seu esposo. Apenas pensei que você gostaria de acompanhar-me.

— Ouça-me, papai, não subestime a minha inteligência! Percebo perfeitamente o quanto deseja irritar Jean Pierre com um assunto que pertence ao passado! Devo dizer-lhe que sua conduta deixou-me profundamente magoada!

— Creio que Jean Pierre também tenha de rever os seus conceitos, pois ele adora me afrontar com seus discursos abolicionistas. Será que ele ainda não percebeu que sou um escravocrata convicto?

— Papai, por favor, não crie desavenças. Lembre-se de que ele é seu hóspede; procure tratá-lo cordialmente. Caso contrário, partiremos de sua casa e nos hospedaremos em outro lugar. Não estamos dispostos a nos aborrecer durante nossa viagem!

— Peço que não se retirem. Seria mais um escândalo envolvendo a nossa família. Prometo que tentarei controlar-me diante de assuntos abolicionistas nesse tempo que passarão em minha casa. Farei o impossível para não aborrecê-la. Estou muito feliz em revê-la!

Dominique sorriu e afastou toda a inquietação que sentia, expressando-se com amabilidade:

— Eu também me sinto imensamente feliz pela oportunidade de visitar os meus pais com meu esposo, a quem amo tanto.

O conde beijou a mão da filha e continuou o diálogo:

— Devo confessar que eu estaria mais feliz se estivesse casada com dom Aurélio. Ele era um rapaz perfeito; educado, rico, gentil... Eu tinha grande estima por aquele jovem. Não entendo por que não se apaixonou por um nobre.

Dominique se aborreceu novamente e fez uma declaração a respeito de Aurélio, que aguçou a curiosidade do conde:

– O meu noivo não era perfeito, papai. Sabe muito pouco a respeito dele. Eu o conhecia muito bem e sabia que seria infeliz ao seu lado. Creio que o senhor nunca teve conhecimento de sua arrogância e de sua frieza com determinados assuntos.

– Em certos momentos eu percebia a arrogância dele, principalmente quando me pressionava para marcar a data do casamento. Mas o que está querendo dizer-me? Sinto que almeja dizer algo que desconheço. Por acaso ele lhe causou algum mal que não teve coragem de contar-me?

– Vou lhe contar o que aconteceu na noite de minha fuga. Estive com dom Aurélio e supliquei para que ele rompesse o nosso noivado, pois não queria fugir, pensei que pudesse convencê-lo a desistir do casamento. Desse modo, evitaria a minha fuga para a fazenda de Jean Pierre e preservaria a nossa família do terrível escândalo pelo qual passamos. Eu tinha certeza absoluta de que se dom Aurélio rompesse o nosso compromisso, o senhor aceitaria o meu casamento com Jean Pierre. Mas ele se recusou veementemente e me ameaçou dizendo que quando nos casássemos eu aprenderia a obedecer às suas ordens, e, se acaso não me comportasse como uma esposa apaixonada, ele castigaria minha ama.

– Como dom Aurélio teve a petulância de ameaçá-la dentro de minha própria casa?

– Dom Aurélio era doente de amor por mim. Por essa razão, ameaçou-me. Ficou transtornado com os meus apelos e me alertou como seria o meu futuro ao seu lado.

– Ele deve ter se descontrolado com o seu pedido absurdo de romperem o casamento uma semana antes de ser concretizado.

Tenho certeza de que mais tarde, ao chegar a casa, no silêncio de sua alcova, arrependeu-se das ameaças que lhe fez.

— Papai, sinceramente, eu não creio que tenha se arrependido. Ele estava disposto a se casar mesmo sabendo que eu não o amava. Com certeza, iria me causar terríveis sofrimentos, castigando a mim e a minha ama.

— Não posso acreditar que ele tenha sido um mau caráter, como está me dizendo. Ele jamais iria agredi-la.

— Se não crê em minhas palavras, só me resta encerrar o assunto. Não tenho a pretensão de manchar a imagem de dom Aurélio. Enfim, ele está morto, eu tenho o dever de respeitá-lo e perdoá-lo...

No dia seguinte, Dominique despertou com um burburinho que vinha do jardim da casa. Ela abriu a janela e deparou com a condessa sentada num divã, envolta em flores do jardim. Jean Pierre estava com seu cavalete, prestes a iniciar os primeiros traços da beleza de Madeleine. A moça fechou a janela para não atrapalhar a concentração do pintor e foi fazer o desjejum com seu pai.

— Bom dia, papai! Pelo que vejo, Jean Pierre está se dando muito bem com mamãe. Ela levantou-se mais cedo só para posar e me parece muito satisfeita!

— Sua mãe adora futilidades. Tenho certeza de que vai organizar um jantar aos nossos amigos para expor o quadro que seu esposo está pintando.

— Se minha mãe organizar o jantar para apresentar o quadro, Jean Pierre passará a admirá-la ainda mais. Ele se sente muito bem quando seu trabalho é reconhecido e apreciado.

Duas horas depois, a condessa já estava exausta. Jean Pierre interrompeu o trabalho, dizendo:

– Por hoje está dispensada, condessa! Amanhã retornaremos ao jardim no mesmo horário e no mesmo lugar para continuarmos.

– Finalmente, Jean Pierre! Não aguentava mais ficar inerte por tanto tempo.

– Compreendo que não é fácil. Mas para obtermos um bom resultado na pintura, terá de ter paciência para posar.

Jean Pierre foi até o quarto de hóspedes encontrar-se com Dominique. Guardou seu material de pintura e disse:

– Vou sair por alguns instantes. Desejo fazer-lhe uma surpresa. Portanto, peço que me aguarde. Logo estarei de volta.

– Ah! Jean Pierre! Permita que eu o acompanhe! Sabe que sou muito curiosa.

– Contenha sua ansiedade, voltarei o mais rápido possível.

– Está bem, ficarei a esperá-lo e contarei os minutos para o seu retorno!

O pintor foi a uma joalheria e comprou algumas joias para Dominique, escolhendo uma gargantilha para a condessa. Queria retribuir a gentileza de sua sogra pela confiança em seu trabalho artístico.

Quando estava a caminho da mansão, resolveu mudar o visual. Passou numa barbearia, pediu para o barbeiro tirar o seu cavanhaque e cortou os cabelos. Ele nunca havia mudado seu corte de cabelos. Essa ideia o deixou um tanto apreensivo. Acostumado a usá-los compridos e presos, temia não acostumar com o novo penteado. Contudo, ele queria renovar o visual para reafirmar a sua mudança pessoal e fazer uma surpresa para Dominique, que havia sugerido um novo corte de cabelos.

Enquanto o barbeiro cortava seus cabelos, o pintor se lembrava de sua mãe, que apreciava o seu penteado e sempre dizia que ele deveria manter os cabelos compridos e presos.

Algumas lágrimas caíram dos olhos de Jean Pierre.

Ao chegar à mansão, Dominique se surpreendeu ao vê-lo sem bigode e cavanhaque. Quando ele retirou o chapéu, a moça abriu um sorriso e disse admirada:

– Oh! Que transformação! Então era essa a surpresa?

– O que achou da minha mudança de visual? Gostou?

– Adorei! Remoçou! E o corte de cabelo? Ficou maravilhoso!

A moça o abraçou e ele reafirmou a promessa que fizera:

– Fiz essa mudança de visual para mostrar-lhe o quanto mudei meus pensamentos nos últimos tempos. Estou muito feliz ao seu lado! Reafirmo minha promessa de fazê-la feliz até o fim de nossos dias.

Dizendo isso, ele entregou-lhe as joias. Dominique ficou satisfeita e mandou chamar a condessa para ver o novo visual dele.

– Devo confessar que meu genro se tornou mais belo e elegante!

Durante o almoço, Jean Pierre presenteou a sogra. Entregou-lhe a gargantilha que comprou e ela ficou muito agradecida. O presente fez o conde lembrar-se de algo que havia prometido à filha. Então, pediu para convidar alguns amigos e ofereceu um jantar especial. Durante o jantar, o conde levantou um brinde e revelou o motivo da reunião:

– É com grande satisfação que recebo todos os meus amigos em minha casa nesta noite especial! Há tempos prometi que entregaria o condado de minha filha em seu casamento com dom Aurélio. Mas como o casamento não se realizou, resolvi entregá-lo no dia em que a perdoasse pelos erros do passado. No entanto, ainda não a perdoei e talvez nunca a perdoe! Mas vou entregá-lo nesta noite pelo amor que sinto por você, minha filha querida!

Todos estavam emocionados, o conde mal conseguiu dizer as últimas palavras e se debulhou em lágrimas ao entregar o condado à sua única filha.

Dominique ficou desapontada com o discurso de seu pai. Aproveitou a oportunidade e abriu o seu coração:

– Recebo de suas mãos o meu condado e agradeço! Mas lamento a ausência de seu perdão! Afirmo-lhe, meu pai, que o perdoei de todo o meu coração, pela culpa que me entregou quando me deu a lamentável notícia da morte de dom Aurélio! Espero que um dia possa me perdoar por não satisfazer a sua majestosa vontade de casar-me com alguém a quem eu nunca amei, sr. conde Molina!

Os convidados ficaram em completo silêncio. Dominique se retirou da mesa e foi para o seu quarto. Jean Pierre foi atrás da esposa, que chorava descontroladamente. Ao entrarem no quarto, ele pediu para que ela enxugasse as lágrimas e tentasse se acalmar. A moça, completamente apreensiva, desabafou:

– Meu pai não tinha o direito de dizer que não me perdoou diante dos convidados. Ele quis constranger-me e vingar-se de toda a vergonha que sofreu por causa de minha fuga...

– Acalme-se, meu amor. Ao mesmo tempo que seu pai a constrangeu, também lhe fez uma declaração de amor. Tente compreendê-lo. Ele era apaixonado por dom Aurélio.

O pintor fez uma brincadeira para tentar acalmar Dominique e conseguiu fazer com que ela sorrisse. Alguns minutos depois, Jean Pierre conseguiu convencê-la a voltar para a recepção e terminar o jantar ao seu lado.

Sentaram-se à mesa para terminar o jantar, que seguiu tranquilamente.

Depois de algum tempo, Dominique se despediu de alguns amigos de sua família e pediu licença para se retirar. O clima festivo da casa do conde acabou com o discurso polêmico que o pai fez à filha.

Mais tarde, quando todos os convidados se retiraram, deixando o casal a sós na sala de visitas, a condessa Madeleine deu vazão a todo o seu desapontamento por causa do infeliz discurso do marido:

– O jantar teria sido perfeito se você não tivesse provocado a nossa filha! Foi muito arrogante ao dizer que não a perdoou! Depois de tudo o que fizemos para limpar o nosso nome do escândalo que Dominique nos fez passar, você retoma esse assunto, que já estava praticamente esquecido pelos nobres...

O conde a ouvia silenciosamente, sem dar uma única explicação enquanto saboreava a última taça de vinho da noite. Depois, retirou-se e seguiu para os seus aposentos.

No dia seguinte, o conde se desculpou com a filha e prometeu não tocar no nome de dom Aurélio enquanto o casal estivesse hospedado em sua casa.

Passados alguns dias, o quadro de Madeleine foi finalizado. Jean Pierre pediu a presença do conde Molina e Dominique para que pudessem apreciá-lo.

O trabalho do pintor ficou excelente. A condessa deslumbrou-se ao ver a tela concluída. Dominique e seu pai também ficaram espantados com a perfeição e a riqueza de detalhes contidas na pintura de Jean Pierre.

A condessa Madeleine reuniu vários nobres para apresentar a obra de arte que o genro havia executado. Todos ficaram impressionados com a perfeição.

* * *

Em Paris, a família de Jean Pierre estava reunida à mesa. Seu irmão, o marquês Antoine, lia a carta do pintor em voz alta para que todos ouvissem.

Todos ficaram surpresos com as notícias vindas do Brasil. O que mais lhes chamou a atenção foi o trecho em que Jean Pierre escreveu sobre sua vida pessoal e financeira:

...Conheci o grande amor de minha vida após alguns meses que estava instalado no Brasil. Trata-se de uma condessa, francesa, que morava em São Paulo. Conhecemo-nos e nos apaixonamos, porém ela era comprometida com um nobre pela imposição de seu pai. Movidos pelo amor, ajudei-a a fugir de sua casa uma semana antes de seu casamento. Depois da fuga, casamo-nos. A cerimônia de meu casamento com Dominique foi o momento mais feliz de toda a minha vida. Gostaria muito de ter compartilhado as emoções vividas naquele dia com todos os membros de minha família. Mas, infelizmente, não foi possível. E, hoje, estamos vivendo felizes e em completa harmonia...

...Devo confessar-lhes, meus irmãos, que estou satisfeito com os meus negócios, pois em apenas três anos vividos no Brasil, adquiri duas fazendas, uma em Minas Gerais, onde resido, e outra no estado da Bahia...

Após o término, o marquês Antoine ressaltou:

– Nosso irmão está rico! Tem duas fazendas, uma em Minas Gerais e outra na Bahia e ainda se casou com uma condessa! Que maravilha!

– Ele se deu muito bem no Brasil! E nos convida para visitá-los quando quisermos. Fiquei com uma imensa vontade de revê-lo! Planejarei uma viagem para o fim deste ano. Escreverei uma carta, agora mesmo, para Jean Pierre! – disse Auguste, entusiasmado.

Sua esposa concordou com a ideia de conhecer o Brasil e Auguste começou a fazer os planos. O marquês Antoine tinha negócios importantes na França e não podia se ausentar, mas incentivou Auguste a realizar a viagem.

Infelizmente, Auguste não pôde viajar devido a alguns problemas de saúde que ocorreram com sua esposa.

* * *

Dois anos se passaram e Jean Pierre cumpriu a promessa que fez à Dominique.

Viajaram para vários estados do Brasil. Mas Jean Pierre comoveu-se bastante com a situação dos escravos na terra das charqueadas, no Rio Grande do Sul. Durante a viagem ele presenciou maus-tratos e péssimas condições de trabalho. Os escravos trabalhavam descalços e com roupas inadequadas ao clima da região. Sofriam com a baixa temperatura. Seus pés eram queimados e cortados pelo sal usado nas carnes, acarretando dolorosas feridas, que sangravam incessantemente.

Jean Pierre e Dominique estavam livres das maldades de Lady Marie, que se mudara da cidade na companhia de sua filha, com a esperança de esquecer o amor que sentia por Jean Pierre.

Quase todos os domingos, a família de Gerhard visitava o casal. Eles tinham o costume de almoçar na fazenda, onde eram sempre bem-recebidos e ali permaneciam até o entardecer.

Estavam todos reunidos à mesa num belo dia de domingo quando Jean Pierre disse a todos:

– Tenho novidades a contar-lhes: recebi uma carta da França. Meu irmão Auguste virá nos visitar em breve. Vem conhecer o Brasil! E estamos ansiosos com a sua chegada!

– Que boa notícia, Jean Pierre! Fico feliz em saber que vai receber a visita de seu irmão! – disse Gerhard.

Depois do almoço, todos se sentaram na sala de visitas: Gerhard, Michel e sua esposa, Catherine, Joaquim e seus dois filhos.

Jean Pierre levantou-se e foi até o *ateliê*. Voltou com uma tela coberta e pediu a atenção de todos.

– Atenção, amigos! O que vou mostrar-lhes é uma premonição!

– Vejo que meu amigo se transformou! Tornou-se um profeta ou talvez um bruxo! – comentou Gerhard.

– Meu caro Gerhard, não se trata de bruxaria, e sim de um grande sonho de todos nós que um dia vai se realizar!

Ele retirou o pano que cobria a tela e todos ficaram encantados com a pintura. Tratava-se de uma linda paisagem. Acima, no céu, ele pintou duas mãos negras, quebrando a corrente que as prendiam, e, no fundo, uma luz brilhante. O quadro era maravilhoso, todos, perplexos, admiravam-no.

Jean Pierre explicou:

– Essas mãos arrebentando as correntes representam o fim da escravidão, e a luz ao fundo é a esperança que brilha dentro de cada um de nós para que um dia todos os seres humanos obtenham igualdade perante as leis do Brasil.

Todos aplaudiram Jean Pierre, afinal, eram abolicionistas e tinham a esperança de ver o fim da escravidão.

Quando foram embora, Dominique fez uma pergunta ao marido:

– Jean, você tem um comprador para esta tela?

– Não venderei este quadro. Deixarei para os nossos filhos, que passarão aos nossos netos, e assim ele passará de geração em geração.

Dominique ficou triste por um momento e, tomada por uma forte emoção, começou a verter lágrimas.

– O que houve, Dômi? Ficou triste de repente?

– Já se passaram cinco anos que nos casamos e até hoje não lhe dei um filho.

— Oh! Meu amor, não se entristeça, por favor! Acredito que um dia vai engravidar! Se não me der um filho, continuarei sendo feliz com você!

Dominique se acalmou, enxugou suas lágrimas e Jean Pierre fez uma observação:

— Não se esqueça de que os filhos dos negros da fazenda, de certa maneira, são um pouco nossos filhos também. Eles fazem parte de nossa vida.

— Sinto que você tem um carinho especial por José, filho de Jacinto.

— É verdade, gosto muito daquele menino. Não sei explicar, mas José é uma criança especial para mim. Sempre me acompanha quando faço meus passeios pela fazenda e quando me sento na varanda para ver o pôr do sol.

— Jean! Acredita verdadeiramente que um dia a escravidão acabará?

— Creio que a libertação dos escravos virá com a evolução intelectual dos seres humanos. Não é possível que os responsáveis por este país continuem trilhando os caminhos do preconceito e da discriminação racial. Espero que um dia todos entendam que a diferença entre os seres humanos deve ser classificada por suas atitudes, virtudes, crimes, e não pela coloração da pele! Enfim, apesar das diferenças raciais que temos, na verdade, somos todos iguais.

— Você tem absoluta razão, Jean Pierre. Creio que a libertação dos escravos acontecerá num período muito distante do qual vivemos. Mas o importante é fazermos a nossa parte como abolicionistas. As atitudes que teve desde que chegou ao Brasil foram maravilhosas! A liberdade que deu a todos os negros que trabalham com você será lembrada durante muito tempo. Observo que as pessoas que moram aqui na fazenda veem-no como um santo. Eles o adoram! E são muito agradecidos... Outro dia, uma das crianças fez-me uma pergunta que me deixou emocionada. Perguntou-me o que era a escravidão. Algumas lágrimas caíram de meus olhos e pensei que graças à sua bondade, uma criança negra, de apenas cinco anos de idade, não sabia o que era ser escravo! Nascera livre! Consegue perceber a grandiosidade de suas ações?

– É uma sensação indescritível! Dar a liberdade àqueles que não desfrutam dela. No entanto, eu não me conformo em ter libertado somente os escravos que libertei. Pretendo comprar mais fazendas para poder libertar outros cativos! Eu gostaria de ver todos livres! Mas um dia, se Deus quiser, chegaremos à vitória!

O casal continuou conversando durante a madrugada, eles sonhavam com um futuro melhor para todos os negros.

Cansada de viver longe de seu pai, Lady Marie voltou para a cidade e se instalou novamente na casa de Amaral, que a recebeu com todo o carinho.

Depois do desjejum, Lady Marie conversava com Amaral. Queria saber as novidades da cidade, na realidade, queria saber notícias de Jean Pierre.

– Diga-me, papai, como está vivendo Jean Pierre e aquela maldita condessa?

– O casal vive muito bem. Estão sempre ausentes da cidade. Visitam periodicamente a fazenda que compraram na Bahia. Pelo que comentam na cidade, Jean Pierre está enriquecendo. Eventualmente, encontro-me com ele no armazém de Gerhard. Ele me cumprimenta educadamente, mas é evidente que não almeja a minha amizade.

– Dominique ainda não engravidou de Jean Pierre?

– Ainda não tiveram filhos. Creio que a condessa seja estéril.

– Que notícia maravilhosa, papai! Fiquei muito feliz ao saber que aquela maldita condessa é infecunda! Jamais terá a felicidade de dar um filho a Jean Pierre!

– Por que se regozija com a esterilidade da condessa Dominique? O que está pretendendo fazer, Lady Marie?

– Vou lhe explicar o motivo de minha felicidade: acabo de ter uma ideia magnífica! Darei um filho a Jean Pierre e realizarei o meu sonho! Viverei para sempre ao seu lado!

– Não permitirei que cometa essa loucura! E tenho certeza de que Jean Pierre jamais aceitará ter um filho com você! Talvez prefira se deitar com uma das negras que libertou!

Lady Marie estava decidida a dar um filho a Jean Pierre e não queria discutir com Amaral a respeito do assunto. Resolveu se calar e, diante do silêncio da filha, Amaral novamente questionou a ideia de Lady Marie.

– Você não pode me envergonhar novamente! Se engravidar de Jean Pierre será rejeitada da mesma maneira que foi no passado pelo pai de sua filha! Esqueceu-se de que já possui uma filha, Lady Marie?

– Tenho uma filha, mas não é de Jean Pierre. Não tive o privilégio de engravidar do homem que eu amo.

– Custa-me entender como pode amar uma pessoa que nem se lembra de sua existência.

– Papai, não me ofenda! Jean Pierre não está comigo por causa daquela estéril, que não foi capaz de lhe dar um filho sequer!

– Lady Marie, lembre-se de que suas armações sempre tiveram um final infeliz. Você tentou colocar o padre da cidade contra a moça; ele a casou! Depois, aproveitou-se de um conflito no casamento deles para separá-los, com aquela armadilha inútil do sedativo, e o resultado foi a reconciliação! Agora tem um plano para separá-los!

Posso saber como pretende engravidar de Jean Pierre? Por acaso tentará o poder da hipnose? Exijo que desista dessa ideia maldita!

– Já basta, papai! Estou farta de suas ironias! Será que não percebe que a única oportunidade que tenho de separá-los é engravidando? Como se atreve a me fazer essa exigência? Jamais desistirei de dar um filho a Jean Pierre!

– Minha filha, eu acabo de chegar a uma conclusão: precisa de tratamento médico! Está se tornando uma demente por causa desse homem!

Sem dizer uma só palavra, Lady Marie arremessou todas as louças que estavam sobre a mesa e Amaral começou a chorar feito uma criança assustada.

Milene já estava com sete anos. Ela crescia sem o carinho e a atenção de sua mãe. A indiferença da mãe fazia brotar no coração da menina o ódio incondicional por Jean Pierre. A criança não suportava ouvir o nome do pintor. Quando alguém o pronunciava, ela ficava extremamente contrariada, tinha muito ciúme daquele a quem sua mãe dedicava todo o amor que possuía.

Na cozinha da fazenda, enquanto preparava o almoço, Ana teve curiosidade de saber sobre o passado de Maria.

– Maria, você foi vendida *pro* conde só *pra sê* ama de leite da *sinhazinha* Dominique? Conte-me a história da sua vida.

– Ana, minha história é muito triste! Morava numa fazenda, no interior de São Paulo. Lá eu nasci e cresci. Quando completei vinte anos tive um filho de um grande amor. Eu amava muito meu filho, mas o destino me *separô* dele. Meu patrão recebeu a visita de um primo da cidade, o conde Molina...

"Ele e sua família haviam chegado da França havia pouco tempo. Dominique estava completando seis meses de idade quando sua mãe *abdicô* da sua amamentação.

Quando o casal se *hospedô* na fazenda de Quincas, estava à procura de uma ama de leite.

Quincas, então, me vendeu para o conde, sem ao menos me *avisá*. Ele me *mandô* chamar e disse que a menina precisava de meu leite. Eu a peguei nos braços e a amamentei. Em seguida, Quincas me *avisô* que eu seguiria viagem para São Paulo com a família do conde. Eu me desesperei, pois não queria separar-me do meu filho. Então, pedi permissão ao conde para levar meu filho, mas ele *negô* veementemente meu pedido. Disse que o leite da ama não poderia ser dividido entre dois bebês."

Maria entregou seu filho ao pai da criança e seguiu viagem rumo a São Paulo, com a esperança de um dia poder reencontrá-lo.

Maria continuou:

– Eu tinha bastante leite, a menina *chegô* da França muito fraquinha. A mãe não queria *amamentá* a filha. Apeguei-me tanto à menina, que a considero como uma filha. Pensei que iria sentir ódio da menina, mas a convivência me fez sentir amor. A menina Dômi sempre foi uma criança carinhosa. O conde se *aproveitô* do amor que sempre tive por sua filha e me fez *jurá* que nunca contaria sobre o meu filho para a menina Dômi, e se caso eu lhe desobedecesse, ele mandaria o *sinhô* Quincas *vendê* meu filho. E eu nunca mais teria notícia dele.

– Nossa, Maria! Tudo é muito triste... E teve notícia do seu filho?

– O conde nunca permitiu que eu voltasse na fazenda do *sinhô* Quincas. Ele dizia que a menina Dômi precisava da minha companhia. Toda *veis* que ele voltava da fazenda do *sinhô* Quincas, eu implorava por notícias, mas ele se negava a responder qualquer pergunta, e ainda me expulsava de sua presença.

Maria parou de falar por alguns segundos e lágrimas rolaram em sua face. Depois, completou:

– O conde nunca me deu nenhuma notícia sobre o meu menino.

– E até hoje *guardô* esse segredo, Maria? Nunca *contô pra sinhazinha* Dominique?

– Um dia tomei coragem e contei *pra* menina Dômi e *pro sinhozinho* Jean Pierre. Eles foram até a fazenda *pra comprá* meu filho, mas, infelizmente, o *sinhô* Quincas já havia vendido *ele*, fazia muito tempo...

João, o filho de Maria foi vendido aos doze anos de idade, a pedido do conde, que foi movido pelo sentimento do egoísmo e resolveu se livrar da presença de João. O conde queria que Maria dedicasse todo o tempo de sua vida a Dominique. E decidiu que não contaria a respeito da venda de João para a escrava.

Ana ficou emocionada com a história que ouviu. Em seguida, Maria enxugou suas lágrimas e disse:

– Agradeço a Deus todos os *dia* por ele *tê* colocado a menina Dômi na minha vida. Ela me considera como uma mãe, e o *sinhozinho* Jean Pierre também é muito bom *pra* mim... Agora, conte-me sua história, Ana.

– A minha também é triste, mas eu vou *contá.* Nasci aqui nesta fazenda. Minha mãe era *cozinhera* do *sinhô* Otávio. Foi ela que me ensino a *cozinhá.* O *sinhô* Otávio era viciado em jogo e perdeu todo o dinheiro que conseguiu *ganhá* jogando cartas. Quando eu tinha quinze anos, um *fazendêro pra* quem ele devia, veio *almoçá* aqui e *adorô* a comida da minha mãe. O *sinhô* Otávio teve uma ideia: ofereceu minha mãe como pagamento da dívida. E o *home levô* minha mãe. E eu fiquei trabalhando na cozinha...

Houve uma mudança brusca na vida de Ana depois que sua mãe foi vendida. Ana passou a ser cozinheira da casa-grande e escrava sexual de Otávio. Quando ela completou trinta anos, ele não quis mais manter nenhuma relação sexual com ela. Escolheu algumas adolescentes na senzala para servi-lo sexualmente e Ana passou a ser somente a cozinheira.

Ana continuou:

– É, Maria, vi muita injustiça nesta fazenda! Quantas *veis* os *negro* foram *surrado* porque ele perdia *dinhero* no jogo e precisava *descontá* a raiva em alguém! Nunca apanhei, mas tive de me *deitá* com ele várias *veis* contra minha vontade. Ele gostava de negrinha nova, por essa razão, quando fiquei mais velha, ele procurou as *moça* da senzala *pra* se *deitá*. Durante a minha juventude, eu rezava todo dia *pra envelhecê* rápido, assim me livraria do incômodo de satisfazer o meu patrão. Eu não via a hora de *ficá* mais velha *pra* ele não me *querê* mais. Muitas *veis* pensei até em *colocá* veneno na comida dele. Mas eu sabia que era um pecado muito grande *matá* uma pessoa. Então, resolvi *esperá* o tempo *passá*.

– Por que o *sinhozinho* Jean Pierre *comprô* a fazenda?

– O *sinhozinho* Jean Pierre comprô a fazenda porque o *sinhô* Otávio resolveu *voltá pra* terra dele, e, por causa das *dívida* do jogo, ele abaixou o preço fazenda... Eu já tinha completado quarenta *ano*. Fiquei muito feliz quando o *sinhô* Otávio partiu. Nem acreditei, Maria, quando avistei o *sinhozinho* conversando com os *negro* no jardim. Fiquei aqui dentro, ouvindo de longe. De repente, ouvi o povo gritando, chorando e batendo palma *pra* ele. Fui até o jardim e seu João *tava* agradecendo em nome de todo o povo da fazenda pela liberdade. Só de *lembrá*, emociono-me, até choro. Depois, ele *entrô* na sala e *falô* comigo como se eu fosse uma pessoa branca. Nunca *vô* me *esquecê* da bondade do *sinhozinho* Jean Pierre...

* * *

Jacinto conquistou a confiança de alguns comerciantes. Embora alguns teimavam em não fechar negócios com ele. Aceitavam negociar apenas com Jean Pierre.

Ambos estavam fechando um negócio em uma mercearia quando o barão Alencar entrou e disse:

— Você continua cometendo a insanidade de envolver esse negro em seus negócios, sr. Jean Pierre? Deveria administrar a sua fazenda sozinho, sem a interferência dele!

— A sua opinião não tem a menor importância em minha vida. Portanto, Jacinto continuará administrando a minha fazenda até o dia que eu quiser!

— Ouça o que vou lhe dizer: essa sua mania de alforriar os escravos está atrapalhando a vida de todos por aqui! Digo-lhe mais: vai se arrepender amargamente se continuar com esse movimento abolicionista! Depois, não diga que não o avisei!

— Não tenho medo de ameaças, sr. barão Alencar! Nasci num país onde foi realizada a maior revolução de toda a história em luta pela igualdade, liberdade e fraternidade. Essas palavras jamais serão esquecidas no mundo inteiro!

Jean Pierre estava se referindo à Revolução Francesa, que ocorreu na França no ano de 1789.

O barão respondeu com altivez:

— Muito belas as suas palavras, meu caro Jean Pierre! Mas devo lembrá-lo de que essa revolução se passou no seu país! Não queira fazer uma revolução no Brasil! Volte para a França, já que tem tanto apreço pelo seu país. Aqui não é sua pátria!

— Sinto muito desapontá-lo, mas vou continuar vivendo aqui. Tenho muitos amigos e não posso deixá-los. E, além do mais, adoro as belezas naturais do Brasil.

— Você é um francês muito arrogante e oportunista!

– Pelo que me consta, sr. barão, o senhor também não é brasileiro, e sim português. Dar-lhe-ei o mesmo conselho: volte para sua terra!

– Em 1822, Dom Pedro proclamou a independência do Brasil, mas esta terra ainda é regida pela coroa portuguesa! Portanto, o único intruso aqui é você.

Jean Pierre não quis prolongar a discussão, resolveu se retirar, dizendo:

– Vamos, Jacinto! Não podemos perder mais tempo com uma pessoa tão insignificante. Temos muitos assuntos a resolver ainda hoje.

Subiram na carroça e foram embora, enquanto o dono da mercearia tentava tranquilizar o barão Alencar, que ficou furioso com a discussão.

No caminho de volta para a fazenda, Jean Pierre e Jacinto avistaram uma figura feminina. Foram surpreendidos por Lady Marie. Jacinto freou os cavalos para não causar um acidente, pois a moça se colocou na frente da carroça e exigiu que o pintor descesse para ouvi-la. Jean Pierre, furioso, perguntou:

– Diga logo o que deseja!

– Pretendo conversar a sós! Peça ao seu empregado que se retire por alguns minutos.

– Se quiser conversar comigo será na presença de Jacinto! Você não tem a minha confiança! Não desejo cair nas suas armadilhas novamente...

– Está bem. Farei a minha proposta na presença de Jacinto. Gostaria de saber se aceita ter um filho comigo. Após o nascimento do bebê, prometo entregá-lo a você para que cresça com o pai e na companhia de sua esposa. Você pode dizer a Dominique que adotou uma criança para alegrar o lar. Eu tenho certeza de que ela aceitará o nosso filho...

– O que aconteceu com você, Lady Marie? Perdeu completamente o juízo! Jamais aceitaria ter um filho com você ou com qualquer outra mulher que não fosse Dominique!

– Por favor, Jean Pierre, permita que eu lhe explique. Compreendo que ama Dominique, mas sei também que almeja ter um filho para herdar suas fazendas, seu dinheiro, enfim, seus quadros! O meu desejo é ajudá-lo a realizar um sonho! Prometo-lhe que Dominique jamais saberá que eu sou a mãe biológica da criança! Estou certa de que ela receberá a criança com todo o amor que possui em seu coração.

– Já basta, Lady Marie! Só tenho um conselho a lhe dar: procure um psiquiatra, pois temo que esteja enlouquecendo! E repito mais uma vez: jamais terei um filho seu!

– Você é um ingrato! Ofereço-lhe um filho e me agradece com ofensa e desprezo?

– Saia de minha frente, senão passarei por cima de você! Não desejo ouvir mais nenhuma palavra sua, Lady Marie!

A moça saiu da frente da carroça e os dois homens seguiram viagem.

Logo que Jean Pierre entrou na casa-grande, Dominique percebeu sua irritação e perguntou o que havia acontecido. O pintor não queria magoá-la, mas preferiu dizer a verdade e relatou a proposta absurda feita por Lady Marie.

Depois do almoço, o casal resolveu passear pela fazenda para espairecer e esquecer as chateações causadas por Lady Marie.

O conde visitava Dominique periodicamente, mas a condessa Madeleine não se permitia desfrutar as belezas naturais de Minas Gerais, preferia esperar a visita do casal em sua mansão.

A condessa Madeleine nutria admiração pelo pintor, mas não perdoou a atitude de Dominique ao deixar todo o conforto de sua mansão para viver em uma fazenda, longe do requinte e do luxo que a corte paulistana oferecia aos nobres e fidalgos.

* * *

Depois de muito tempo encarcerado, Aurélio desesperou-se e resolveu solicitar, em voz alta, para que Simão o libertasse.

Passados alguns dias, Simão apareceu:

– Por que me chama sem cessar? O que deseja, Aurélio?

– Almejo que me liberte de meu cárcere! Prometo obedecer a Ramón! Não suporto mais ficar preso neste túmulo!

– Vou conversar com o Ramón e volto para lhe dar uma resposta!

Simão saiu, mas logo voltou com a resposta:

– Aurélio, conversei com Ramón e ele impôs uma condição para sua libertação. Mandou dizer-lhe que só será libertado se aceitar obedecer a todas as suas ordens!

– Eu imploro! Livre-me desta prisão! Prometo obedecer a Ramón e acatar todas as suas ordens!

– Vou libertá-lo. Mas antes devo lembrá-lo de que se não obedecer às regras impostas, voltará para o seu túmulo, onde ficará encarcerado para sempre!

Com essas palavras, Simão quis impressionar Aurélio. Na verdade, nenhum espírito está condicionado a padecer eternamente. Todas as vezes que um espírito sofredor pede o auxílio de Deus, ele prontamente é socorrido pelos espíritos que trabalham a favor da benevolência e do perdão.

Aurélio aceitou todas as condições exigidas por Ramón e foi libertado de seu túmulo. Infelizmente, ele havia feito uma troca. Tornou-se encarcerado novamente no umbral, onde se transformou num prisioneiro.

Proibido de sair do umbral, Aurélio, obedecia a todas as ordens e nutria a esperança de libertar-se daquele lugar para reencontrar Dominique. Uma das condições da permanência de Aurélio no local era a de esquecer completamente o casal que ele quase conseguiu separar com sua obsessão.

Jaqueline nunca desistiu de resgatar Aurélio, mesmo estando no umbral, ela o visitava periodicamente, mas ele sempre se recusava a acompanhá-la. Aurélio sabia que Jaqueline queria ver Jean Pierre feliz ao lado da esposa e não aceitaria levá-lo até a presença de Dominique.

Mais cinco anos se passaram. Dominique já estava com trinta e dois anos e Jean Pierre com trinta e cinco anos.

A fazenda estava em pleno festejo. O casal comemorava dez anos de casados. Havia muitos convidados e todos estavam felizes.

Os negros participavam da festa com os brancos. Dominique trajava um lindo vestido azul-claro.

Os músicos tocavam uma valsa e os convidados entrelaçaram suas mãos formando um círculo que cercava o casal. De repente, Dominique sentiu uma tontura e desmaiou nos braços de Jean Pierre, que ficou completamente apavorado e lembrou-se da presença de Marcos, um amigo médico que participava da festa, e pediu sua ajuda.

– Acalme-se, Jean Pierre! Vamos levá-la aos seus aposentos! Ambos a conduziram ao quarto acompanhados por Maria. Ao chegarem lá, o médico fez as primeiras recomendações:

– Dona Maria, ajude-me a tirar o espartilho da condessa! Jean Pierre, por favor, aguarde do lado de fora. Posso lhe garantir que sua esposa perdeu os sentidos, mas prometo que farei o possível para reanimá-la.

Jean Pierre obedeceu prontamente o pedido de Marcos. Ele tinha absoluta certeza de que seu desespero atrapalharia o desempenho do médico.

Na sala de visitas, o pintor perguntou à Ana:

— Ana, por que Dominique desmaiou? Será que ingeriu algo durante a festa que lhe fez mal?

— Olha, *sinhozinho*, ultimamente ela só tem comido guloseimas. Não come nada que tenha vitamina...

No quarto do casal, o médico conseguiu reanimar Dominique e ela fez a primeira indagação, ainda um pouco atordoada:

— O que houve, dr. Marcos?

— Você desmaiou.

— Onde está Jean Pierre?

— Está aguardando na sala de visitas. Precisamos conversar sobre sua saúde. Vou lhe fazer algumas perguntas. Depois, mando chamá-lo.

Maria estava sentada segurando a mão de Dominique quando o médico começou a examiná-la e iniciou as perguntas:

— Tem sentido algum incômodo, dores de estômago, tonturas ou falta de apetite?

— Percebi que o meu apetite aumentou. Mas após ingerir os alimentos, sinto náuseas.

— Quanto tempo faz que teve a última regra menstrual?

— Mais de um mês, quase dois, eu não me lembro exatamente. Minhas regras menstruais sempre foram irregulares...

— Responda-me uma pergunta íntima: quando tem relações com seu marido, evitam a concepção?

— Não! Por que evitaríamos? Não posso ter filhos!

– Dominique, quem lhe disse que não pode ter filhos?

– Ninguém. Mas, se em dez anos de casada, nunca engravidei, só posso pensar que sou estéril!

– Eu lhe digo que terá um filho!

Emocionada, ela começou a chorar.

– Essa notícia é maravilhosa! Estou muito feliz! Doutor Marcos, o senhor tem certeza de que estou grávida?

Jean Pierre, impaciente, bateu à porta:

– Doutor Marcos, posso entrar? Precisa de alguma ajuda?

– Entre, Jean Pierre, por favor.

Ele ficou mais tranquilo quando viu que Dominique estava acordada.

– O que está sentido, meu amor? Está melhor?

– Sim. Sinto-me muito bem!

O pintor percebeu que havia algumas lágrimas nos olhos de Dominique. E, impaciente, perguntou:

– Diga-me, doutor, o que houve com Dominique? Trata-se de alguma doença grave?

– Acalme-se, Jean Pierre! Dominique, diga a seu esposo o que está acontecendo.

Dominique, muito emocionada, quase não conseguia falar. A gravidez era seu maior sonho. Pegando nas mãos de Jean Pierre, disse:

– Estou muito emocionada, Jean Pierre! Pensei que jamais poderia lhe dar essa notícia. Após dez anos de felicidade ao seu lado, o nosso sonho vai se realizar: vou lhe dar um filho, meu amor!

Diante da notícia, Jean Pierre não conseguiu conter as lágrimas.

– Eu sabia que um dia você engravidaria, querida! Seremos a família mais feliz deste mundo! E seremos abençoados com a presença de nosso filho!

Maria abraçou o casal e os três choraram de emoção.

O médico também deu os primeiros cumprimentos ao casal:

– Parabéns! Vocês merecem esse filho! Que ele nasça com muita saúde e que seja muito feliz nesta família!

O casal agradeceu e o médico continuou o trabalho:

– Agora, preste atenção, Dominique! Vou escrever uma lista de alimentos que deve comer durante a gravidez. Permaneça em repouso até o fim do dia e amanhã volte à vida normal. Gravidez não é doença, mas exige certos cuidados, que certamente você vai respeitar...

Jean Pierre saiu do quarto, reuniu todos no jardim e disse:

– Hoje completamos dez anos de casados. E acabamos de receber uma notícia maravilhosa! Em breve, eu e Dominique teremos a companhia de um filho! Estamos muito felizes! Mas, infelizmente, Dominique não poderá participar da festa. O médico pediu que ela repouse por conta do desmaio. Gostaria de pedir a todos que continuem festejando. Comam, bebam e divirtam-se!

Dominique ficou repousando com Jean Pierre a seu lado até quase o fim da festa. Depois, ele saiu para se despedir dos amigos, que, felizes, partiram para suas casas.

Dominique seguia as recomendações médicas, mas Jean Pierre sempre a surpreendia comendo combinações estranhas de comidas, como por exemplo: doce de leite com laranja.

O casal passava os dias escolhendo nomes para o bebê, comprando roupinhas e fazendo planos.

Estavam sentados na varanda no fim da tarde, quando Jean Pierre quebrou o silêncio e disse entusiasmado:

– Dômi, quando nosso filho crescer, quando estiver mais ou menos com cinco anos de idade, faremos uma viagem até a França, para que ele conheça a nossa terra natal!

– Jean, eu vou adorar regressar à França! Seremos muito felizes com a presença de um filho! Consegue imaginar nós três passeando pelas ruas de Paris?

– É muito fácil imaginar esse passeio com nosso filho. Difícil é a preparação psicológica que terei de fazer para o dia do nascimento. Posso lhe garantir que passarei muito mal nesse dia...

– Ah! É assim que me anima para enfrentar as dores do parto, sr. Jean Pierre?

– Sabe que não suporto vê-la com dores!

– Posso prever que ficará mais nervoso que eu!

Ela o beijou e, em seguida, o pintor beijou-lhe a barriga.

OITO

O GOLPE FINAL

JAQUELINE continuava fazendo suas visitas a Aurélio, mas ele se tornara irredutível.

Sentia-se exausto e sofria dia e noite com os castigos que lhe eram aplicados. Devido à sua arrogância e sua presunção, ele não acatava as ordens de Ramón e, consecutivamente, era castigado.

Com o passar do tempo, Aurélio começou a compreender que o caminho para se libertar do umbral era ser humilde e despojar-se de todo o seu orgulho.

Numa de suas incansáveis visitas ao umbral, Jaqueline finalmente conseguiu convencê-lo a seguir para um posto de socorro para que pudesse receber um tratamento e se restaurar completamente. Assim, ambos seguiram para um posto de socorro.

Após o término do tratamento, Aurélio seguiu para uma colônia espiritual. Contudo, permaneceu pouco tempo no local.

Ao descobrir que não era prisioneiro na colônia e que tinha o livre-arbítrio para seguir o caminho que quisesse, resolveu voltar para sua antiga casa, onde havia morado com sua família.

Foi alertado pelos amigos espirituais sobre os perigos que poderiam atingi-lo, mas preferiu seguir sua vontade. Almejava estar novamente com a família e sentir a presença daqueles a quem amava.

Antes de partir, Aurélio agradeceu a generosidade de Jaqueline:

– Jaqueline, sou-lhe muito grato pela imensa dedicação que teve para livrar-me do umbral. Eu ainda estaria encarcerado se não fosse a sua persistência.

– Resgatei-o, Aurélio, com a permissão de Deus, que o ama e deseja a sua plena felicidade. Peço que desista de sua partida e fique conosco. Sua família se acostumou com a sua ausência. Embora a sua lembrança os acompanhe, creio que sua presença possa levar a consequências desagradáveis...

– Perdoe-me, Jaqueline, mas não desistirei de regressar à casa de meus pais. No entanto, antes de partir, vou lhe prometer que não voltarei à fazenda de Jean Pierre para rever Dominique. Eu sei que a minha presença poderá causar desavenças entre o casal. Farei esse sacrifício por você, pois não quero magoá-la nem ser ingrato.

Ambos despediram-se e Aurélio partiu rumo à casa de dom Hélder.

Ao regressar à sua antiga morada, Aurélio ficou completamente decepcionado. Pensou que encontraria todos em total desespero e emaranhados com sua lembrança, mas devido ao tempo decorrido, todos já haviam se acostumado com sua ausência e continuavam vivendo.

Aurélio deparou com uma família harmoniosa, que preferia não se recordar de sua existência, com exceção de sua mãe, que não havia se conformado com a sua morte prematura.

Com a presença do espírito de Aurélio em casa, a família começou a se desentender, discutir por qualquer motivo e o clima harmonioso dissolveu-se. Aurélio sentia-se injustiçado com alguns comentários que suas irmãs faziam a seu respeito e se revoltava. Elas diziam que ele fora um covarde ao se suicidar por causa de uma mulher que nunca o amou; que fora egoísta; entre outras afirmações.

Aurélio foi perseguido por vários espíritos obsessores, que se incomodaram com sua presença. Totalmente perturbado com os últimos acontecimentos, ele resolveu abandonar a casa dos pais e infringir a promessa que fizera a Jaqueline.

Assim, seguiu para a fazenda de Jean Pierre. Estava ansioso por rever Dominique e desejava ficar ao seu lado.

Quando Lady Marie soube da gravidez de Dominique ficou transtornada. Ela chorava constantemente e só pensava em vingar-se de Jean Pierre.

O desejo de dar um filho a Jean Pierre não havia cessado com a resposta negativa do fidalgo. Ela trazia no coração a esperança de realizar o seu devaneio, de ser mãe de um filho do pintor, mas com a notícia da gravidez de Dominique seus desejos e sonhos se findaram, e sua obsessão pela vingança se tornou alarmante.

Lady Marie estava terminando de fazer o desjejum, quando teve início mais uma discussão entre pai e filha.

— Estive pensando sobre a sua obsessão pelo pintor e creio que deveria se ausentar da cidade por algum tempo. Se quiser, eu a acompanho. Podemos fazer uma viagem...

— Não insista, papai! Não vou me ausentar da cidade! Preciso resolver a minha vida!

— Posso saber como pretende resolver a sua vida?

— Vou acabar com a vida daquela maldita condessa, que roubou o grande amor de minha vida!

– Eu não permitirei que cometa um crime! Tornou-se uma demente por causa da rejeição daquele pintor! Sou seu pai e me deve respeito enquanto eu viver!

– Você é um velho imbecil e eu não lhe devo respeito algum!

Movido por um descontrole emocional, Amaral esbofeteou a filha e a trancafiou no quarto.

Lady Marie começou a gritar e a pedir socorro. Milene ouviu os gritos, correu até a porta e perguntou o que estava acontecendo. Lady Marie exigiu que ela a libertasse. A menina procurou o avô, deu-lhe um abraço e apanhou a chave de seu bolso. Depois, seguiu até o quarto de sua mãe e a libertou. Enquanto Lady Marie escrevia um bilhete, pediu para a filha pegar uma faca na cozinha sem que Amaral percebesse. A menina, preocupada, perguntou:

– O que pretende fazer com uma faca, mamãe?

– Preciso de uma faca apenas para me defender de uma pessoa que não me quer bem. Mas fique tranquila, Milene, não estou me referindo a seu avô Amaral.

Ao terminar de escrever o bilhete, leu atentamente para ter certeza de que não havia cometido nenhum erro de caligrafia:

Dominique
Leia com atenção, mas não comente o conteúdo deste bilhete com ninguém!
Preciso vê-la. Venha ao meu encontro para conversarmos.
Espero-a na cachoeira mais próxima da cidade.
Gostaria muito de resolver de uma vez por todas a nossa vida.
Se vier, vou deixá-la em paz. Mas caso recuse o meu convite, a vida de Jean Pierre correrá um grande perigo!
Tenho certeza de que virá! Você é uma mulher forte e ama Jean Pierre de todo o seu coração. Terá orgulho de salvar a vida de seu amado para poderem viver em paz!

Preste atenção: após a leitura deste bilhete, venha ao meu encontro, sozinha!

Sem mais

Lady Marie

* * *

Dominique havia completado cinco meses de gestação. O crescimento de sua barriga era notável.

Aquela manhã estava ensolarada, Dominique acabara de despertar quando Jean Pierre entrou no quarto com uma bandeja de café da manhã enfeitada com flores, que havia colhido no jardim. Percebendo que sua esposa estava acordada, cumprimentou-a entusiasmado:

— Bom dia à mamãe mais linda do mundo!

— Bom dia, meu amor. Que gentileza! Adoro receber flores pela manhã.

Jean Pierre a beijou e disse num tom bem-humorado:

— Preste atenção, condessa! Vou até a cidade, mas voltarei antes do almoço para fiscalizar a sua refeição! Deseja fazer alguma encomenda? Devo alertá-la que só vou lhe trazer encomendas que não incluam guloseimas!

— Não vou fazer nenhuma encomenda. Só iria fazê-las se me fosse permitido encomendar guloseimas!

Jean Pierre se divertiu com a resposta espirituosa de Dominique. Sentou-se ao seu lado e esperou o término do desjejum da esposa. Depois, despediu-se:

— Sinto muito deixá-la, minha querida, mas tenho de seguir para a cidade. Voltarei o mais breve possível!

O casal se beijou e o pintor se retirou com uma sensação angustiante e um desejo incontrolável de cancelar o compromisso para passar o restante do dia ao lado da amada.

Ao sair do quarto, pensou em voltar, mas desistiu.

Em seguida, Maria entrou no quarto para auxiliar Dominique com suas roupas. Enquanto a ama abotoava o seu vestido, ela lhe fez um pedido inusitado:

– Ama Maria, vou lhe fazer um pedido muito importante. Se me acontecer algo de ruim durante o nascimento de meu filho, prometa-me que não abandonará Jean Pierre e que dedicará a ele o mesmo amor que teve por mim todos esses anos!

– Por que me faz esse pedido, menina Dômi? Não devia *brincá* com esse assunto!

– Eu não estou brincando, ama! Prometa-me, por favor!

– Prometo que ficarei com o *sinhozinho* até o dia da minha morte! Mais *num* vai *acontecê* nada de ruim com a *sinhazinha*. Fique tranquila. *Vô* estar ao seu lado, quando o seu filho nascer, segurando a sua mão, minha menina linda. Tenha fé em Deus e tudo dará certo...

Depois de longa conversa, ambas saíram do quarto. Maria foi para a cozinha e Dominique dirigiu-se ao jardim. Sentou-se, logo Jacinto se aproximou e se acomodou ao seu lado. Começaram a conversar...

Por determinação de Jean Pierre, Jacinto deixou de acompanhá-lo à cidade por conta da gravidez de Dominique. O pintor temia pela segurança e o bem-estar dela. Sentia-se mais tranquilo sabendo que Jacinto estaria presente se houvesse algum problema com a esposa.

Depois de algum tempo, Dominique disse:

– Jacinto, estou com desejo de comer bolo de coco. Por favor, peça para Ana preparar! Sinto até água na boca só de pensar em saborear o bolo de coco que Ana sabe preparar com tamanho primor!

– Deve ser delicioso! Vou pedir para a Ana preparar!

Assim que Jacinto se retirou, um dos escravos de Lady Marie, que aguardava escondido entre o arvoredo, aproximou-se do jardim da casa-grande e entregou o bilhete à Dominique.

Ela leu o bilhete e apavorou-se, empalideceu e começou a sentir calafrios. Não sabia exatamente qual atitude tomar, mas pensou em Jean Pierre, que saíra sem a proteção de Jacinto e resolveu seguir as instruções de Lady Marie.

Jaqueline estava ao seu lado e tentava influenciá-la, dizendo que não deveria ceder aos pedidos da moça. Mas Dominique estava tão nervosa que não conseguia sentir as vibrações de Jaqueline.

Alguns minutos depois, Jacinto voltou e disse:

— *Sinhá*, Ana já começou a preparar o bolo de coco!

— Jacinto, gostaria de lhe pedir outro favor. Vá agora mesmo até o pomar e colha algumas laranjas, por favor!

— O que houve, *sinhá*? Percebo que está apreensiva. Está sentindo náuseas por causa da gravidez?

— Jacinto, por favor, faça o que lhe pedi! Mais tarde vou lhe dar as devidas explicações.

Sem questionar, Jacinto obedeceu ao pedido de Dominique, pensando que se tratava de mais um desejo.

— Vou agora mesmo, *sinhá*! Se por acaso sentir-se mal, chame uma das mulheres que estão na cozinha! Voltarei o mais rápido possível!

Assim que Jacinto desapareceu entre a plantação, Dominique pegou uma das carroças e seguiu ao encontro de Lady Marie.

Quando Jacinto voltou com as laranjas, ela não estava mais no jardim. Ele a procurou na casa-grande e não a encontrou. Observou a falta de uma das carroças e, imediatamente, subiu em outra carroça, saindo em busca da patroa.

Lady Marie já estava à espera de Dominique quando ela se aproximou. Completamente transtornada, começou a fazer provocações:

– Oh! Estou surpreendida com sua presença! Você perdeu o medo, querida condessa?

– Eu nunca tive medo de você, Lady Marie! Diga de uma vez por todas o que quer! Por que me chamou?

– Foi neste lugar que conheceu Jean Pierre, Dominique?

– Sim. Mas não compreendi o seu desígnio. Por que escolheu esta cachoeira para o nosso encontro?

– Vou lhe responder, condessa. Porque no mesmo lugar que roubou o bem mais precioso que tive em toda a minha vida, você morrerá!

Dominique não teve tempo nem de se afastar.

Lady Marie, totalmente descontrolada, enfiou a faca em seu peito e a feriu no coração. Ela perdeu os sentidos e caiu. A assassina retirou a faca da condessa e olhou para o seu ventre, falando em voz alta:

– Agora é a sua vez! Vou tirar o seu direito de nascer e de ser filho de Jean Pierre!

Além da atrocidade que cometeu, Lady Marie reuniu suas forças para cometer mais uma crueldade. Enfiou a faca no ventre de Dominique com a intenção de ferir o feto. Depois, saiu correndo, entrou no mato e seguiu uma trilha que dava na estrada.

Encontrando a carroça na estrada, Jacinto pensou: a *sinhá* deve estar na cachoeira...

Quando Jean Pierre retornou à fazenda, Ana e Maria estavam chorando na sala. Ele assustou-se e perguntou:

– O que houve, Ana? Por que choram? Onde está Dominique?

– Não sei patrão, ela sumiu. A *sinhazinha tava* no jardim quando pediu *pro* Jacinto *colhê* laranja. Assim que ele *voltô*...

– Minha cabeça está doendo, sinto um pouco de tontura...

Maria, tentando acalmá-lo, pediu para que ele se sentasse e disse:

– Sente-se um pouco, *sinhozinho*, fique calmo. A menina Dômi deve ter ido *fazê* um passeio! Aguarde a volta de Jacinto...

Após tentar tranquilizar Jean Pierre, Maria caminhou até a cozinha para pegar um copo com água. Enquanto caminhava, pensava: "Sinto que a menina Dômi corre perigo, mas eu *num* posso *preocupá* o *sinhozinho*".

Jean Pierre tomou a água e levantou-se disposto a procurar a esposa. Pediu a Ana que mandasse chamar dois homens para acompanhá-lo. Em seguida, disse a Maria que estava muito apreensivo e que não esperaria o retorno de Jacinto.

O pintor estava se preparando para sair à procura de esposa quando Maria deu um grito e desmaiou na varanda. Ela avistou Jacinto caminhando em direção ao jardim e segurando o corpo de Dominique nos braços.

Jean Pierre desceu a escada depressa e foi ao encontro de Jacinto, que a colocou no chão toda ensanguentada. O patrão se debruçou em cima do corpo, chorando desesperado.

– Quem terá cometido tamanha crueldade com você, meu amor? Acorde-a, Jacinto, pelo amor de Deus! Não a deixe morrer, por favor!

– Sinto muito, *sinhozinho*, quando a encontrei já estava sem vida!

Jean Pierre deu um grito abraçado ao corpo de Dominique.

Em poucos minutos, todos os negros da fazenda se aproximaram e, entregues ao pranto, ajoelharam-se em volta do corpo daquela a quem eles tanto amavam e respeitavam.

Dominique, desesperada, olhava o seu corpo sem vida e dizia a Jean Pierre:

— Estou aqui, meu amor! Não morri, olhe *pra* mim! Será possível que ninguém consegue me ver nem me ouvir?

Ela se descontrolou e começou a pedir a Deus que lhe devolvesse a vida.

— Meu Deus do céu! Ajude-me, por favor! Devolva-me a vida, senhor!

Nesse momento surgiram dois espíritos em meio a uma luz intensa. Estela e Marcos se aproximaram de Dominique e Estela disse:

— Dominique, sou Estela e este é Marcos. Queremos ajudá-la! Venha conosco, vai se sentir melhor!

— Para onde querem me levar? Eu não sairei daqui! Vão embora!

— Tente se acalmar, querida. Estamos aqui para orientá-la. Podemos ajudá-la...

— Se desejam realmente ajudar-me, devolvam-me a vida!

— Nós não podemos lhe devolver a vida corpórea. Tem de aceitar a sua nova condição de vida e seguir conosco. Passará por um tratamento que acabará com suas dores e aliviará o seu sofrimento.

Estela pegou nas mãos de Dominique e insistiu:

— Peço-lhe que nos acompanhe. Se permanecer aqui, sofrerá ainda mais.

Dominique mudou completamente o seu semblante e respondeu:

— Eu não quero ir embora! Vou me vingar daquela maldita que me tirou a vida!

— Se deseja vingar-se de Lady Marie não podemos ajudá-la. Mas devo alertá-la de que a vingança não é um sentimento benéfico e pode lhe trazer várias consequências desagradáveis.

– Desejo ficar sozinha! Saiam da minha frente! Eu não sairei de perto de Jean Pierre! Ficarei com ele para sempre...

– Seu desejo será respeitado. Partiremos, mas voltaremos quando decidir melhorar a sua nova condição de vida.

Os dois se afastaram e desapareceram.

Jean Pierre abriu a mão direita de Dominique e achou o bilhete que ela amassou enquanto estava sendo atacada por Lady Marie.

– Jacinto, veja, um bilhete! Foi aquela maldita que tirou a vida de Dominique! Lady Marie não viverá mais nenhum dia, tirarei sua vida ainda hoje!

– Não permitirei que cometa um crime! Tem uma prova do assassinato da *sinhá* em suas mãos. Com esse bilhete, poderá acusar Lady Marie da autoria do crime!

Jacinto pegou o bilhete das mãos de Jean Pierre e levou-o para o delegado. Depois, passou na casa de Gerhard e deu a triste notícia ao amigo. Todos ficaram abismados e seguiram para a fazenda.

Maria acordou do desmaio e tomou um chá calmante, que Ana lhe serviu. Depois, aproximou-se do corpo de Dominique, que ainda permanecia no jardim da casa, alisou os seus cabelos, fechou os seus olhos e fez um pedido a Jean Pierre, dizendo que queria ajudar a banhar o corpo de Dominique com Idalina e Ana. Jean Pierre não teve forças físicas para levá-la para dentro da casa, então pediu aos empregados que o ajudassem.

Quando terminaram de higienizar o corpo, Maria vestiu Dominique pela última vez.

Quando Amaral descobriu que Lady Marie havia sido libertada por Milene, ficou desesperado, montou em seu cavalo e seguiu galopando em direção à fazenda de Jean Pierre. Avistou Lady Marie na estrada, correndo. Amaral parou o cavalo e perguntou o que havia acontecido. A moça, totalmente descontrolada, pediu ajuda ao pai:

— Papai, por favor! Ajude-me! Preciso fugir da cidade o mais rápido possível!

Amaral a acompanhou até sua casa. Ao entrarem, Lady Marie começou a revirar as gavetas procurando dinheiro.

— Papai, preciso de dinheiro! tenho de fugir da cidade ainda hoje!

— Tente se acalmar e me conte exatamente o que aconteceu!

— Cometi uma loucura, papai! Matei Dominique! Numa cachoeira, próxima à cidade...

— Como pôde cometer um crime, Lady Marie? Assassinou uma mulher grávida! Você não devia ter cometido tamanha crueldade!

Lady Marie começou a chorar e depositou toda a culpa do crime em Amaral:

— Você é o culpado! Em vez de tentar me acalmar, agrediu-me e encarcerou-me feito uma criminosa!

— Eu sei que tive culpa. Deveria ter tentado acalmá-la, quando me disse que mataria a condessa, mas me descontrolei diante de suas palavras. Perdoe-me, Lady Marie, não permitirei que seja aprisionada! Vou defendê-la com a minha própria vida se eu puder...

Amaral se sentiu tão culpado pelo crime, que resolveu assumir a culpa. O pai e a filha combinaram que Lady Marie negaria a participação caso a polícia a acusasse. E Amaral assumiria a culpa.

Passados alguns minutos, Lady Marie foi até seu quarto, pensou em tudo o que combinara com o pai e chegou a uma conclusão. Voltou para a cozinha, onde Amaral tomava um pouco de aguardente e, decididamente, disse:

— Papai, desista de ajudar-me! Resolvi fugir antes que a polícia me procure! Sou a única suspeita desse crime! Logo eles virão me interrogar. Tenho certeza de que você não terá a ousadia de ludibriar o delegado! Você é uma pessoa honesta, nunca teria coragem de cometer um crime, consequentemente, cairá em contradição durante o depoimento! Prefiro fugir!

— Então fugirei com você, minha filha! Não permitirei que fuja sozinha!

— Não me acompanhe, papai! Fique com Milene e a proteja. Não posso envolver o senhor e a minha filha na minha fuga, seria muito arriscado. Partirei agora mesmo! Papai, cuide de Milene e a proteja, por favor!

Em poucos minutos, Lady Marie já estava preparada para sair da cidade. Subiu numa carroça com um escravo. Quando estava se despedindo de Milene, que chorava sem entender a partida inesperada de sua mãe, os policiais se aproximaram e o delegado perguntou:

— Está de partida, Lady Marie?

Desesperando-se, e sem dizer nenhuma palavra, ela exigiu que o escravo conduzisse a carroça rapidamente. Os guardas seguiram a carroça, e o chefe da polícia exigiu que o escravo arriasse os cavalos. Em meio à atitude de Lady Marie, ela praticamente confessou que estava fugindo e foi levada à delegacia.

Durante o percurso, antes de ser interrogada, Lady Marie jurava ser inocente e dizia a todo instante que não era culpada pelo assassinato da condessa. Imediatamente, o delegado percebeu que estava diante da assassina, pois em nenhum momento ele havia citado a morte de Dominique.

Ao chegar à delegacia, Lady Marie começou a prestar o seu depoimento. O delegado mostrou-lhe o bilhete e perguntou se fora escrito por ela. Lady Marie confirmou. Quando questionada se estivera com a condessa no local do crime, ela disse que não compareceu ao encontro. Entre várias contradições, não conseguiu explicar como e quem lhe dera a notícia da morte de Dominique; por que estava fugindo da cidade; que mal ela faria a Jean Pierre... Diante das evidências, e por ter cometido desacato à autoridade, Lady Marie recebeu voz de prisão. Mas continuou afirmando sua inocência.

Quase todos os habitantes da cidade compareceram ao velório para prestar as últimas homenagens à condessa Dominique. Às dezoito horas, os sinos da fazenda começaram a tocar. Todos estavam inconformados, e muitos se emocionaram ao ver Jean Pierre abraçado ao caixão.

Dominique assistia ao seu próprio velório e sofria ao ver o sofrimento daqueles a quem amava. Em determinado momento, Jaqueline se aproximou de Jean Pierre e olhou nos olhos de Dominique. Ela percebeu que Jaqueline conseguia vê-la. Então perguntou:

– Consegue me ver? Quem é você?

– Sim, Dominique, posso vê-la. Também vivo em espírito. Meu nome é Jaqueline. Fui mãe de Jean em minha última encarnação.

Dominique se emocionou. Ela sempre ouvira Jean Pierre recordar de sua mãe com muito carinho.

– Sinto muito em conhecê-la num vale de lágrimas. Gostaria muito de ter convivido com você, Jaqueline. Jean Pierre tem por você um sentimento sublime e, neste momento, posso compreendê-lo melhor, pois a sua presença me fez bem. Sinto-me um pouco aliviada, embora ainda esteja sofrendo muito.

– Ouça-me, Dominique, não posso permanecer muito tempo aqui. Terei de partir em alguns minutos, mas antes gostaria de pedir-lhe que se afaste desta fazenda! Não pode permanecer ao lado de Jean Pierre. Clame a ajuda de Deus, nosso Pai, e a sua alma encontrará abrigo.

— Eu não quero ajuda de Deus! Ele não me salvou das garras daquela maldita! E enquanto eu não me vingar, não sairei daqui!

— Por favor, minha querida, não se deixe levar pelo sentimento da vingança. Agindo desse modo, só conseguirá piorar a situação de todos, inclusive de Jean Pierre. Sinto muito, Dominique, mas não tenho mais tempo. Terei de partir. Prometo voltar para tentar ajudá-la, minha querida. Tome muito cuidado e não se revolte contra Deus, que está isento de qualquer culpa em relação às tragédias que ocorrem em nossa vida. Deus é amor, é vida, é paz e felicidade. Adeus.

Dominique estava tão amedrontada com a sua nova condição de vida que nem percebeu a ausência de seu filho. Mas quando colocou a mão na barriga, disse:

— Aquela maldita matou meu filho também! Onde está meu filho? Preciso vê-lo, por favor, Jaqueline, diga-me antes de partir!

— Seu filho está bem, não se preocupe. Ele está se recuperando do desencarne prematuro, do qual foi vítima. Está recebendo o tratamento necessário para sua completa recuperação.

Jaqueline desapareceu, deixando Dominique mais tranquila em relação ao filho.

Durante a madrugada, Gerhard conseguiu convencer Jean Pierre a descansar no sofá de seu *ateliê*. Ele deitou-se e fixou seus olhos no último esboço que havia começado a traçar, no dia anterior, àquela tragédia. Pensou em desistir da arte, devido à desgraça que estava vivendo.

Lembrou-se da triste despedida de seu pai antes de ele ser isolado no hospital, onde ficou internado devido à doença contagiosa que havia contraído. Na ocasião, Claude, olhando fixamente para os olhos do filho, balbuciou algumas palavras com muita dificuldade: "Jean Pierre, meu filho querido, não se entregue à lamúria devido à saudade que sentirá de sua mãe e de mim. Reaja! Procure forças na sua alma de artista. E prometa-me que nunca vai deixar de pintar suas lindas telas. Guarde esta frase em seu coração: 'A arte é o alimento da alma do artista, e, se porventura, ele abandonar a sua arte, sua alma morrerá de fome'. Portanto, não deixe de alimentar sua alma com o talento maravilhoso que existe em seu ser. Realize o seu sonho. Viaje para o Brasil. Procure o meu amigo Gerhard e permaneça por algum tempo em sua casa...".

Recordando os conselhos do pai, o pintor dormiu por duas horas. Depois acordou e voltou para a sala, onde o corpo de sua esposa estava sendo velado.

Dominique o acompanhava por toda a parte da casa. De repente, deparou com alguém muito conhecido diante de seu caixão. Aproximou-se e disse em voz alta:

– Dom Aurélio! O que faz aqui?

– Dominique! Estou impressionado! Não imaginava encontrá-la na mesma condição de vida na qual me encontro!

Aurélio aproximou-se de seu ouvido e disse num tom sarcástico:

– Estou muito satisfeito com a sua morte, Dominique!

E, passando a olhar fixamente nos olhos de Dominique, ele aumentou o tom de voz e falou com altivez:

– Por sua causa eu me suicidei! Coloquei um fim na minha vida corpórea!

Dominique clamou por sua piedade:

– Por favor, dom Aurélio, tenha piedade de mim! Não se altere comigo. Não tenho ânimo para debater os motivos que o levaram ao suicídio. Sinto muita dor no peito e estou muito debilitada. Preciso de ajuda, mas antes reunirei minhas forças para me vingar daquela maldita que me tirou a vida.

Aurélio se sensibilizou com o sofrimento de Dominique. Calou-se e novamente ouviu o seu pedido de perdão:

— Perdoe-me, dom Aurélio, pelo sofrimento que lhe causei. Sofri muito quando soube que tinha cometido o suicídio. Nunca imaginei que pudesse atentar contra a sua própria vida. Você sempre foi tão altivo e vaidoso, jamais pensei que tivesse coragem de cometer o suicídio. Sinto muito por não ter retribuído o amor que nutria por mim.

— Vou lhe perdoar se você me prometer que ficaremos juntos a partir deste momento! E que esquecerá todo o amor que sente por Jean Pierre!

— É impossível prometer-lhe que ficarei ao seu lado. Desconheço o meu futuro e não sei que rumo minha vida vai seguir daqui por diante. Estou completamente perdida com a minha triste realidade. O que posso lhe afirmar, com certeza absoluta, é que jamais conseguirei esquecer o amor que sinto por Jean Pierre.

Aurélio se enfureceu, mas se controlou diante da amargura de sua amada. Ele estava numa situação privilegiada, pois já conhecia a vida espiritual e seus perigos. Desejava ficar ao lado de Dominique e resolveu aguçar a sua sede de vingança, dirigindo-se a ela de maneira mais agradável.

— Esqueçamos a minha exigência. Creio que não estamos no momento adequado para nos desentendermos. Não pretendo ofendê-la nem magoá-la. Diga-me, quem lhe tirou a vida corpórea, minha querida?

— Foi uma mulher que nunca aceitou a minha união com Jean Pierre. É conhecida como Lady Marie. Eu a odeio e vou destruí-la!

— Tem toda a razão de almejar a destruição daquela que lhe tirou a vida, Dominique! Você deve vingar-se de Lady Marie! E eu vou ajudá-la!

– Obrigada por sua compreensão, dom Aurélio.

Ele, satisfeito, sorriu. Estava decidido a ajudá-la para permanecer ao seu lado e conquistar o seu amor.

No dia seguinte, o corpo de Dominique foi sepultado na fazenda por vontade de Jean Pierre.

Gerhard e seus filhos resolveram se hospedar na fazenda por mais uma semana. A família de Gerhard não quis se afastar de Jean Pierre naquele momento tão delicado que o pintor estava vivendo.

Depois de uma semana, Gerhard não conseguiu se despedir de Jean Pierre e pediu que Catherine o acompanhasse até a biblioteca de Jean Pierre.

– Catherine, eu não posso voltar para a cidade e preciso de sua ajuda. Gostaria de saber se é possível reabrir o armazém com a ajuda de Joaquim, seu esposo, para que eu possa permanecer por mais algum tempo aqui na fazenda. Não tenho coragem de partir e deixar Jean Pierre. Preciso apoiá-lo, fazer-lhe companhia e, além do mais, tenho muita estima por ele, que é filho de Claude, o melhor amigo que tive em toda a minha vida...

– Entendo perfeitamente os seus motivos, papai. Tem todo o meu apoio para permanecer ao lado de Jean Pierre. Farei o possível para ajudá-lo. Quanto a Joaquim, tenho certeza de que ele vai me auxiliar no armazém. Permaneça aqui na fazenda o tempo que julgar necessário. Jean Pierre precisa do apoio de nossa família e de todos os amigos que estão à sua volta...

Ao retornarem à sala de visitas, Gerhard conversou com Jean Pierre:

– Ouça-me, Jean Pierre. Conversei com Catherine e resolvi permanecer aqui na fazenda. Gostaria de lhe fazer companhia, se não for incomodá-lo.

Jean Pierre continuou calado, e Gerhard falou um pouco mais emocionado:

— Tenho muita estima por você, Jean Pierre! Considero-o como um filho. Tenho certeza de que seu pai ficaria ao seu lado o tempo que perdurasse o seu luto.

Jean Pierre se emocionou com palavras de Gerhard. Fixou os seus olhos na figura do amigo e agradeceu:

— Obrigado pelo seu apoio, meu amigo Gerhard. Também trago comigo muito apreço por sua amizade. No dia em que cheguei aqui nesta cidade, fui presenteado com uma nova família. Recebeu-me em sua casa da mesma maneira que receberia um dos seus familiares, e não como um amigo que havia tempos não via. Agradeço a sua companhia de todo o meu coração e lamento não poder recebê-lo em minha casa com a mesma alegria de outrora.

Gerhard o abraçou e permaneceu por muito tempo na casa de Jean Pierre.

O estado depressivo de Jean Pierre piorava a cada dia por causa da presença de Dominique e Aurélio, que permaneciam na fazenda.

Dominique não tinha conhecimento de como ajudar Jean Pierre. Ela se desesperava com o seu sofrimento. Chorava, andava pela casa e abraçava Maria. Aurélio observava o seu sofrimento e sempre dizia a ela que deveriam partir dali, porém ela não aceitava seus conselhos.

Certo dia, Aurélio estava sentado na janela da sala de visitas e Dominique estava abraçada ao pintor.

— Estou cansado de ouvir suas lamentações, Dominique! Tem de cessar o seu pranto!

Percebendo que ela não esboçou reação, ele se acalmou, aproximou-se e explicou pacientemente:

– Ouça-me, Dominique, se permanecer aqui chorando e sofrendo, aumentará ainda mais o sofrimento de Jean Pierre. Sua presença torna o estado emocional dele pior. Nós estamos sugando toda sua energia vital. Precisamos nos ausentar para que ele se restabeleça... Não quer ir até a prisão infernizar a vida de Lady Marie? Você me disse que ansiava por vingança. Está na hora de começar a se vingar.

– Tem razão, dom Aurélio! Jaqueline me aconselhou a ficar longe de Jean Pierre para que ele não sofresse. Mas não gostaria de deixá-lo sozinho, queria permanecer ao seu lado.

Aurélio queria convencê-la de partir da fazenda, ainda nutria a esperança de que a separação do casal traria uma oportunidade para que ele conquistasse o amor de Dominique.

– Ele não está sozinho! Gerhard e seus amigos lhe estão fazendo companhia. Retornaremos em breve para vê-lo.

Aurélio estendeu a mão para Dominique e disse:

– Venha comigo, minha querida. Vou ajudá-la a destruir aquela que lhe causou tanto sofrimento...

Dominique aceitou a ajuda e ambos seguiram para a prisão. Entraram no cárcere de Lady Marie e iniciaram as torturas psicológicas por meio de suas obsessões, aumentando a sua demência.

Os espíritos obsessores sugam a energia vital dos encarnados, desencadeando o aparecimento de algumas enfermidades. Depois de alguns dias, Dominique queria voltar para a fazenda para rever o pintor e sua ama. Aurélio concordou, muito insatisfeito.

Ambos passavam a maior parte do tempo na prisão, onde Lady Marie estava, mas retornavam, às vezes, para a fazenda, onde ficavam por alguns dias.

***

Passaram-se alguns meses. Jacinto e Gerhard conversavam no jardim quando um homem, montado a cavalo, aproximou-se:

– Onde está a sepultura de minha filha? – perguntou o conde Molina. Gerhard se aproximou e o cumprimentou:

– Bom dia, sr. conde Molina! Devo lhe dar as minhas condolências pela morte de sua filha, a quem eu muito estimava. Acompanhe-me, vou levá-lo até a sepultura da condessa.

Gerhard seguiu com o conde, que caminhava calado, com passos firmes e semblante amargurado. Quando chegaram ao local, o conde perdeu a postura altiva e se desmanchou em lágrimas e sussurros. Ajoelhou-se, começou a chorar e a dizer:

– Meu amor, minha pequena! O que fizeram com você, minha filha? Prometo-lhe que aquela assassina pagará com a própria vida o mal que lhe fez...

O conde acariciava as flores plantadas na sepultura, como se estivesse tocando a própria filha, sem perceber que ela estava emocionada ao seu lado. Ela dizia:

– Como sinto sua falta, papai! Estou tão próxima de você e não consegue perceber...

Jacinto trouxe uma cadeira para que o conde pudesse descansar. O homem sentou-se diante da sepultura, calou-se e entregou-se ao pranto. Gerhard e Jacinto também silenciaram em respeito à dor que conde Molina estava vivenciando.

Depois de quase meia hora de profundo silêncio, o homem se levantou e disse:

– Desejo conversar com Jean Pierre.

Gerhard tinha conhecimento do relacionamento conturbado que sempre houvera entre o conde e Jean Pierre. Assim, tentando poupar o pintor de possíveis aborrecimentos, alertou o conde a respeito de seu estado físico e emocional:

– Senhor conde, Jean Pierre encontra-se em estado lastimável. Não se alimenta corretamente, está com insônia e não consegue cessar suas lágrimas. Ele não se conforma com a morte da condessa. Estamos muito preocupados. Ele está muito consumido pelo sofrimento e nós estamos em completa vigília. Tememos que venha a cometer o suicídio. Peço ao senhor que não o culpe pelo que aconteceu com sua filha...

– Desejo conversar com Jean Pierre! Não estou interessado no estado deprimente de meu genro. E, além disso, ninguém neste mundo padece a morte de minha filha mais do que eu e minha esposa!

– Está bem, vamos até a casa-grande.

Enquanto caminhava, Gerhard comentou:

– Eu compreendo a sua dor, meu caro conde Molina. Mas creio que não deveria julgar os valores de sentimentos. Todos nós estamos sofrendo com a morte de sua filha.

– Perdeu algum filho ao longo de sua vida, sr. Gerhard?

– Nunca perdi nenhum filho. Graças a Deus, meus dois filhos estão vivos e saudáveis. Desculpe-me se fui inconveniente com o senhor, não quis ofendê-lo. Na verdade, estou temeroso de que sua visita cause alguns transtornos.

– Fique tranquilo, sr. Gerhard. Prometo não aborrecer o seu amigo.

Ao chegar à sala de visitas, o conde deparou com o drama que lhe havia sido descrito por Gerhard.

Jean Pierre estava mais magro, barbado, cabelos despenteados e possuía uma palidez que atemorizava a todos que o visitavam. Sentado inerte diante do quadro de Dominique, com os olhos fixos na pintura, mergulhado em seus pensamentos, o pintor nem percebeu a presença do conde, que se emocionou e, em vez de iniciar uma desavença, resolveu abrir o coração. Após alguns minutos, quebrou o silêncio:

— Perdoe-me por tirá-lo de seus pensamentos, Jean Pierre!

Olharam-se por um instante, depois Jean Pierre voltou o seu olhar para o quadro.

Dominique e Aurélio ouviam atentamente as palavras do conde.

Gerhard ofereceu uma cadeira para ele, que se sentou e continuou a dizer:

— Como entender a vida? Há um mês planejei uma viagem até aqui na intenção de dizer à Dominique o quanto a amava e como me arrependi de tê-la prometido à dom Aurélio. Ela era uma criança, tinha apenas cinco anos de idade. Eu e dom Hélder reunimos nossa família e concretizamos o noivado de nossos filhos. As duas crianças corriam pelo jardim de minha casa, ambos com duas coroas de flores na cabeça e duas alianças que trocaram diante de todos os convidados, sem entenderem o significado daquele compromisso assumido em plena infância. Como pude selar um compromisso com dom Hélder sem ao menos permitir que as duas crianças crescessem e se tornassem adultas? Minha filha tinha razão quando dizia que os nobres deveriam ter o direito de escolher seus noivos e noivas antes de se unirem numa cerimônia. Hoje tenho absoluta certeza de que Dominique não teria sido feliz ao lado de dom Aurélio. E que os dez anos que viveu com você foram os anos mais felizes de toda a sua vida.

As lágrimas do conde começaram a cair e Ana ofereceu-lhe um refresco. Enquanto ele ingeria a bebida, Aurélio resmungou:

— Como o conde Molina me surpreende com seu discurso infeliz. Quanta falsidade! Ele nunca simpatizou com Jean Pierre, sempre lamentou o nosso desenlace, e agora fez esse discurso enaltecendo a sua união com o pintor!

O conde enxugou suas lágrimas e continuou o discurso:

– Preciso dizer-lhe, Jean Pierre, que não o culpo de forma alguma pela tragédia. Lutarei para que a justiça seja feita, custe o que custar!

Percebendo que Jean Pierre não pronunciava nenhuma palavra, ele resolveu partir. Levantou-se e se despediu:

– Adeus, Jean Pierre! Seguirei para São Paulo sem nenhum ressentimento pelas incontáveis desavenças que tivemos no passado.

Jean Pierre voltou a olhar para o conde e lhe estendeu a mão.

A visita do conde Molina ocasionou um descontrole emocional em Aurélio. Ele estava cansado e não queria mais continuar assistindo ao sofrimento de Dominique. Assim, iniciou uma discussão:

– Estou cansado de ficar ao seu lado! Não suporto mais vê-la sofrer por esse maldito pintor!

– Como ousa ofender Jean Pierre? Você permaneceu ao meu lado porque queria ajudar-me na vingança contra Lady Marie. Eu não pedi para que vivesse grudado em mim! Estou farta de seu olhar irônico e de seu sarcasmo!

– Almejo ajudá-la a se vingar de sua assassina, mas não suporto mais suas lamentações, seu sofrimento, suas preocupações... Você se tornou uma companhia desagradável! Prefiro voltar para minha casa! Se caso resolver acabar com seu pranto, procure-me.

– Vá embora daqui, dom Aurélio! Eu não suporto mais a sua presença! Nunca suportei! Não preciso de sua ajuda! E nunca mais permitirei que ofenda Jean Pierre!

– Partirei! Fique com o seu desprezível amor, minha querida Dominique!

Jean Pierre sentiu-se mal durante o desentendimento de Dominique e Aurélio. Ele sentia vontade de sair da sala, sentia falta de ar, dores na coluna vertebral e tonturas. Pediu para Gerhard ajudá-lo a retornar ao quarto para descansar um pouco.

Dominique seguiu para a prisão, onde permaneceu por algum tempo.

A prisioneira sentia-se mal, não se alimentava corretamente, tinha calafrios e tonturas. Pensava que estava enlouquecendo, pois ouvia perfeitamente a voz de Dominique dentro de sua cela.

Havia alguns espíritos malfeitores na prisão, que se divertiam com o pavor dela. Dominique também era vítima da amargura causada por sua vingança. Sentia dores no peito constantemente.

O silêncio reinava na prisão quando Dominique se aproximou de Lady Marie, que estava adormecendo, e começou uma tortura psicológica:

– Se continuar vivendo nesta prisão, morrerá! Você tem de se libertar deste lugar!

Completamente apavorada, a prisioneira começou a falar em voz alta:

– Saia daqui, Dominique! Vá embora, por favor! Deixe-me em paz! Guardas! Por favor, ajudem-me!

Os guardas estavam completamente irritados com a balbúrdia causada pela prisioneira. Seguiram até a cela para fazer a averiguação e, ao se aproximarem, encontraram Lady Marie completamente transtornada. Afonso perguntou um tanto apreensivo:

– O que houve, Lady Marie? Por que está gritando dessa maneira?

– Precisam me ajudar a sair daqui! Vou enlouquecer se continuar presa! Dominique está ao meu lado! Não suporto ouvi-la! Ela me ameaça constantemente!

Afonso respondeu contrariado:

– Essa voz é a sua consciência cobrando-a pelo mal que cometeu! Cale-se, Lady Marie! Tente adormecer! Posso lhe afirmar com toda a certeza que não há ninguém nesta cela além de você!

A prisão de Lady Marie tornou-se um pesadelo real. Ela não tinha paz em nenhum momento.

– Passados alguns meses, Jean Pierre não queria mais viver, não se alimentava corretamente e ficava a maior parte do tempo trancado em seu quarto. Não recebia visitas e não conversava com ninguém.

Gerhard continuou morando na fazenda e teve de assumir os negócios de Jean Pierre com a ajuda de Jacinto.

Maria resolveu conversar com Jean Pierre. Bateu à porta de seu quarto com uma bandeja que continha o almoço e um copo com refresco. O pintor pediu que ela entrasse e deixasse a bandeja em cima da cama. Contudo, ela retrucou suas ordens:

– Sinto muito, *sinhozinho*. Mas não *vô dexá* a bandeja em cima da cama *pra* comida *esfriá*!

Maria o ajudou a sentar-se para almoçar e colocou a bandeja sobre suas pernas. Ele comeu algumas colheradas da sopa e Maria falou:

– Olhe *pra* mim, *sinhozinho*! Sei que é difícil *continuá* a vida sem a presença da menina Dômi. Mas a vida continua *pra nóis* dois e eu tenho de *cumpri* a promessa que fiz antes *dela morrê*.

– Ama Maria, que promessa fez à Dominique?

– Sabe, *sinhozinho*, a menina Dômi sentiu que *tava* chegando a sua hora de *morrê*. Naquela manhã, quando eu *tava* ajudando *ela* a se *vesti*, fez-me *prometê* que cuidaria do *sinhozinho* até o fim de minha vida, com a mesma dedicação que cuidei dela. A partir de hoje o *sinhozinho* vai se *alimentá* e *ficá* forte *pra comandá* esta fazenda e *cuidá* desse povo que tanto o ama! Infelizmente, o nosso sofrimento não vai *trazê* a menina Dômi de volta...

Algumas lágrimas caíram dos olhos de ambos.

— Tem razão, ama Maria. Tentarei me alimentar e me fortalecer. Preciso lhe dar mais atenção, pois você também sofre a perda de Dominique tanto quanto eu.

Ana entrou no quarto para pegar a bandeja. O pintor olhou para as duas mulheres, pegou em suas mãos e continuou:

— Vamos nos apoiar para tentar suportar essa dor.

Ana olhou nos olhos de Jean Pierre e disse:

— Tenho certeza de que Deus vai nos *ajudá* a superar nossa dor!

Jean Pierre balançou a cabeça afirmativamente e disse:

— O único desejo que tenho é que Lady Marie seja julgada e condenada à morte...

Os três continuaram conversando por longo tempo. Depois, o pintor adormeceu e Maria o cobriu. As duas se retiraram do quarto.

Naquele mesmo dia, Maria pediu para que Jacinto fosse buscar Marcos para que ele pudesse examinar Jean Pierre.

O médico chegou no fim da tarde.

— Dá licença, *sinhozinho*! Mandei chamar o dr. Marcos *pra* lhe *fazê* uma visita.

Marcos o cumprimentou e sentou-se ao seu lado. Conversaram durante algum tempo. Depois de examiná-lo, o médico se retirou, foi até a cozinha e disse para Maria que Jean Pierre precisava de algumas vitaminas, a fim de recuperar o peso corporal, e do apoio dos amigos, para melhorar seu estado emocional.

Amaral visitava a filha na prisão semanalmente. Em uma dessas visitas, os guardas abriram a grade e Amaral entrou, abraçou a filha e lamentou:

— Não me conformo em vê-la encarcerada, minha querida. Você se colocou em uma prisão por causa de um homem que nunca a amou!

Lady Marie não deu importância às lamentações de Amaral. Aproximou-se de seu ouvido e disse em voz baixa:

— Papai, precisa livrar-me deste cárcere. Dominique quer acabar com a minha vida. A princípio só a ouvia, mas agora posso vê-la! Estou apavorada!

— Não posso acreditar no que acabo de ouvir! Você será julgada em alguns meses e poderá ser condenada à morte! E teme pelo espírito de Dominique? Não existe vida após a morte! Tire essas alucinações de sua mente e peça perdão a Deus pelo crime cometido!

De repente, ela deu um grito e agarrou-se ao pai.

— Socorro, papai! Ajude-me! Não me deixe sozinha, por favor!

Ao ver o desespero dela, Amaral começou a chorar. Aquela situação era insustentável. Ele não se conformava com a prisão da filha, sabia que dificilmente ela se livraria da condenação.

* * *

Jean Pierre, depois da conversa que teve com Maria e da visita de Marcos, começou a tomar os fortificantes receitados, aumentando seu peso e adquirindo melhoras no seu estado emocional. Não ficava mais isolado em seu quarto e participava de algumas conversas com Jacinto e Gerhard.

Dominique resolveu voltar à fazenda.

Jean Pierre estava sentado à mesa de jantar fazendo sua refeição quando Dominique se aproximou. Ele sentiu-se mal e começou a chorar. Ela se distanciou. Sua aparência não era a mesma de outrora, seus cabelos estavam despenteados, possuía uma palidez assustadora e trajava o mesmo vestido manchado de sangue que usava no dia de seu desencarne. Sentia dores no peito e tonturas.

Ouviu algumas vozes que a chamavam. Deparou com alguns espíritos prisioneiros, que haviam desencarnado na cadeia onde Lady Marie estava presa. Eles exigiam sua volta à prisão. Um deles disse em voz alta:

— O seu lugar é na prisão com Lady Marie! Estávamos nos divertindo com o sofrimento dela! Nós queremos vê-la morta! Viemos buscá-la para que prossiga com sua vingança!

— Estou cansada! Desejo ficar na minha casa por algum tempo! Depois, voltarei para a prisão!

— Você não possui mais casa! Está morta, Dominique! Vamos levá-la de volta!

Nesse momento, Aurélio regressou à fazenda e conseguiu tirá-la dali, sem que fosse aprisionada.

— Afastem-se de Dominique! Se não me obedecerem chamarei Jaqueline e Estela! Pedirei ajuda e elas levarão Dominique! E Lady Marie vai permanecer viva por muito tempo!

Os espíritos malfeitores afastaram-se. Almejavam que Lady Marie se suicidasse na prisão antes do julgamento, para que pudessem aprisionar sua alma.

Aurélio levou Dominique para a casa de dom Hélder. Dominique entrou em seu antigo quarto e percebeu que Aurélio falava em voz baixa:

— Tenha cuidado, eles não podem ser incomodados.

— A quem se refere, dom Aurélio?

– Existem alguns espíritos que vivem nesta casa e não querem ser incomodados. Mas fique tranquila, eles não circulam neste quarto, preferem permanecer em torno de minha família, causando desavenças e intrigas. Fui aprisionado durante alguns anos no umbral e até hoje aqueles que me encarceraram, perseguem-me. Eles sempre percorrem esta casa à minha procura para me torturar...

De repente, Aurélio sentiu uma forte dor de cabeça, deitou-se na cama de seu antigo quarto e reclamou:

– Minha cabeça está doendo! É por causa do tiro!

Dominique se aproximou, sentou-se ao seu lado e perguntou:

– Dom Aurélio, por que depois de tantos anos de sua morte ainda possui esse ferimento?

– O meu ferimento melhorou apenas um pouco quando fui levado ao umbral. Depois de algum tempo, fui resgatado por Jaqueline, que me levou a um posto de socorro, no qual recebi um tratamento mais eficaz, que o fez sarar completamente. Em seguida, fomos para uma colônia espiritual e lá recebi carinho e atenção de todos. No entanto, não aceitei aquela morada em que finalmente havia encontrado a paz e resolvi regressar. Após o meu regresso, as dores de cabeça recomeçaram e o ferimento se tornou visível novamente.

– E por que partiu da colônia espiritual onde encontrou a paz?

– Disse que me recusava a morar na colônia espiritual porque almejava viver com minha família. Mas, na verdade, regressei por sua causa. Queria estar ao seu lado. Precisava revê-la, mas havia prometido a Jaqueline, por quem terei eterna gratidão, que não regressaria à fazenda de Jean Pierre para não causar nenhuma desavença entre vocês. Entretanto, não suportei a saudade e não cumpri a promessa. Regressei à fazenda e percebi que havia uma multidão fúnebre no local. Curioso, entrei na casa-grande e avistei um caixão na sala de visitas. Quando me aproximei, constatei que velavam o seu corpo. Meus sentimentos se confundiram, entristeci-me, mas também fiquei feliz com a sua nova condição, pois sabia que poderia existir uma oportunidade de estar com você novamente.

– Perdoe-me, dom Aurélio. Sinto muito por ter-lhe causado tanto sofrimento! Sinto-me culpada por sua agonia. Peço que tente regressar para a colônia espiritual para que possa ser feliz e viver em paz. Não quero que continue sofrendo por mim.

– Tenho de reconhecer que fui o grande responsável por todo o meu sofrimento. Jamais deveria ter cometido o suicídio. Depreciei o amor de minha família e não dei importância à minha vida...

Minutos depois, ambos ficaram em silêncio, mergulhados em suas dores e pensamentos. Dominique sentia dores no peito e Aurélio padecia com sua cefaleia constante. Ela pensava: "Lutei tanto no passado para me livrar da presença de dom Aurélio e, no entanto, agora ele é minha única companhia, estamos compartilhando de nossos sofrimentos e de nossas tristezas...".

Dominique não percebia que ambos estavam sofrendo por não aceitarem a ajuda dos irmãos da espiritualidade. E que, movidos por suas paixões e pelo sentimento de vingança, recusaram a paz, a felicidade e o conforto ofertados por Deus, que acolhe e ampara a todos por possuir infinita bondade.

Permaneceram mais alguns dias na casa de dom Hélder. Dominique aprendeu várias lições sobre a vida espiritual com as explicações de Aurélio, que lhe contou sobre as experiências vividas após o seu desencarne.

Em determinado momento, ela fez um pedido a Aurélio:

– Ouça-me, Aurélio, gostaria que não participasse de minha vingança contra Lady Marie. Creio que não deve se envolver. Temo que seja prejudicado...

Assim, Dominique retornou sozinha à prisão. Transitava por ali e pela fazenda de Jean Pierre.

* * *

Chegou o dia do julgamento de Lady Marie. Estavam presentes Amaral, o conde Molina, Jacinto, Gerhard e seus filhos, entre outros nobres e fidalgos.

O advogado de Jean Pierre o representou durante o julgamento e alegou ao juiz que ele não tinha condições emocionais para se apresentar. O juiz aceitou a ausência e deu início ao julgamento.

A condessa Madeleine preferiu aguardar o resultado da sentença em sua casa.

Lady Marie estava completamente transtornada, mais magra e pálida. Entrou balançando a cabeça e sentou-se.

O juiz perguntou se a ré tinha algo a declarar antes de iniciar o julgamento. A prisioneira respondeu que sim. Dominique estava ao seu lado e exigia que a assassina confessasse o crime.

Dessa forma, o juiz pediu que ela iniciasse a declaração.

– Eu matei! Eu matei! Fui eu que matei a condessa! Eu acabei com a vida de Dominique e do filho que ela esperava! Sou uma assassina! Sou uma assassina...

Ao perceber que Lady Marie estava descontrolada, o juiz pediu para que ela se sentasse e interrompesse a confissão.

O advogado de defesa teve muita dificuldade para conter Lady Marie.

O juiz desconfiou que ela poderia ter sido orientada a dissimular uma demência inexistente, pois não constava no inquérito que ela sofria de alguma deficiência mental quando ocorreu o assassinato. Assim, passou a observá-la melhor.

Durante o julgamento, a prisioneira balançava a cabeça, tremia e sussurrava o tempo todo, sem ter ninguém ao seu lado. O juiz pediu diversas vezes para que ela permanecesse em silêncio. Como não foi atendido, pediu que Lady Marie se retirasse e retornasse ao recinto somente para ouvir a sentença.

Devido à confissão, o juiz dispensou os depoimentos das testemunhas de defesa, exceto de Amaral. Queria ouvi-lo sobre a versão dos fatos ocorridos no dia do crime. Além dele, somente as testemunhas de acusação foram ouvidas.

Antes de o juiz dar o veredicto, Lady Marie voltou à sala de audiência, onde permaneceu em pé, movendo-se de um lado para outro.

Foi condenada à pena de morte por duplo homicídio, pois a vítima já havia completado cinco meses de gestação.

O juiz ordenou que ela voltasse à prisão e aguardasse o período de noventa dias para que fosse executada a sentença. Ela seria enforcada em uma praça pública diante da população. Contudo, antes de ser encerrada a sessão do julgamento, Amaral se desesperou e começou a falar em voz alta:

– Não é possível. Não quero ver minha filha morrer antes de mim!

De repente, ele sentiu um mal-estar e desmaiou.

O juiz pediu que o socorressem e suspendeu a sessão por trinta minutos. O advogado de defesa pediu alguns minutos em particular com o juiz e foi atendido.

O advogado alegou que sua cliente não poderia ser executada pela lei da pena de morte por conta da sua demência, que era visível. O juiz tentou argumentar, entretanto, acabou concordando com o advogado e pediu para que voltassem para a sala de audiência, onde anulou a primeira sentença e ordenou que ela fosse internada num hospício para passar por uma avaliação psiquiátrica. Caso fosse constatada a insanidade mental, ela seria isenta da sentença de pena de morte.

Lady Marie ouvira as duas sentenças sem demonstrar nenhuma reação emocional. Não chorou, não gritou e não articulou nenhuma palavra a respeito das decisões. Apenas balançava o corpo de um lado para o outro e sussurrava palavras incompreensíveis.

Terminado o julgamento, foi retirada da sala de audiência.

Enquanto as pessoas caminhavam rumo à porta de saída, Amaral, muito abalado com o julgamento, começou a gritar:

– Eu sou o culpado por toda essa tragédia!

Gerhard se sensibilizou com o lamento dele e tentou consolá-lo:

– Tente se acalmar, Amaral! Você não deve se culpar pelos atos criminosos de sua filha.

Percebendo que Amaral precisava desabafar, Gerhard fez um sinal para que os filhos partissem sem a sua companhia e resolveu doar alguns minutos de seu tempo para ouvir o desabafo de um pai inconsolável. Gerhard pediu que Amaral se sentasse. O homem respirou profundamente e continuou falando:

– Eu cometi muitos erros, Gerhard. Nunca soube educar minha filha. Realizei todos os seus desejos e sempre a perdoei todas as vezes que me faltou com o respeito. Lady Marie foi muito autoritária e eu a cobria de mimos e carícias. Tudo o que presenciamos neste julgamento foi o resultado de uma péssima educação, e eu fui o responsável.

– Compreendo, Amaral, que tenha se equivocado ao educar sua filha, mas creio que não deve assumir toda a responsabilidade pelo crime cometido por Lady Marie. Tivemos conhecimento, por meio das averiguações feitas pela Justiça, que ela cometeu o assassinato conscientemente. Houve a confirmação de que sua filha não era uma demente quando cometeu o assassínio.

— Tive algumas atitudes irresponsáveis no dia do assassinato da condessa. Durante uma terrível discussão, Lady Marie me confidenciou que tinha a intenção de matar Dominique. Naquele momento, descontrolei-me e a agredi fisicamente, depois a encarcerei em seu quarto. Devia ter tentado me acalmar, ter conversado tranquilamente com ela. Creio que se tivesse tido paciência e um pouco mais de tolerância, eu a teria convencido a abandonar aquela ideia e ganharia tempo para alertar Jean Pierre sobre suas intenções.

Amaral parou de falar, enxugou algumas lágrimas que teimavam em cair, depois continuou:

— Logo após ter conhecimento do assassinato, continuei minha sucessão de erros. Orientei Lady Marie a negar o crime e me dispus a assumir a culpa, caso a polícia suspeitasse dela. Observe, meu caro Gerhard, como fui complacente com os desacertos de minha filha. Se acaso ela tivesse conseguido fugir no dia do crime, talvez hoje eu estivesse sendo julgado e condenado por um crime que nunca cometi. Faria tudo para ter a satisfação de vê-la liberta do cárcere no qual se encontra. Na verdade, sempre suspeitei que um dia ela pudesse cometer um atentado contra Dominique ou até mesmo contra Jean Pierre, pois nutria verdadeira obsessão pela separação do casal. Dizia que amava Jean Pierre e que Dominique não merecia estar vivendo ao lado dele. Por diversas vezes brigamos por causa desse ciúme que ela sentia, mas os meus conselhos nunca cessaram o amor doentio que minha filha sentia. Sei que não mereço sua atenção, pois estamos em lados opostos. Sou o pai da assassina da esposa de seu melhor amigo, mas peço o seu conselho, Gerhard, o que devo fazer com a minha vida?

– Ouça, Amaral, estamos vivendo momentos muito delicados. Jean Pierre está se recuperando lentamente da tragédia. Pediu para se ausentar do julgamento por conta de seu estado emocional... No entanto, devo confessar que lamento muito pelo seu sofrimento também. Creio que você foi vítima da perversidade de sua filha. Por meio de seus relatos, percebo que Lady Marie se aproveitou de seu amor incondicional de pai para satisfazer os seus desejos. Em minha opinião, você deveria dedicar sua atenção à sua neta e tentar ajudar a sua filha na medida do possível. Enfim, tudo o que está acontecendo na vida de Lady Marie são as consequências do crime que ela cometeu. Quanto ao julgamento, creio que sua filha conseguiu se livrar da pena de morte. Mas agora se inicia outro infortúnio, o cárcere da demência, onde se perde a analogia, a razão, a memória, o passado, enfim, o bem-estar.

Depois de alguns minutos, Gerhard se despediu e seguiu para sua casa.

**

Jacinto retornou à fazenda com o resultado do julgamento e relatou todos os detalhes a Jean Pierre.

O pintor ficou inconformado com a sentença e falou enfurecido:

– Estou certo de que Amaral forjou um desmaio para ganhar tempo! Seu advogado deve ter subornado o juiz enquanto conversavam em particular!

Jacinto se calou, não queria contrariar o patrão, mas não acreditava em suborno. Havia presenciado o estado lastimável no qual Lady Marie se encontrava.

Percebendo que Jacinto ficou calado, o pintor indagou:

— Você conseguiu se aproximar daquela infeliz? Deu para observar nitidamente se está realmente insana?

— Lady Marie se transformou num farrapo humano, emagreceu muito e está completamente transtornada. Teve de ser retirada do julgamento, porque não parava de falar um só minuto, além de se remexer o tempo todo. Quando o juiz pronunciou a sentença da pena de morte ela não esboçou nenhuma reação nem pronunciou nenhuma palavra. Apresentou uma postura abobalhada, totalmente diferente da conturbada personalidade de outrora. Todos esperavam que ela ficasse desesperada ao ouvir a condenação...

Mesmo depois de ouvir a narrativa de Jacinto a respeito do estado de Lady Marie, o pintor continuou desconfiado:

— Talvez o comportamento dela seja resultado de uma trama feita por seu advogado. Ele pode tê-la orientado e a aconselhado a não abdicar de sua postura insana. Creio que aquela maldita pode estar simulando demência para se livrar da forca!

— Suas suspeitas poderão ser confirmadas nos próximos dias por meio dos exames que serão realizados no hospício para o qual ela foi levada. Creio que o *sinhozinho* deveria se informar com os médicos a respeito da saúde mental de Lady Marie para ter absoluta certeza de sua demência.

— Tem toda a razão, Jacinto. Vou procurar esse hospício e descobrirei a verdade.

Na esperança de ver o patrão melhorar daquela depressão que o consumia, Jacinto passou-lhe um recado do advogado e aproveitou para lhe dar um conselho.

— O dr. Fernando pediu para lhe dizer que o juiz solicitou a sua presença na cidade para assinar os papéis da sentença.

Aproveite, *sinhozinho*, e converse com o juiz para colher mais informações e acabar com suas dúvidas.

— Ainda hoje tentarei conversar com o juiz e agradecer-lhe pela gentileza em resguardar-me da desagradável presença de Lady Marie...

Jean Pierre estava se preparando para ir à cidade quando soube que seu advogado o aguardava na sala de visitas. O pintor foi recebê-lo e pediu para que Jacinto participasse da conversa.

— Jacinto relatou-me os fatos e confesso que me deixaram amargurado. Pensei que aquela assassina receberia a sentença de pena de morte como havíamos cogitado. Diga-me, dr. Fernando, quais são as suas explicações para essa segunda sentença?

— Resolvi vir pessoalmente para explicar-lhe a segunda sentença. Na primeira sentença, Lady Marie foi condenada à pena de morte, mas o advogado de defesa alegou sua insanidade mental, que, aparentemente, foi constatada por todas as pessoas presentes. Mas ainda falta a avaliação mais importante, que é a de um profissional da área da saúde mental. Caso seja confirmada a demência, ela terá de ser tratada num manicômio. O tempo exato desse tratamento eu não posso avaliar, talvez permaneça no hospício até que se finde sua vida...

— Tenho uma dúvida. Será que não existe uma trama entre Amaral e seu advogado para libertar Lady Marie? Pensei até em suborno, talvez eles tenham ganhado tempo com o desmaio de Amaral e, nesse intervalo, o advogado tenha aproveitado para subornar o juiz...

— Eu descarto totalmente a tentativa de suborno, sr. Jean Pierre. Devo orientá-lo que diante da demência todos os juízes são proibidos por lei a condenar o réu à sentença de pena de morte. E, além de todas as provas que temos a nosso favor, o conde Molina é amigo de longa data do juiz responsável pelo julgamento, que é um profissional honrado e de extrema competência. Ele não iria se envolver em um escândalo...

Jean Pierre tranquilizou-se depois de ouvir a opinião do advogado.

No dia seguinte, Jean Pierre estava perdido em seus pensamentos quando Maria entrou na sala e disse:

— Peço a sua licença para lhe pedir um favor.

— Fique à vontade, ama Maria. Peça-me o que desejar.

— Queria que o *sinhô*, mandasse *construí* uma capela na fazenda *pra nóis podê rezá* pela menina Dômi. Estão dizendo na cidade que Lady Marie *ficô* louca, porque *vê* o espírito de Dômi na cadeia.

Dominique estava ao lado de Jean Pierre e se emocionou. Ele respondeu impaciente:

— Lamento que acredita em conversas absurdas, ama Maria! Não deveria dar ouvido a certos intriguistas que vivem na cidade!

— *Sinhozinho*, por favor, não se aborreça com o meu pedido! Desculpe contrariá-lo, mas acredito que quando uma pessoa morre, a alma continua vivendo. E do modo que a menina Dômi morreu, creio que sua alma precisa de prece.

— Fique tranquila, ama Maria, mandarei construir a capela como é de sua vontade. Jamais iria negar-lhe um pedido. Mas custa-me acreditar que a alma de Dômi esteja assombrando Lady Marie...

— Agradeço-lhe de todo o meu coração. Sabia que o *sinhozinho* não iria me negar esse pedido.

Maria se retirou da sala, deixando-o a sós com seus pensamentos.

Passados alguns minutos, Jacinto entrou na sala e lhe fez um convite.

– Boa tarde, *sinhozinho*! Estava caminhando pela casa-grande quando me lembrei que há tempos não lhe faço companhia para ver o pôr do sol. Resolvi convidá-lo. Acompanha-me até a varanda?

Jacinto fez Jean Pierre lembrar-se de um hábito que ele havia abandonado. Levantando-se, seguiu até a varanda acompanhado de Jacinto. Ambos se sentaram e Jean Pierre ficou olhando aquela paisagem que tanto apreciava. As vozes das crianças que brincavam no jardim fê-lo lembrar-se de Dominique.

Algumas lágrimas caíram despercebidas e o pintor comentou com o amigo:

– Custa-me acreditar que Dominique não está entre nós. Tudo o que há em minha volta traz a lembrança da figura de minha amada esposa. Ao observar as crianças brincando no jardim, recordo-me do tempo em que ela costumava ler histórias, cercada pelas crianças da fazenda. Não demorou muito tempo para aguçar a sua vontade de lecionar, de trazer o conhecimento da leitura a cada infante que a ouvia...

Após as lembranças, ele se dirigiu, na companhia de Jacinto, até a sepultura de Dominique, e ambos ficaram sentados ali, até o anoitecer.

Jean Pierre havia abandonado um dos seus maiores prazeres: a pintura. Depois da passagem de Dominique ele perdeu completamente a sua inspiração. Entrava no seu *ateliê*, olhava suas tintas, seus pincéis, o seu cavalete e alguns quadros que ali estavam expostos e perguntava a si mesmo: "Como voltar a pintar se Dominique não está mais aqui para dar-me suas valiosas opiniões?".

Todas as vezes que ele terminava uma tela, fazia questão de apresentá-la a Dominique, que sempre soube avaliá-las de maneira inteligente, pois tivera a oportunidade de apreciar obras de grandes mestres da pintura durante suas viagens à Europa. Tinha um vasto conhecimento de arte e literatura.

**

A demência de Lady Marie foi constatada pelos psiquiatras onde ela foi internada.

O resultado do julgamento deixou Dominique mais revoltada. Ela desejava que Lady Marie terminasse os seus dias enforcada, mas, devido à loucura, o juiz a isentou de pagar sua pena com a própria vida e determinou que passasse os seus dias no hospício por tempo indeterminado.

Dominique estava sentada na sala, ao lado de Jean Pierre, quando Jaqueline se aproximou e a cumprimentou:

– Olá, Dominique. Posso lhe fazer companhia?

Dominique se sentia muito envergonhada com a presença de Jaqueline, que sempre costumava visitá-la para tentar convencê-la a partir.

– Olá, Jaqueline! Assustei-me com sua presença.

– Como se sente, Dominique?

– Sinto-me muito mal! Estou cansada de tentar me vingar daquela demente! Às vezes, desespero-me tentando entender por que aquela infeliz conseguiu acabar com a minha vida...

– Tente se acalmar, minha querida. Lembre-se de que o amor de Jean Pierre pertence a você. Ele sente suas vibrações e sofre com o seu desespero.

– Por esse motivo, hei de destruí-la. Não suporto vê-lo sofrendo. Ele também deseja que a justiça seja feita! Que aquela maldita morra!

– Dominique, compreenda, por favor, Lady Marie, vai pagar por seus erros, e creio que já está pagando. Nunca mais teve um momento de paz e tranquilidade. Peço-lhe que desista de sua vingança. Você já percebeu que sua tentativa de levá-la à força desabou diante da demência causada por sua obsessão? Deixe-a em paz e não a atormente mais. Procure pensar na sua vida, que é contínua. Precisa se recuperar, viver tranquilamente...

– Nunca mais conseguirei viver tranquilamente sabendo que Jean Pierre está sofrendo minha ausência. Como poderei deixá-lo sozinho aqui?

– Jean Pierre não está sozinho. Tem a companhia de seus amigos e de sua ama.

Percebendo que Dominique se calou, Jaqueline se despediu:

– Adeus, Dominique. Preciso partir, não posso permanecer por muito tempo.

– Jaqueline! Antes de partir responda-me: um dia verei o rosto de meu filho que trazia em meu ventre e que já amava antes de conhecer?

– Sim, quando se arrepender da vingança que a consome cada dia que passa.

Jaqueline beijou a face de Jean Pierre e desapareceu.

Na fazenda da Bahia, a notícia da morte de Dominique causou muita dor a todos os negros. Samuel ficou inconformado, pois tinha muita afeição por ela. Lembrou-se das aulas que ela dava na fazenda e de sua própria alfabetização, que só se realizou graças à boa vontade da condessa.

Romeu sempre visitava Jean Pierre. Numa dessas visitas, o pintor se surpreendeu quando soube que o amigo havia sido deserdado. Envolvido com a causa abolicionista, Romeu se desentendeu com a família escravocrata e foi obrigado por determinação de seu pai a se mudar da casa em que morava com sua esposa.

Jean Pierre pediu que Romeu, a esposa e os filhos se mudassem para a sede da fazenda na Bahia, onde poderiam permanecer o tempo que desejassem.

Romeu ficou feliz com o apoio prestado no pior momento de sua vida.

Passados dois anos da morte de Dominique, Jean Pierre continuava vivendo da mesma maneira. Não viajava para nenhum lugar nem ao menos para sua fazenda na Bahia.

Romeu continuava vivendo na sede da fazenda, onde resolvia todos os problemas com Samuel, que tinha muito respeito por ele e sua família.

O pintor recebia os amigos em sua casa sem entusiasmo e visitava a sepultura de Dominique quase todos os dias. Em determinados momentos, entrava na capela que mandou construir. Nessas ocasiões, costumava meditar; fechava os olhos e recordava-se do sorriso de Dominique, de sua alegria de viver e de sua beleza. Ele não fazia preces por sua alma, pois acreditava que a alma de Dominique não necessitava disso, devido à sua bondade.

Um dia, perdido em seus pensamentos, na sala de visitas da casa-grande, Jacinto entrou, cumprimentou-o e lhe disse:

– Bom dia, *sinhozinho*. Na cidade não se fala de outra coisa: Lady Marie está morta! Enforcou-se no hospício em que estava internada! Seu corpo será sepultado na cidade onde se suicidou. Vi quando o sr. Amaral partia com sua neta para realizar o sepultamento.

– E como aconteceu?

– Ela esperou que todos adormecessem e se matou com uma forca improvisada com os próprios lençóis. O sr. Amaral e Milene estão inconformados... Algumas pessoas afirmam que ela via a alma da *sinhazinha* Dominique diariamente, e não suportava mais conviver com as constantes visões, assim, resolveu dar fim à própria vida. O sr. Gerhard contou-me que ela estava tendo uma recuperação mental lenta. Talvez, com o passar do tempo, ela voltasse a ter uma mente saudável.

– Quanto às aparições de Dominique, tenho minhas dúvidas. Se realmente existisse vida após a morte eu já estaria morto por tantas vezes que pedi para a alma de Dominique buscar-me e levar-me para a eternidade. Creio que Lady Marie tenha tido muitas alucinações por conta de sua consciência, que a acusava pelo crime cometido, e acabou se suicidando por causa de sua demência.

– Tem de entender que a alma da *sinhazinha* não tem o poder de tirar-lhe a vida. Tenha certeza, *sinhozinho*, no dia em que sua missão terminar, a *sinhazinha* virá buscá-lo! Do mesmo modo como acredito que a escravidão no Brasil um dia chegará ao fim, creio que o senhor vai se encontrar com sua amada esposa. Quanto à morte de Lady Marie, ela acabou executando sua própria sentença...

– Jacinto, você acredita na existência de Deus?

– Creio muito em Deus. Minha mãe me ensinou a orar e pedir a proteção divina. Naquele dia que o *sinhozinho* me libertou, eu estava orando em pensamento. A cada chicotada, suplicava a Deus para que Ele me livrasse daquele castigo. Quando avistei o *sinhozinho* pedindo que parassem de me castigar, comecei a agradecer-Lhe por ter ouvido minhas preces.

– Eu também acredito em Deus, Jacinto, e sei que ele vai me ajudar a superar essa dor. Suas palavras me ajudaram muito, meu amigo! Você me fez recordar de minha infância... Minha mãe pedia para que eu e meus irmãos orássemos todas as noites antes de adormecer. Um dia, curioso, perguntei-lhe por que tínhamos de rezar todos os dias. E ela me respondeu: "Porque Deus deseja nos ouvir pelo menos uma vez ao dia". Nunca me esqueci dessa frase...

* * *

Depois do suicídio de Lady Marie, Dominique ficou aprisionada no umbral, onde sofreu muito, mas também aprendeu várias lições que lhe serviram para o aprendizado.

Graças às orações feitas pelos moradores da fazenda, ela conseguiu ser resgatada e voltou para a fazenda. Lá, encontrou-se com Aurélio, que a procurava. Quando ele a avistou, tranquilizou-se:

– Dominique, onde esteve durante todo esse tempo?

– Fui aprisionada no umbral, onde convivi com a fome, o frio, e castigos, pelos quais não desejo passar nunca mais...

– Estive no manicômio à sua procura e soube do suicídio de Lady Marie. Finalmente conseguiu concretizar sua vingança!

– Estou muito arrependida. Presenciei o suicídio e todo o seu sofrimento após sua morte carnal. Senti muito remorso por ter contribuído com essa decisão. Se eu pudesse voltar no tempo, tentaria ajudá-la.

– Mas o que a fez mudar de opinião? Sentia ódio de Lady Marie, queria destruí-la de qualquer maneira, ficou completamente desorientada quando ela foi levada para o hospício...

– Tem razão, fiquei muito decepcionada com a decisão do juiz. Queria vingar-me de Lady Marie e colaborei para que se tornasse uma demente. Mas depois de ter passado pelo umbral, aprendi que não devemos nos vingar dos nossos inimigos. Todos pagamos pelo mal que cometemos ao longo de nossa vida. Devemos plantar o bem para termos uma colheita satisfatória. Aprendi essas lições com o sofrimento. Há dois anos estou sofrendo por causa de minha sede de vingança. Tenho feito Jean Pierre conviver com a minha lembrança. Sei que causo sofrimento a todos os que convivem nesta casa.

Maria passou pelos dois espíritos, que a seguiram até a capela, onde ela iniciou suas preces. Sentia que Dominique precisava de ajuda espiritual e fez um pedido emocionado para que alma dela encontrasse a paz.

– Meu Deus! Ajude a minha menina Dômi a *encontrá* a paz! Sinto que ela sofre...

Dominique, cansada de sofrer, colocou-se ao lado de sua ama e começou a pedir perdão a Deus.

– Perdoe-me, Senhor, pelo ódio que senti por Lady Marie depois que ela tirou-me a vida corpórea! Peço que me ajude a me libertar do sofrimento que me acompanha e me livre dessa dor que me consome a cada dia!

Nesse momento, uma luz brilhante surgiu na capela ofuscando os olhos de Aurélio e Dominique. A luz começou a se apagar e Estela surgiu, dizendo tranquilamente:

– Venha comigo, Dominique. Por diversas vezes tentei resgatá-la, mas somente hoje você resolveu acabar com o seu sofrimento. Não tema, vou ajudá-la a reencontrar a paz! Dê-me sua mão.

– Espere um momento! Aurélio também precisa de ajuda. Seria possível levá-lo conosco?

– Aurélio já foi resgatado por Jaqueline uma vez. Não quis permanecer na colônia espiritual em que vivemos. Respeitamos o seu livre-arbítrio. Contudo, caso queira uma segunda oportunidade, poderá nos acompanhar.

Estela se aproximou de Aurélio e perguntou:

– Deseja nos acompanhar, Aurélio?

Ele permaneceu cabisbaixo e em silêncio. Dominique insistiu:

– Por favor, Aurélio, abandone seu orgulho e nos acompanhe. Você também precisa de ajuda.

Aurélio segurou nas mãos de Dominique, alterou o seu tom de voz, e disse desesperado:

— Se eu aceitar seguir com você vão nos separar para sempre! Fique comigo, Dominique! Não aceite o auxílio de Estela, por favor! Não me abandone!

— Tente se acalmar, Aurélio. Dominique não poderá viver eternamente a seu lado, e você tem de aceitar a separação. Ela está disposta a melhorar sua condição de vida. Precisa de tratamento, pois está muito debilitada. Se não almeja o nosso auxílio, permita que Dominique se recupere, encontre a paz, e despeça-se sem apelos emocionais.

Percebendo que Aurélio estava irredutível, Dominique revelou-lhe os motivos pelos quais almejava ir embora:

— Sinto muito, Aurélio, mas não posso continuar vivendo aqui. Preciso me afastar desta fazenda para me distanciar de Jean Pierre! Não suporto mais vê-lo sofrer! Seguirei meu caminho com Estela. Adeus, Aurélio!

Enquanto Estela e Dominique desapareciam, Aurélio se desesperou e se atirou ao chão chorando copiosamente.

Passados alguns dias, Gerhard e seus filhos resolveram fazer uma visita a Jean Pierre para conversarem sobre os últimos acontecimentos.

— Boa tarde, Jean Pierre! Já soube da notícia que se comenta na cidade?

— Sim, já estou sabendo! Lady Marie está morta! Jacinto me trouxe a notícia da cidade alguns dias atrás...

— E como está se sentindo, Jean Pierre?

— Nunca me conformei com a sentença que o juiz deu àquela mulher. Sempre achei que deveria ter sido cumprida a pena de morte. Mas a sentença acabou ocorrendo da pior maneira possível. Lady Marie findou sua própria vida tomando uma atitude lamentável a qualquer ser humano.

– É, meu amigo, quem semeia o mal colhe o mal. Se ela tivesse dominado o seu ódio e poupado a vida de Dominique, creio que teria oportunidade de ser feliz. Poderia se apaixonar por outro homem e viver ao lado de sua filha, que agora sofre com sua ausência definitiva. Perceba como ela padeceu por causa de uma atitude de fúria, que resultou na sua destruição!

Jean Pierre ficou cabisbaixo, enquanto Gerhard continuou suas reflexões:

– Você seguiu o melhor caminho, meu amigo. Não se guiou pelo sentimento de vingança e esperou que a justiça fosse cumprida. Revoltou-se com o resultado da sentença, mas não tentou se vingar com suas próprias mãos. Graças ao seu discernimento, alcançou grande êxito. Pode contemplar a beleza de sua fazenda livremente, sem ter de prestar contas por crime algum. Está enriquecendo cada vez mais, tem amigos verdadeiros ao seu lado e pode se tornar um homem muito feliz futuramente.

– Concordo que me encontro em melhores condições que Lady Marie, mas quanto à felicidade creio que nunca mais fará parte de minha vida. Não tenho nenhum ideal nem vontade de continuar vivendo. A minha vida sem Dominique não tem o menor sentido.

Catherine discordou:

– Desculpe, Jean Pierre, mas na qualidade de sua amiga, devo lhe dar minha opinião: compreendo perfeitamente a saudade que sente de Dominique, pois ela foi e continua sendo o grande amor de sua vida. Entretanto, gostaria de recordar do grande propósito que o acompanhava quando chegou ao Brasil. Lembra-se do discurso que fez na casa de meu pai? Disse que queria continuar a luta contra a escravidão e que desejava mudar a opinião dos escravocratas... Onde está aquele abolicionista que tivemos o prazer de hospedar em nossa casa?

Como ele se manteve calado, ela continuou seu discurso:

— E não se esqueça de que esse sonho de libertar os escravos era compartilhado com Dominique. Tenho certeza de que ela gostaria muito que você continuasse com sua luta para modificar a opinião de tantos fazendeiros, que enriquecem à custa do trabalho escravo. Por acaso esse não foi um dos motivos que a fez se apaixonar por você? O fato de terem a mesma opinião em relação à escravidão? Dominique aceitou fugir com você, abdicando de todo o conforto de sua casa e do luxo que a cercava, porque o amava verdadeiramente. Mas amou também a sua atitude de alforriar todos os escravos que lhe pertenciam. Enfim, Dominique foi criada por uma escrava, que lhe dedicou todo o seu carinho e atenção, que ela almejava obter de sua mãe...

Antes de terminar seu discurso, Catherine se desculpou:

— Perdoe-me, Jean Pierre, se me exaltei enquanto discursava.

— Você tem toda a razão, Catherine! Tenho deixado de lado o meu sonho. Dominique era abolicionista convicta e sempre apoiou meu idealismo. De hoje em diante, vou dedicar-me a essa causa!

Gerhard elogiou sua atitude:

— Muito bem, Jean Pierre! Tem de reagir contra essa infelicidade, esse desânimo que domina seu ser. Deve se envolver na causa abolicionista e buscar forças para continuar vivendo e protegendo todos os negros que estão à sua volta. E quanto às suas pinturas, quando retornará ao seu trabalho?

— Pretendo voltar a pintar minhas telas novamente, mas isso tem de ser naturalmente, pois a arte não pode ser forçada. Tenho certeza de que a arte também vai me ajudar a superar a ausência de Dominique...

Antes de se despedirem, Michel, que ouviu a conversa em silêncio, disse:

– Creio que Deus vai ajudá-lo para que volte a exercer a sua arte!

– Obrigado, amigos! Os conselhos de vocês foram valiosos.

Os três partiram e Jean Pierre lembrou-se da frase que Michel disse antes de se despedir.

Com a ausência do espírito de Dominique, o pintor conseguiu assimilar melhor os conselhos dos amigos. Agora, sentia-se mais independente para tomar novas decisões.

Dominique acordou num quarto do posto de socorro em que estava recebendo tratamento. O quarto possuía uma decoração muito agradável. As paredes eram em tom azul-claro, a porta e a janela brancas, os lençóis e cortinas amarelo-claros. Ainda muito sonolenta, ouviu o som do canto dos pássaros, que vinha do jardim. Jaqueline estava sentada ao lado dela e perguntou:

– Está melhor, Dominique?

– Sinto-me melhor.

– Estou muito feliz que tenha aceitado a ajuda de Estela e de nossos irmãos. Tenho certeza de que vai se recuperar completamente.

Jaqueline era muito parecida fisicamente com Jean Pierre. Dominique lembrou-se dele e começou a chorar.

– Eu amo muito o seu filho, Jaqueline! Sofro intensamente por não poder compartilhar a minha vida com ele.

Jaqueline, emocionada com as palavras de Dominique, pegou em sua mão e lhe disse:

— Eu também sofri muito quando tive de me separar de meus filhos. Mas não podemos nos prender aos encarnados. Agindo dessa maneira atrapalhamos a evolução daqueles a quem amamos. Acredito em seus sentimentos, Dominique. Tenho certeza de que o seu amor é verdadeiro. Mas, permanecendo longe de Jean Pierre, vai ajudá-lo a seguir sua vida em paz. A sua presença o fazia sofrer, entristecia-o...

— Fique tranquila, Jaqueline, não desejo voltar a viver ao lado de Jean Pierre. Percebi o quanto o prejudiquei com o meu egoísmo. Jean Pierre nutre um amor incondicional por você. Jamais vai se esquecer de você, Jaqueline!

— Eu também o amo muito! Quando ele se recorda com ternura e carinho do tempo em que vivemos na França, envolve-me com uma vibração de amor e saudade. Eu presenciei todos os momentos felizes que vocês viveram juntos, Dominique. Embora ele não tenha me visto com os olhos carnais, tenho certeza de que sentiu minha vibração de amor em todos os momentos. Muitas vezes, ouvia-o afirmar que gostaria que estivéssemos ao seu lado! E, sem que ele percebesse, estávamos ao seu lado compartilhando de suas emoções e de suas conquistas.

— Jean Pierre precisa de ajuda, Jaqueline. Como poderei ajudá-lo a reagir diante da tristeza que lhe invade a alma?

— Ele já está recebendo ajuda do plano espiritual e depois que você aceitou nosso auxílio, ele melhorou muito seu estado emocional. Todo o sofrimento que você viveu depois da sua passagem, Jean Pierre absorveu para si. Por esse motivo insistíamos tanto para você nos acompanhar.

Estela entrou no quarto e perguntou:

— Com se sente, Dominique? As dores no peito acabaram?

— Sinto-me melhor, e não tenho mais dores. Apenas, um pouco de sono.

– Em breve, poderá sair do quarto e seguir para a colônia espiritual em que moramos. Por enquanto, precisa repousar.

Jaqueline se retirou do quarto, deixando Dominique na companhia de Estela. Dominique aproveitou para fazer algumas perguntas:

– Estela, tenho muitas perguntas sem respostas. Necessito sanar minhas dúvidas.

– Fique à vontade para me fazer quantas perguntas desejar.

– Obrigada pela sua atenção.

– Por que Lady Marie assassinou-me? Eu nasci com esse destino?

– Não. Infelizmente, Lady Marie trouxe o ódio que havia sentido de você em outra existência. Mas é evidente que ninguém deve interromper a vida de seu semelhante.

– Você disse outra existência?

– Sim. Temos várias existências, em épocas e lugares diferenciados, as quais chamamos de reencarnação. Trata-se de uma lei admirável da providência divina, que proporciona a todos a oportunidade de se redimir dos seus erros passados permitindo atingir a perfeição espiritual.

– Estela, por que Deus permitiu que Lady Marie tirasse a minha vida?

– Entenda, Dominique. Deus não deve ser responsabilizado por nossas atitudes. Temos o livre-arbítrio para decidirmos o rumo de nossa vida. Pela Sua misericórdia infinita, Ele tenta livrar-nos dos perigos. Devo lembrá-la de que você teve oportunidade de esperar Jean Pierre regressar da cidade para mostrar-lhe o bilhete. Tenho absoluta certeza de que ele não permitiria que se encontrasse com Lady Marie. Mas você escolheu ser guiada pelo desespero. E, movida pelo ímpeto de acabar com as maldades de sua rival, foi vítima de um golpe fatal, que poderia ter fracassado, se você tivesse tido outra atitude.

Dominique se emocionou e se lamentou:

— Estou muito arrependida por minha atitude precipitada. Realmente, deveria ter esperado o retorno de Jean Pierre e dividido a minha aflição. Lady Marie já havia tramado um golpe de traição dentro de minha casa com o propósito de nos separar. Como pude acreditar nas palavras ameaçadoras escritas naquele bilhete? Por que não mostrei o bilhete à Jacinto? Ele poderia ter me ajudado, opinando sobre a atitude que deveríamos tomar diante da chantagem de Lady Marie...

— Procure se acalmar, minha querida. Lamentar pelas atitudes que deveria ter tomado não vai ajudá-la a se recuperar. Lembre-se de que aprendemos muito com nossos erros. Tenho certeza de que toda vez que tiver alguma dificuldade, dividirá com o seu próximo para que possa receber auxílio. E não se perturbe, com o passar do tempo você terá todas as respostas às suas dúvidas.

— Onde se encontra Lady Marie?

— Está sofrendo muito presa no quarto em que se suicidou. Há vários espíritos em sua volta, que a estão aprisionando. Se ela não pedir a ajuda de Deus, permanecerá naquele quarto por algum tempo, depois será levada ao vale dos suicidas e viverá lá por um longo período. O sofrimento dela só terá fim no dia em que se arrepender pelo suicídio, pelo assassinato e por todos os erros cometidos ao longo de sua vida. Embora internada num hospício, estava praticamente curada de sua demência. Na verdade, quando ela se suicidou tinha absoluta consciência de seus atos. Por esse motivo, não foi poupada do sofrimento.

— Também devo admitir os meus desacertos, movida pelos sentimentos de vingança e ódio que sentia por Lady Marie. Por conta desses sentimentos acabei provocando sua demência quando estava na prisão aguardando o julgamento.

– Tem razão, Dominique. Você contribuiu para que ela se tornasse uma demente. No entanto, você, com sua obsessão pela vingança, sofreu muito, o que a levou a se arrepender. Graças a isso, está aqui conosco, onde finalmente encontrará a paz.

Dominique tinha imensa curiosidade de saber sobre o filho que esperava. Então, continuou suas perguntas:

– Embora eu não tenha tido a oportunidade de conhecer o meu filho, eu já o amava. Nos últimos dias que antecederam a minha passagem, ele já fazia alguns movimentos dentro de meu ventre. Gostaria muito de conhecê-lo. Adoraria muito saber se o meu bebê era do sexo masculino.

– Realmente, você esperava por um menino, Dominique. E em breve terá a oportunidade de conhecê-lo e de estar junto daquele que seria seu filho e de Jean Pierre.

– Eu tinha certeza de que estava grávida de um menino. Estou ansiosa por conhecê-lo...

– Ouça-me, Dominique, peço que se deite e descanse. Ficarei ao seu lado. Feche os olhos e pense em Jesus, logo adormecerá...

Ouvindo as palavras de Estela, Dominique adormeceu.

***

Jean Pierre resolveu passar por mais uma mudança pessoal. Ele queria recomeçar sua vida e precisava de um ideal. Assim, pediu a presença de Jacinto na sala de visitas.

– O que houve, *sinhozinho*? Algum problema?

– Jacinto, quero que vá até a cidade e convide todos esses homens para virem à minha casa.

– Preste atenção, Jacinto! Farei uma reunião secreta! Ninguém, além dos convidados, poderá saber os assuntos tratados aqui! Peça para que venham desacompanhados de esposas e filhos.

– Fique tranquilo, *sinhozinho*. Pode contar com minha discrição.

Assim, teve início sua maior luta contra a escravidão. Os homens compareceram desacompanhados dos familiares, obedecendo à exigência do anfitrião. O jantar foi servido e Jean Pierre pediu que esperassem pelo término da refeição para iniciarem a reunião.

Após o jantar, atendendo ao pedido de Jean Pierre, os convidados passaram para a sala de visitas, onde ele iniciou o discurso:

– Agradeço a presença de todos os amigos! Depois de dois anos da morte de minha esposa, Dominique, estou recomeçando minha vida. Sempre estive envolvido na luta contra a escravidão, mas de hoje em diante vou me dedicar mais intensamente! Reuni todos os abolicionistas que tive a oportunidade de conhecer para dar início a uma grande luta contra a escravidão nesse país! Peço que ouçam as minhas estratégias, depois, gostaria de ouvir algumas sugestões também. Vamos nos reunir uma vez por semana numa sessão secreta. A minha intenção é convidar alguns admiradores do movimento abolicionista para frequentarem as reuniões. Se conseguirmos aumentar o número de participantes, evidentemente, diminuirá o número de escravocratas. Viajaremos a outros estados e levaremos nossa mensagem de liberdade para que, desse modo, possamos atingir o nosso ideal.

Todos o ouviam com muita atenção. Ele continuou:

– O nosso objetivo, não será causar uma guerra entre abolicionistas e escravocratas, e sim mudar as opiniões daqueles que castigam, exploram e enriquecem a cada dia por meio dos trabalhos forçados dos escravos.

Um dos convidados, Sílvio, manifestou-se e deu sua opinião:

– Se me permite, sr. Jean Pierre, creio que ao difundirmos suas ideias, causaremos uma guerra! Os escravocratas jamais vão aceitar o nosso idealismo de liberdade! Os escravos os enriquecem abundantemente e lhes trazem muitas conveniências.

– Eu não disse que não causaríamos uma guerra, e sim que não temos a finalidade de iniciar um combate. Mas é óbvio que eles reagirão contra o nosso movimento abolicionista.

Todos começaram a comentar o assunto e Jean Pierre pediu que fizessem silêncio, ressaltando:

– Ouçam, se alguém que está presente não quiser participar de nossa luta contra a escravidão, fique à vontade para se retirar!

Todos concordaram em continuar, inclusive Sílvio.

A reunião se estendeu por mais duas horas e Jean Pierre finalizou:

– Por enquanto não comentem com ninguém sobre os nossos planos. Na próxima reunião daremos início ao idealismo de liberdade. Gostaria de ouvir a opinião de cada um em nosso próximo encontro. Não haverá um líder, seremos todos iguais, faremos um movimento abolicionista democrático. Para finalizar, o nosso grito de abolição será: "Viva a liberdade!".

E todos responderam:

– Viva! Viva! Viva!

E assim foi encerrada a primeira reunião.

Depois, eles começaram a se reunir todas as semanas, e o movimento abolicionista foi crescendo a cada dia.

Sempre que surgia uma notícia a respeito de castigos e maus-tratos envolvendo escravos, os homens se reuniam e tentavam comprá-los. Quando a resposta era negativa, eles ajudavam

os escravos a fugir. Jean Pierre, na companhia de alguns companheiros, todos mascarados, amarravam a família do fazendeiro e
seus feitores e levavam os escravos para outros estados. Os escravos se tornavam fugitivos, mas tinham a proteção do grupo
abolicionista. Alguns, com medo de ser capturados preferiam
permanecer nas fazendas em que moravam.

Passado algum tempo, Dominique, sentada na cama de seu
quarto, apreciava a paisagem do jardim e recordava o dia em que
se mudou para a colônia espiritual, onde agora vivia... Acompanhada de Estela e Jaqueline, viu algumas crianças brincando num
jardim e um garoto cabisbaixo, sentado num banco, que aparentava ter quatro anos idade. Jaqueline pediu para que ela pergun-
tasse seu nome.

– Qual o seu nome?

– Meu nome é Claude.

Dominique lhe fez mais uma pergunta:

– Por que está sozinho?

– Estou sozinho porque espero pela chegada de minha
mamãe.

Dominique começou a chorar e, segurando nas mãos da
criança, indagou:

– Qual é o nome de sua mãe?

– Dominique.

Emocionada, ela o abraçou e beijou repetidas vezes.

– Eu sou sua mãe, meu querido! Pensei que nunca teria a
oportunidade de ver o seu rosto, meu filho!

O menino a beijou e a abraçou com muita ternura, depois
correu para brincar com as outras crianças que estavam no jardim.
Estela explicou:

– Claude foi pai de Jean Pierre em sua última encarnação. Ele seria seu filho se a sua gravidez não tivesse sido interrompida. Deus, nosso Pai, permitiu que Claude a recebesse aqui na colônia na figura de uma criança para poder satisfazer o seu desejo maternal. Claude ficará com você pelo tempo necessário, até amenizar o seu sofrimento pela interrupção de sua gravidez e de sua vida corpórea.

– Quanta felicidade me esperava neste lugar! Como Deus é maravilhoso! Tenho de agradecer todos os dias a preciosa companhia de Claude em minha vida!

Antes de voltar aos seus afazeres, Estela passou as últimas instruções à Dominique.

– Jaqueline também vai lhe fazer companhia. Ficarão juntos na mesma casa. Tenho certeza de que serão felizes.

Dominique pegou nas mãos de Estela e agradeceu:

– Obrigada pela atenção, Estela! Serei eternamente grata por seu carinho e sua insistência em resgatar a minha alma e por trazer-me a este lugar tão especial!

– Dominique, fiz tudo o que estava ao meu alcance e me sinto feliz em vê-la disposta a continuar vivendo em paz, libertada do egoísmo, do orgulho e de tantos outros sentimentos contrários às leis do amor e da caridade.

As duas se abraçaram e se despediram.

* * *

Estela bateu à porta do quarto de Dominique despertando-a das recordações.

– Bom dia! Vim lhe pedir um favor: gostaria que me acompanhasse no resgate de Aurélio. Ele tornou-se prisioneiro de alguns espíritos que se apossaram da casa de dom Hélder. Creio que consiga convencê-lo a vir conosco...

– Vou ajudá-la com a mesma dedicação que você me auxiliou. Sinto muito por Aurélio encontrar-se nessas condições. Desejo ajudá-lo. Quando partiremos?

– Obrigada, Dominique! Podemos seguir agora mesmo. Como não podemos ficar muito tempo fora da colônia, é necessário agirmos rapidamente. Há muitos perigos na área em que ele se encontra. Ele está fragilizado, sente muita dor de cabeça e está envolvido com a nostalgia do passado. Contudo, tem momentos de extrema irritabilidade. Tornou-se revoltado depois que você o deixou sozinho...

Passados alguns minutos, Dominique e Estela já estavam dentro da residência de dom Hélder. Dirigiram-se até o quarto onde Aurélio dormia quando encarnado e o encontraram sentado no chão, ao lado da cama.

Quando ele se suicidou, sua mãe trancou a porta de seu quarto e não permitiu que nenhuma mobília ou peça de roupa fossem tocadas. Essas atitudes costumam trazer os espíritos desencarnados, que foram apegados a seus pertences materiais enquanto encarnados, de volta ao lar.

Dominique se aproximou e o cumprimentou:

– Olá, Aurélio. Não se assuste, estamos aqui para ajudá-lo!

– Como está linda, Dominique! Muito diferente daquela que me abandonou.

– Quando estava com você, precisava de ajuda. Recebi um tratamento espiritual. Hoje estou recuperada e gostaria muito que me acompanhasse para melhorar suas condições de vida também...

– Vá embora, Dominique! Não almejo a sua piedade!

– Aurélio, por favor, não me trate mal! Estou apenas tentando ajudá-lo.

– Você está tentando ajudar-me porque se arrependeu de ter me levado ao suicídio! Sente-se culpada pelo meu sofrimento?

– Não me sinto culpada pelo seu suicídio. Estou aqui porque me preocupo. Aurélio, conhecemo-nos desde a infância. Fomos noivos, quase nos unimos. Creio que não devemos ser eternos inimigos.

Aurélio se aproximou de Dominique, abraçou-a e disse:

– Seguirei com você, meu amor, se me prometer que ficará ao meu lado!

Dominique olhou para Estela um tanto preocupada, depois voltou a olhar para Aurélio.

– Aurélio, não posso prometer-lhe que ficaremos juntos.

– Se não me prometer que me fará companhia, não seguirei com você!

– Está bem. Eu prometo que ficarei ao seu lado durante sua recuperação. Mas vamos embora, por favor! Estou me sentindo mal.

Quando Aurélio se recuperou, foi convidado por Jonas, um dos socorristas que trabalhavam no posto de socorro, a morar em uma colônia espiritual. Mas não era a mesma em que Dominique vivia. Ele ficou furioso e reclamou:

– Eu sabia que iriam nos separar! Não sairei daqui sem Dominique!

– Creio que deve aceitar viver numa colônia espiritual, mesmo sem Dominique. Lá, terá a oportunidade de estudar, viver tranquilamente, sem precisar fugir de espíritos obsessivos. Quanto à Dominique, ela poderá visitá-lo quando lhe for permitido.

– Por que não pode ir comigo?

– Porque já está instalada em outra colônia espiritual, onde vive com Claude e Jaqueline. Ela precisa conviver com eles durante algum tempo. Por enquanto, não deve se ausentar.

Dominique se manifestou:

– Aurélio, estou muito feliz ao lado de Claude e Jaqueline. Por favor, siga o seu caminho! Entenda que não podemos continuar juntos. Fiquei ao seu lado durante todo esse tempo. Mas tenho de voltar aos meus afazeres...

– Então, prometa-lhe que vai me visitar! Não me abandone, por favor!

– Prometo. Mas agora acompanhe Jonas. E, por favor, Aurélio, não seja ingrato! Agradeça a Deus por tudo o que está acontecendo em sua vida...

Aurélio havia se recuperado, mas ainda sofria movido pelo amor possessivo que nutria por Dominique. Almejava viver ao seu lado eternamente, mesmo sabendo da existência do amor que ela sentia por Jean Pierre. Conformou-se com a separação porque Dominique prometeu visitá-lo.

Com o passar do tempo, Jean Pierre e os amigos abolicionistas começaram a viajar por vários estados do Brasil.

O movimento abolicionista iniciado por Jean Pierre conquistou vários adeptos, mas também trouxe muitas inimizades.

O pintor virou alvo de muitos escravocratas que, movidos pelo sentimento de vingança, queriam matar Jean Pierre por acreditarem que deviam eliminar o líder do grupo abolicionista. Ele comandava a todos sem nenhum temor, porém, seus amigos, insistiam para que ele desistisse daquela luta.

Um dia, Gerhard decidiu ter uma conversa com ele. Deixou a cidade ao amanhecer e seguiu para a fazenda.

Dominique havia recebido permissão para visitar Jean Pierre com Jaqueline. Ela estava muito ansiosa para revê-lo. Ambas seguiram para a fazenda muito felizes.

Estavam no jardim da casa quando avistaram Gerhard, que havia acabado de chegar montado em seu cavalo. Jacinto se aproximou, cumprimentou o comerciante e o acompanhou até a casa-grande. Dominique e Jaqueline seguiram os homens.

Jean Pierre estava sentado à mesa fazendo o seu desjejum. Gerhard entrou e cumprimentou-o, pedindo que Jacinto se sentasse à mesa e participasse da conversa que iniciaria.

– Ouça-me, Jean Pierre, estou muito preocupado. Temo muito por sua vida! Creio que está na hora de parar com essas reuniões e com essa luta contra a escravidão...

– Eu não vou acabar com a minha luta. Estamos apenas começando a salvar os escravos de seus donos cruéis e oportunistas. Não temo a morte, e sei que um dia terei de enfrentá-la.

– Mas nós, seus amigos, não queremos perdê-lo! Tememos por sua segurança! Quando se ausenta da fazenda ficamos temerosos de que haja uma invasão da parte de seus inimigos...

Dominique estava assustada com a conversa que estava ouvindo. Jaqueline, então, contou-lhe os últimos acontecimentos:

– Enquanto você permaneceu com Aurélio, houve muitas mudanças. Jean Pierre abraçou seu idealismo abolicionista, buscando um incentivo para continuar vivendo. Iniciou uma luta contra a escravidão, onde se encontra com o perigo diariamente, pois a quantidade de inimigos escravocratas aumenta a cada dia...

– Meu Deus do céu! Como podemos ajudá-lo a parar com essa guerra que poderá trazer mais desgostos à vida dele?

– Não podemos interferir em suas decisões. Ele tem de escolher o caminho sozinho. Sofrerá muito se continuar lutando dessa maneira, pois uma guerra sempre traz decepções e tristezas. O que podemos fazer é emanar boas vibrações para que ele desista e volte a viver em paz.

Antes de a conversa entre os amigos ser finalizada, Jacinto também deu sua opinião:

– Creio que se voltasse a lutar como lutava no passado, teria uma vida mais tranquila... O *sinhozinho* comprava os escravos e os libertava. Deste modo, não constrangia ninguém com suas atitudes. Concordo com o sr. Gerhard, talvez o resultado dessa guerra seja lamentável para todos nós...

Jaqueline disse a Dominique que ambas tinham de partir. Ela deu um beijo na face do pintor e seguiu, muito amargurada, seu caminho de volta.

A conversa continuou, mas Jean Pierre estava decidido a continuar lutando.

Os inimigos de Jean Pierre chegaram a invadir sua fazenda para matá-lo. Contudo, ele não se intimidava e continuava sua luta.

Certo dia, apareceu um negro ferido na fazenda. O rapaz tinha vinte e cinco anos e se chamava João.

Jacinto o levou até Jean Pierre e João contou-lhe que havia fugido do patrão, que jurou castigá-lo até a morte devido a uma tentativa de fuga.

O pintor ficou sensibilizado e resolveu protegê-lo. Ana cuidou dos ferimentos do jovem com o auxílio das ervas medicinais e ele passou a residir na fazenda.

Jacinto desconfiava da integridade de João, que se mostrava muito interessado no trabalho e se oferecia para ajudá-lo sempre que tinha uma oportunidade de ser visto por Jean Pierre. Ele queria conquistar a confiança e a amizade do pintor, então se mostrava solidário a todos da fazenda.

João estava ao lado de Jacinto quando Jean Pierre pediu ao administrador que lhe providenciasse um cavalo para que ele pudesse dar um passeio. Prontamente, o rapaz ofereceu-se para selar um cavalo e acompanhar o patrão.

Jean Pierre agradeceu e aceitou a companhia de João. Quando João se afastou para buscar os cavalos, Jacinto o alertou:

– Tome cuidado com esse negro, *sinhozinho*! Eu não confio nele! Se quiser eu posso acompanhá-los.

– Não é necessário, Jacinto. Durante o passeio tentarei observá-lo melhor, mas não creio que ele tenha má índole.

João voltou com dois cavalos e Jean Pierre montou em um dos cavalos e saiu em disparada. João o seguiu rapidamente.

Depois de algum tempo, Jean Pierre cavalgava mais lentamente, enquanto João arquitetava a melhor maneira de eliminar a vida do pintor. Fora enviado por um fazendeiro, inimigo de Jean Pierre, para matá-lo. O fazendeiro prometeu dar-lhe uma quantia em dinheiro e a carta de alforria caso ele o matasse sem deixar pistas. Depois que o rapaz aceitou a proposta, eles arquitetaram um plano.

João foi surrado para impressionar Jean Pierre, que sempre se sensibilizou com os castigos aos quais eram submetidos os escravos.

A primeira parte do plano havia se concretizado. Agora, João estava a um passo de completar o trato que fizera com o patrão.

Jean Pierre pediu para João descer do cavalo para tomarem um pouco de água num riacho. O pintor abaixou-se para beber água e João se apossou de um pedaço de pau e aproveitou a oportunidade para atacá-lo.

De repente, Jean Pierre ouviu um barulho e olhou para trás, avistando João caído ao chão. Jacinto o atacou e lutou com ele. Em alguns minutos, João estava completamente imobilizado. O escravo pedia clemência a Jean Pierre quando Jacinto o interrogou:

– Por que tentou matar a quem lhe deu comida e proteção? Quem lhe mandou aqui para matar o *sinhozinho* Jean Pierre? Diga de uma vez ou vou matá-lo agora mesmo!

O escravo olhou para Jean Pierre e lhe pediu perdão antes de dizer o nome do patrão.

– Perdoe-me, *sinhozinho*! O mandante é o *sinhô* barão Alencar.

Tomando conhecimento do plano, o pintor o expulsou de sua fazenda. Preferiu não tirar satisfação com o barão, que negaria os fatos e iniciaria mais uma sessão de torturas contra o escravo.

O atentado que Jean Pierre vivenciou dentro de sua fazenda ajudou-o a refletir sobre a importância de sua vida àqueles a quem ele protegia. Convocando uma reunião com os membros do grupo, relatou o acontecido. Todos ficaram abismados com a ousadia do barão. E, por determinação de Jean Pierre, foi decidido que iriam interromper a luta por algum tempo para que fossem cessados os atentados contra os abolicionistas, pois muitos já haviam perdido a vida pela causa da luta a favor da liberdade dos escravos.

Daquele dia em diante, Jean Pierre resolveu retomar suas pinturas. Fora uma tarefa árdua o seu retorno à arte. Começava traçar um desenho e lembrava-se de Dominique; parava, chorava e depois recomeçava. Movido pela vontade de exercer o seu ofício, juntou toda a sua energia. Recordava-se da promessa que fez a seu pai, de jamais abandonar a arte, e seguia tentando finalizar a tela.

Dominique estava ao seu lado emanando vibrações de amor, na esperança de que ele regressasse ao mundo da arte e abandonasse a luta sangrenta que havia travado contra a escravidão.

Com o passar do tempo, Jean Pierre voltou a pintar e vender seus quadros.

Dois anos após o atentado, as reuniões se reiniciaram. A luta contra a escravidão havia recomeçado.

Disposto a acabar com os castigos absurdos contra os escravos, Jean Pierre voltou a viajar por vários estados brasileiros em busca de apoio à causa abolicionista.

Um dia, visitando o estado do Rio de Janeiro, hospedou-se na casa de alguns amigos abolicionistas e foi convidado para assistir a uma peça musical.

O teatro havia sido construído a mando da família real. O edifício era arejado e atendia aos rigores do clima quente do Rio de Janeiro.

Na entrada havia um *buffet* para os convidados. O teatro tinha capacidade para seiscentos espectadores, havia cem camarotes, e no centro ficava o camarote imperial, decorado com o brasão dourado do império português. A iluminação contava com duzentas velas de cera, que iluminavam todo o teatro.

O pintor já havia assistido a várias peças naquele teatro com Dominique. E recordou-se de alguns momentos vividos naquele local durante a apresentação do musical.

Sentado em um dos camarotes, ele se emocionou com a admirável voz de Mercedes, uma cantora que fazia algumas apresentações.

Passados alguns minutos do término da apresentação, o pintor resolveu cumprimentá-la. Seguiu até o camarim e bateu à porta. Pediu permissão para entrar e a cantora o autorizou.

– Perdoe-me se a incomodo, meu nome é Jean Pierre. Tomei a liberdade de vir ao seu camarim para parabenizá-la por sua maravilhosa apresentação! Fiquei emocionado diante de seu talento arrebatador!

– Obrigada, sr. Jean Pierre! Fico feliz em saber que consegui agradar-lhe! Mas sente-se, por favor! Fique à vontade.

Mercedes era uma mulher muito elegante e simpática. Possuía olhos azuis e cabelos pretos e encaracolados. Tinha uma pele alva e um olhar insinuante.

O pintor sentou-se e ambos começaram a conversar. Ele disse que estava de passagem pela cidade e contou-lhe sobre sua paixão pela arte. Mercedes ficou encantada com a nova amizade que conquistara por intermédio de sua musicalidade.

O pintor convidou a moça para jantar no dia seguinte e ela aceitou.

Eram vinte horas quando ele anunciou seu nome na recepção da hospedaria em que Mercedes estava.

Minutos depois, ela desceu. Trajava um lindo vestido verde com detalhes bordados em dourado. Cumprimentou o pintor educadamente e ambos seguiram para o restaurante.

Durante o jantar conversaram sobre diversos assuntos. Mercedes teve a oportunidade de conhecer a história de Jean Pierre, e, curiosa, iniciou suas indagações:

– Conte-me mais um pouco sobre a sua vida, Jean Pierre.

– Moro em uma fazenda em Minas Gerais, onde pretendo viver até o fim de meus dias. Estou aqui no Rio de Janeiro por uma causa abolicionista.

– Oh! Você é membro de um dos movimentos abolicionistas existentes no Brasil?

– Sim. Participo de um movimento abolicionista. Tenho me envolvido muito nessa causa há alguns anos...

Enquanto conversavam, Jean Pierre gesticulava com as mãos e Mercedes notou que o pintor usava uma aliança. Então perguntou:

– Desculpe interrompê-lo, Jean Pierre! Você é comprometido? Percebo que usa uma aliança na mão esquerda.

– Não. Infelizmente, sou viúvo. Mas continuo usando a minha aliança de casamento.

A cantora, percebendo ter causado uma situação constrangedora, desculpou-se:

– Perdoe a minha curiosidade, Jean Pierre. Percebi que mudou sua expressão quando citou a sua viuvez. Não tive a intenção de magoá-lo.

– Eu é que devo desculpar-me, Mercedes. Ainda padeço pela morte de minha esposa. E toda vez que falo sobre esse assunto me sinto muito entristecido. Perdoe-me, por favor! E fique à vontade para perguntar-me o que desejar.

Movida pela curiosidade, Mercedes continuou:

– Quanto tempo faz que você está viúvo?

– Já se passaram seis anos que minha esposa faleceu com meu filho. Dominique estava grávida quando foi cruelmente assassinada.

– Agora entendo perfeitamente sua tristeza. Sua esposa foi vítima de um assassinato. Nesse caso, creio que devemos mudar de assunto. Não desejo continuar constrangendo-o com assunto que lhe causa tanta mágoa no coração.

– Realmente, não costumo conversar sobre a morte de Dominique, porque ainda não consegui sanar a dor por tê-la perdido tão inesperadamente.

– A sua vivência com Dominique deve ter sido muito especial. Seus olhos brilham quando você pronuncia o nome dela.

– O nosso envolvimento foi maravilhoso. Tivemos momentos inesquecíveis juntos e fomos muito felizes durante os anos que convivemos...

Depois de relatar alguns fatos vividos com a esposa, o pintor pediu para Mercedes falar sobre sua vida.

– Resido em São Paulo e estou passando uma temporada no Rio de Janeiro por conta do espetáculo. Sou uma mulher livre e, ao mesmo tempo, comprometida com os palcos dos teatros. Não tenho nenhum compromisso com homem algum, mas tenho muita vontade de casar-me, ter filhos, mas devo confessar que a minha carreira tem exclusividade em minha vida. Talvez seja por esse motivo que não consegui casar-me.

Os risos da cantora e seu regozijo de viver encantaram Jean Pierre. Havia tempos que ele não desfrutava de uma companhia feminina.

Assim, continuaram a conversa, que seguia acompanhada de risos e olhares sedutores. Mercedes estava causando uma sensação de bem-estar a Jean Pierre.

Ao terminarem, ele se despediu na porta da hospedaria. Sentiu vontade de beijá-la, mas se conteve e seguiu para a casa dos amigos.

Daquele dia em diante, Jean Pierre passou a convidar Mercedes para jantar quase todas as noites. Eles conversavam sobre arte, abolição, enfim, sobre variados assuntos. Numa dessas noites, Mercedes falou:

– Jean Pierre, devo confessar-lhe que estou me apaixonando por você!

Aproximando-se dele, pediu-lhe que subisse ao seu quarto. O pintor a acompanhou e ela o beijou assim que a porta foi fechada. E ele se entregou aos encantos femininos de Mercedes.

Decidido a recomeçar sua vida, hospedou-se na mesma hospedaria em que Mercedes estava. A partir daquele dia, assistia a todas as suas apresentações e a acompanhava a todas as cerimônias. Enquanto a cantora conversava ao longe com alguns amigos da corte e cantava para os nobres, ele se recordava de Dominique. Submerso em seus pensamentos, fazia diversas comparações. Sentia-se bem ao lado de Mercedes, mas nada se comparava à plena satisfação que vivera durante os dez anos de convivência com Dominique.

A moça terminou sua apresentação e seguiram para o hotel. Ao entrarem no quarto, o pintor lhe fez uma proposta:

– Mercedes, você aceita viver comigo em minha fazenda?

– Oh! Jean Pierre! Não posso lhe responder agora. Tenho de pensar. Estamos nos entendendo muito bem, mas creio que aceitar viver com você seria uma atitude precipitada!

– Não precisa responder mais nenhuma palavra. Eu já entendi. Recusa-se a me acompanhar.

– Jean Pierre, estamos nos conhecendo. Creio que não seja o momento de assumirmos um compromisso definitivo...

Durante a madrugada, enquanto Mercedes dormia, ele sentou-se numa poltrona que havia no quarto e imergiu em seus pensamentos... Lembrou-se do dia em que pediu para Dominique fugir com ele e viver ao seu lado e de tudo o que aconteceu a partir daí.

Durante o desjejum, Mercedes abordou alguns assuntos, mas percebeu que ele não estava disposto a conversar.

– Qual é o problema, Jean Pierre? Por que está tão calado?

– Estou pensativo. Partirei daqui a dois dias. Seguirei para minha fazenda, na Bahia, e gostaria muito que você me acompanhasse.

– Sinto muito, Jean Pierre, mas não posso abandonar o Rio de Janeiro neste momento! Ainda estou em cartaz e não posso me ausentar!

– Está bem, Mercedes. Não vou insistir! Seguirei até Salvador! Vou deixá-la com o seu bem mais precioso: o seu espetáculo!

Levantando-se da mesa, começou a arrumar suas malas. Mercedes saiu do quarto, deixando-o.

No dia de sua partida, Mercedes, ao se despedir, disse:

– Adeus, Jean Pierre! Tem toda a razão. A minha carreira é o bem mais precioso que tenho em minha vida. Jamais abdicaria dos palcos para acompanhá-lo. Perdoe-me por lhe causar tamanha decepção.

— Fui ingênuo ao criar expectativas a seu respeito. Deixei-me levar pelos encantos de sua companhia e me iludi com a possibilidade de retomar a felicidade que um dia vivi ao lado daquela a quem tanto amei...

Durante a viagem até Salvador, ele refletiu sobre o caso amoroso que viveu no Rio de Janeiro e concluiu que ainda não havia encontrado uma mulher que o faria tão feliz quanto Dominique. E decidiu ficar sozinho por mais um tempo.

Mais um ano se passou. Jacinto havia acabado de sair para o jardim quando, de repente, apareceram vários homens atirando. Ele saiu correndo, entrou na casa e os homens entraram atrás dele. Um dos homens o ameaçou com uma arma e indagou:

— Onde está o seu patrão? Viemos matá-lo!

Jacinto permaneceu calado, enquanto Jean Pierre se vestia em seu quarto para fazer o desjejum.

Ana bateu à porta do quarto de Jean Pierre desesperada. Ele abriu e a criada entrou dizendo:

— *Sinhozinho*, pelo amor de Deus! Não saia deste quarto! Tem um bando de homens na sala de visitas! Eles querem matá-lo!

— Acalme-se, Ana, e diga-me: onde está Jacinto?

— Um dos homens estava apontando a arma *pra* ele e perguntando pelo *sinhô*!

— Diga-me onde se encontra ama Maria.

— A Maria ainda *tá* dormindo. É muito cedo...

— Ouça-me, Ana, fique aqui dentro e não abra essa porta! Vou pegar a minha arma e seguirei até a sala...

Jean Pierre se dirigia para a sala de visitas quando percebeu que sua casa estava sendo invadida por seus empregados, que viram quando o bando entrou na casa-grande e rendeu Jacinto.

Dispostos a ajudar o patrão, entraram na casa e começaram a lutar, conseguindo desarmar todos os homens. Apenas o líder mantinha a arma apontada em direção a Jacinto.

Jean Pierre apareceu, abaixou sua arma, e disse:

— Abaixe a sua arma e vamos conversar.

— Não vou libertá-lo! Sei que Jacinto o protege, e eu vim aqui para matar o senhor!

Jean Pierre se aproximou e o homem aproveitou a oportunidade e mudou o destino de sua mira, libertando Jacinto.

— Chegou o seu dia de morrer, pintor! E eu me tornarei muito rico, pois ganharei uma grande quantia em dinheiro em troca de sua vida! Depois de morto, não poderá libertar mais nenhum negro! Despeça-se do mundo, sr. Jean Pierre!

Antes que atirasse no pintor, Jacinto se colocou na sua frente para salvá-lo e levou um tiro no peito. Jean Pierre segurou na mão de Jacinto e ele conseguiu balbuciar algumas palavras:

— *Sinhozinho*, obrigado pela liberdade que concedeu à minha família. Perdoe-me por não ter tido tempo de livrar a *sinhazinha* Dominique da morte.

Jean Pierre chorava ao ver seu melhor amigo se despedindo da vida corpórea. E lamentava a atitude dele.

— Por que me salvou a vida, entregando-se à morte?

— Porque ainda não chegou a hora de o *sinhozinho* partir. Tem muitos negros para serem salvos. Neste momento, a sua vida vale muito mais que a minha. O que seria dos negros que o *sinhozinho* protege, sem a sua presença neste mundo?

— Jacinto, por favor, não me deixe sozinho nesta luta! Não me abandone!

— A morte é só uma passagem para a vida espiritual. Continuarei guardando a sua casa como sempre fiz.

Essas foram as últimas palavras de Jacinto. Ele estava com cinquenta anos quando morreu defendendo a vida de Jean Pierre, como prometera.

A morte dele finalizou a luta contra os escravocratas com muita tristeza. Jean Pierre decidiu que pararia o movimento abolicionista depois da perda de seu melhor e inesquecível amigo.

Depois do enterro, Jean Pierre pediu a Ana que chamasse José, o filho mais velho de Jacinto.

Alguns minutos depois, o rapaz entrou na sala de visitas, cabisbaixo. Ele ainda estava emocionado devido à perda do pai.

– Sente-se, José, por favor. Chamei-o aqui porque gostaria de dizer-lhe o quanto foram valiosos os anos que pude desfrutar a amizade verdadeira de seu pai. Ele foi o melhor amigo que tive em toda a minha vida...

José não conseguia conter as lágrimas, enquanto o pintor descrevia o valor de seus sentimentos a respeito de seu pai.

– Sinto muita afeição por você, José! Tenho a mesma admiração que teria pelo meu filho se tivesse tido a felicidade de tê-lo conhecido.

– Muito obrigado, *sinhozinho*, por sua estima. Eu também o considero como a um pai. Creio que todas as crianças que cresceram nesta fazenda, e que hoje são adultas, têm-lhe respeito e apreço. Trago na minha lembrança o dia em que minha família foi comprada pelo *sinhozinho* e libertada do cárcere, que não aprisionava apenas o corpo, mas também o nosso coração. Recordo-me, especialmente, do momento em que eu e os meus irmãos fomos conduzidos até sua cozinha e tivemos a oportunidade de experimentar todos os doces caseiros que dona Ana havia preparado.

Nesse momento, Jean Pierre voltou a se emocionar. E José continuou:

– Gostaria de aproveitar a oportunidade para agradecer-lhe em nome de todos os que cresceram aqui pela alfabetização que o *sinhozinho* nos proporcionou, por meio do bondoso coração da *sinhazinha* Dominique, que iniciou essa tarefa. Graças à sua dedicação para com o nosso povo...

– Ouça-me, José, gostaria muito que se tornasse o novo administrador da fazenda. Peço que aceite o cargo que foi de seu pai.

– Obrigado pela oportunidade, *sinhozinho*! Agradeço de todo o meu coração! Tentarei seguir todos os conselhos que meu pai me deu ao longo da vida!

Jean Pierre se emocionou com a gratidão do rapaz. Em nenhum momento da conversa, José se revoltou contra ele, apenas proferiu frases de agradecimento.

Naquela noite, Jean Pierre não conseguiu dormir. Relembrava o dia em que conhecera Jacinto e a promessa que o negro lhe fizera de protegê-lo até o fim de sua vida...

Levantou-se, foi até a varanda e lembrou-se das diversas vezes em que ele e Dominique perderam o sono e ficaram conversando e admirando o luar. Riam e choravam recordando a infância, seus pais... E, por fim, assistiam ao nascer de um novo dia. Quando todos estavam despertando, o casal seguia para o quarto e adormecia, ouvindo o canto dos pássaros.

Nesse momento, Dominique se aproximou e o beijou. Ele sentiu uma brisa leve tocar-lhe o rosto, e teve uma sensação de bem-estar, que invadiu todo o seu ser. O pintor deixou a varanda e voltou para o seu quarto, onde repousou tranquilamente.

* * *

Com ajuda de Estela, Jaqueline e outros espíritos, Dominique se recuperou totalmente.

Depois de assistir a várias palestras sobre amor e perdão, ela compreendeu que o ódio tem o poder de destruição e que somente o amor pode transformar a vida de todos os que se permitem amar e perdoar o próximo.

NOVE

A PASSAGEM DE AMA MARIA

JEAN PIERRE estava sentado na varanda de sua casa à espera do médico que prestava seus serviços à Maria, que padecia em seu leito devido a um tumor cancerígeno[2], que havia consumido sua saúde.

Olhando para o horizonte, e mergulhado em seus pensamentos, o pintor recordou-se das diversas vezes em que sentara naquela varanda na companhia de Jacinto para saborear uma xícara de café e conversar sobre vários assuntos.

Jean Pierre agora estava com cinquenta e sete anos de idade. Sua aparência havia se modificado. Seus cabelos estavam grisalhos. Sua expressão facial tornara-se mais séria. Ele sentia saudade dos tempos de sua juventude, da alegria perdida e de sua satisfação pessoal pela vida, que fora levada com suas decepções e perdas. Apesar da nostalgia que o acompanhava, ele se sentia privilegiado com a gratidão e a lealdade daqueles a quem concedera a liberdade. Todos os negros alforriados dedicavam-lhe respeito e nutriam grande sentimento de amor por ele.

---

2. Atualmente, para cada tipo de câncer existe um tratamento, ou seja, cirurgia, radioterapia, quimioterapia, hormonoterapia, entre outras possibilidades. Contudo, a prevenção continua sendo a melhor forma de se evitar o câncer, e o melhor método para um bom resultado no tratamento ainda é o diagnóstico precoce (N.M.).

O jovem médico surgiu, retirando o pintor de suas lembranças. Subiu a escada da casa-grande e o cumprimentou. Em seguida, veio Ana para receber o doutor e levá-lo até o quarto de ama Maria.

Ana lhe serviu um refresco. O jovem agradeceu a gentileza, depois iniciou o seu trabalho com a ajuda de Ana, que o auxiliava quando necessário.

Jean Pierre aguardava notícias a respeito da saúde de ama Maria na sala de visitas.

Passados trinta minutos, o médico retornou à sala e relatou o estado de saúde de ama Maria.

— As notícias que lhe trago não são boas! A dona Maria piorou muito, sr. Jean Pierre.

— Qual é a sua opinião a respeito de tentarmos levá-la ao hospital, doutor?

— Creio que dona Maria não resistiria. Se a levássemos daqui agora, correríamos o risco de perder a sua vida a caminho do hospital. Devo dizer-lhe, sr. Jean Pierre, que fiz o possível pela recuperação de minha paciente, mas, infelizmente, sua moléstia é incurável. Alguns minutos atrás, enquanto examinava dona Maria, ela me fez um pedido: disse-me que queria ficar aqui na sua fazenda com o senhor até que sua vida se findasse.

— Ama Maria é uma pessoa muito importante para mim. Se com o dinheiro que possuo pudesse acabar com suas dores e resguardá-la da morte, confesso que abdicaria de minha fortuna pela sua recuperação.

— Infelizmente, sr. Jean Pierre, a medicina não nos oferece nenhum remédio contra essa moléstia, que consome a vida dela. Contudo, temos a esperança de que no futuro, será descoberta uma fórmula para destruí-la.

O jovem médico era recém-chegado à cidade e não estava acompanhando o tratamento de Maria desde o início, mas se sensibilizou com a emoção do pintor. Henrique se manteve em silêncio por alguns minutos; depois, Jean Pierre lhe perguntou:

– Doutor Henrique, aceita um refresco, um café?

– Eu lhe agradeço, sr. Jean Pierre. Estou satisfeito, pois dona Ana serviu-me um refresco antes de eu entrar no quarto de minha paciente. Sei que o momento não é apropriado, mas gostaria de aproveitar a oportunidade e tirar uma dúvida a seu respeito, se senhor me permitir.

– Sinta-se à vontade em minha casa, doutor. Afinal, o que podemos fazer, além de dialogar enquanto aguardamos a triste partida de ama Maria?

– Comentam na cidade que o senhor é um dos maiores abolicionistas de Minas Gerais. Essa afirmação é verídica?

– Eu não concordo com esse tipo de comentário. As pessoas exageram quando se referem à minha luta contra a escravidão. Na verdade, quando cheguei aqui já havia vários abolicionistas. Não sou o maior abolicionista e nunca tive essa pretensão. Lutei muito contra o regime da escravidão em vários estados brasileiros, mas creio que percorri caminhos errados quando travei uma guerra contra os escravocratas... Paguei duramente por meus impulsos; perdi o melhor amigo que tive em toda a minha vida, o meu primeiro administrador; seu nome era Jacinto. Depois dessa tragédia, resolvi continuar a luta da mesma forma que a iniciei, ou seja, comprando escravos e libertando-os. Cheguei à conclusão de que uma guerra causa somente a destruição a todos os envolvidos. Não existem vitórias à custa de lágrimas.

– Concordo, uma guerra não é a melhor solução para abolir o regime escravocrata deste país. Também sou abolicionista e acredito que um dia a escravidão no Brasil vai acabar. Observei que os negros que vivem em sua fazenda são diferentes; usam roupas e sapatos, estão sempre sorrindo, são felizes e alfabetizados. Creio que tenha se tornado um sonho de todos os escravos serem comprados e alforriados pelo senhor.

— Realmente, muitos escravos da região almejam serem comprados por mim. Infelizmente, não posso libertar a todos, mas creio que, um dia, todos os cativos serão libertos da escravidão. Fiquei imensamente satisfeito quando comprei esta fazenda e libertei todos os escravos. A liberdade é essencial para nos tornarmos felizes. Com o passar do tempo, todos os que libertei, tornaram-se minha única família.

Os irmãos de Jean Pierre haviam falecido num naufrágio. Passados alguns anos da tragédia, as viúvas de seus irmãos se casaram e não lhe mandaram mais notícias. Assim, o pintor perdeu completamente o contato com as pessoas de sua família.

Jean Pierre continuou conversando com Henrique, que ouvia atentamente cada detalhe.

— Com muito trabalho, graças a Deus, consegui comprar mais três fazendas, uma na Bahia, outra no Paraná e a última em São Paulo. Em todas elas, libertei os escravos e tive a oportunidade de comprar alguns negros que eram familiares daqueles que trabalhavam comigo... Considerei uma grande vitória poder reunir membros da mesma família. Eu sei o quanto é difícil separar-se dos familiares. Separei-me de meus irmãos quando vim para o Brasil. Confesso que foi por vontade própria, mas senti muita saudades deles quando aqui cheguei.

— Essa procura de familiares iniciou-se com os parentes dos negros desta fazenda?

— Sim. Procurei-os até fora do estado de Minas Gerais. Muitos familiares estavam mortos; outros, os donos não quiseram vender-me. Os que consegui comprar, trouxe de volta para junto de suas famílias. Sinto muito não ter encontrado o filho de ama Maria, que foi separado dela quando era bebê. Ainda continuo realizando alguns reencontros de familiares daqueles que trabalham em minhas fazendas. É muito emocionante proporcionar o reencontro de uma mãe com o filho, de um filho com um pai... Apesar de ter encontrado muitas dificuldades, sinto-me satisfeito com o reencontro de algumas famílias. Infelizmente, o índice de mortalidade dos escravos é muito alto. Muitos não atingem os cinquenta anos de idade, devido aos castigos e aos trabalhos exaustivos que lhe são impostos por seus donos, que não abrem exceção nem para os adoentados.

— Entendo perfeitamente como deve ter encontrado dificuldades. Mas posso imaginar quantos momentos emocionantes o senhor vivenciou em todos esses anos, cada vez que conseguia reunir as famílias que haviam sido separadas por causa do cruel regime da escravidão. Creio também que deve ter gerado muitas inimizades por conta de suas convicções abolicionistas.

— Você tem razão, doutor. Tive muitos inimigos e sofri vários atentados no decorrer do tempo.

— O senhor nunca teve medo de perder a vida por conta da sua luta?

— Na ocasião em que Jacinto faleceu, ao livrar-me da morte, confesso que tive receio de morrer e deixar meus amigos desamparados. Não tenho nenhum herdeiro para prosseguir com as minhas benfeitorias. A perda de Jacinto me fez refletir sobre a importância de abrandar minhas atitudes em relação a essa causa.

Henrique sempre mantivera certa formalidade com Jean Pierre. Ouvira muitos comentários a respeito dele na cidade e tinha muita vontade de conhecer sua história. Embora Jean Pierre tivesse um semblante sério, não lhe pareceu austero nem arrogante, pois sempre o recebera de forma educada e gentil. Contudo, até aquele dia, nunca haviam conversado sobre assuntos que não fossem relacionados à doença de Maria. O médico, entusiasmado com os relatos da vida de Jean Pierre, e observando que suas perguntas eram respondidas com cordialidade, resolveu lhe fazer uma pergunta mais íntima:

– Senhor Jean Pierre, posso lhe fazer uma pergunta pessoal?

– Sim. Sinta-se à vontade, dr. Henrique!

– Soube pelo sr. Michel, dono do armazém, que o senhor deu continuidade à sua viuvez porque nunca superou a perda de sua esposa, devido ao amor inesquecível que viveu ao lado dela. Fiquei curioso! Qual foi o motivo da morte de sua esposa? Ela foi vítima de alguma doença incurável?

Michel, o filho de Gerhard, tinha assumido a direção do armazém havia alguns anos, por causa da morte de seu pai.

– Michel soube usar bem as palavras quando se referiu aos meus sentimentos. Amei muito a minha esposa e nunca deixarei de amá-la. Dominique era saudável, nunca teve nenhuma doença grave. Na verdade, minha esposa foi cruelmente assassinada. Ela estava grávida quando faleceu.

Ele parou de falar e suas lágrimas caíram ao relembrar o assassinato de Dominique. Depois de alguns minutos, continuou:

– Desculpe-me, doutor, toda vez que relembro esse fato, emociono-me. Creio que nunca vou me esquecer daquele dia amaldiçoado em que perdi o bem mais precioso que a vida me ofertou!

– Perdoe-me, sr. Jean Pierre! Pensei que depois de tantos anos de viuvez, eu não lhe causaria tamanha tristeza. Sugiro que mudemos de assunto.

– Não se sinta constrangido com o meu sofrimento, dr. Henrique. Podemos prosseguir o assunto. Vou lhe explicar como os fatos ocorreram...

Depois de ter conhecimentos dos acontecimentos, Henrique disse:

– Pelo que me parece o senhor ainda ama muito sua esposa.

– Nunca deixarei de amar Dominique! Vivemos um amor arrebatador, desde o dia em que a vi pela primeira vez! Ela era uma pessoa muito inteligente e observadora. Os seus conselhos eram valiosos, tinha uma percepção admirável para resolver problemas. Era agradável, gentil e tinha um coração maravilhoso. A ideia de implantar a alfabetização aqui na fazenda foi dela...

Jean Pierre relatava a personalidade de Dominique com muito entusiasmo. Ao finalizar, o médico lhe fez uma pergunta:

– Conheceu outras mulheres depois que a condessa Dominique faleceu?

– Tive algumas decepções em busca da felicidade e alguns envolvimentos aventurosos e vazios, que não acrescentaram nada à minha vida pessoal.

Jean Pierre convidou o médico para voltar à sala.

– Tudo continua da mesma maneira que Dominique deixou; a mobília está na mesma posição e as roupas dela continuam no armário. Ana as lava periodicamente, depois as guarda no mesmo lugar. É como se ela ainda estivesse aqui. Com o passar do tempo, percebi que ninguém poderia substituí-la e me acostumei a viver sozinho. Possuo muitos amigos e sempre tenho a companhia de alguém para conversar... Aprendi a conviver com a saudade e a ausência dos meus entes queridos.

Olhando para o quadro de Dominique, Henrique perguntou sobre a tela, que apreciava enquanto conversava com Jean Pierre:

— Esse quadro foi o senhor que pintou?

— Sim. Iniciei essa pintura no dia em que a conheci. Dominique era muito bonita. Tinha um sorriso maravilhoso e um olhar atraente.

— Desculpe, mas para lhe ser franco devo dizer que sua esposa era uma jovem lindíssima!

— Agora que conhece a minha história de amor, responda-me, dr. Henrique: como poderei esquecê-la?

— Realmente é muito difícil esquecer um amor tão sublime.

Ana interrompeu a conversa:

— Licença, *sinhozinho*. A Maria *tá* lhe chamando.

Jean Pierre entrou no quarto com Ana e o médico. Maria estava muito fraca, tinha muita dificuldade para falar, mas, vagarosamente, disse:

— *Sinhozinho*, segure a minha mão. Eu quero *morrê* ao seu lado, que considero como a um filho.

— Ama Maria, não fale muito, não pode se esforçar — disse Jean Pierre emocionado.

— Não se preocupe, eu *tô* morrendo. Só quero *agradecê* tudo o que fez por mim. Acho que cumpri a promessa que fiz *pra* Dômi; cuidei bem do *sinhozinho*.

— Eu que agradeço a sua agradável companhia, ama Maria, e a dedicação que teve comigo por todos esses anos.

Pegando na mão de Ana, Maria lhe fez um pedido:

— Ana, minha amiga, continue fazendo a minha parte: cuide bem do nosso *sinhozinho*. *Tô* muito feliz porque sei que *vô encontrá* com a menina Dômi, que tanto amo.

E, apertando as mãos de Jean Pierre e de Ana, ela fez a sua passagem para o plano espiritual.

Ana e Jean Pierre choraram muito. O médico tentou consolá-los:

– Eu sei que não é fácil perder alguém que amamos, mas dona Maria estava muito mal. Ela descansou de todo o seu sofrimento.

José se encarregou do velório e o enterro foi realizado na fazenda.

Maria havia pedido ao pintor, alguns dias antes de sua passagem, para que enterrasse seu corpo ao lado da sepultura de Dominique. E seu pedido foi atendido.

O cortejo fúnebre seguiu ao som de um cântico de lamento que os negros costumavam cantar antes dos sepultamentos. Era uma homenagem singela que todos ofertavam à alma de Maria.

Depois do enterro, Jean Pierre disse à Ana:

– Agora teremos de nos acostumar a viver sem a presença de ama Maria.

– Pois é, *sinhozinho*, só *ficô* esta negra chata *pra* lhe *fazê* companhia. *Vô senti* muita saudade da minha amiga Maria!

– Eu também, sofrerei sua ausência. Nunca vou me esquecer do dia em que procurei o filho dela e não o encontrei. Ama Maria estava muito ansiosa por notícias e, quando retornei, calei-me, não disse palavra alguma. Diante do meu silêncio, ela me abraçou e, olhando nos meus olhos, disse-me que sabia que nunca mais o veria. E que, mesmo sabendo que seu filho foi tirado de sua vida, ela estava feliz, porque Deus havia lhe ofertado dois filhos, eu e Dominique.

– Maria tinha muita estima pelo *sinhô*. Ela *lutô* contra a doença *pra continuá* viva, só *pra cumpri* a promessa que fez *pra sinhazinha* Dominique...

Naquela noite, Jean Pierre e Ana ficaram conversando durante algumas horas, recordando alguns fatos sobre a vida de Maria.

***

Durante alguns anos, Dominique cumpriu a sua promessa, visitava Aurélio periodicamente na colônia espiritual em que ele vivia. Quando ele tinha autorização, também fazia visitas à Dominique e Jaqueline, que compartilhavam a mesma morada. Depois de alguns anos, Aurélio decidiu reencarnar com o propósito de se libertar do amor que sentia por Dominique e tentar ser feliz com a ajuda do véu do esquecimento.

No plano espiritual, Maria acordou ao lado de Dominique, como era sua vontade.

Dominique a abraçou e disse:

— Minha querida ama Maria! Estive ao seu lado durante a sua passagem, mas você não pôde me ver.

— Menina Dômi, quantos *ano* se passaram. Eu sabia que um dia ia *lhe vê* de novo. Queria *conversá* com você, mas estou com muito sono.

— Descanse, ama, ficarei ao seu lado. Mais tarde vai se sentir mais recuperada. E teremos muito tempo para conversar.

Ama Maria fechou os olhos e adormeceu minutos antes de Gerhard entrar no quarto.

— Olá, Dominique! Diga-me, como foi a passagem de Maria?

— Foi tranquila. Ela será tratada por causa de sua enfermidade, mas em breve estará recuperada. Acordou há pouco tempo, mas ainda não conseguiu se desprender do sono. Isso é normal aos recém-chegados...

Dominique e Gerhard fizeram uma prece para Maria e permaneceram ao seu lado enquanto ela repousava.

Gerhard havia se despedido da vida corpórea dez anos antes da passagem de Maria. Ele foi vítima do seu próprio vício. Durante muitos anos foi alcoólatra e seu organismo não resistiu.

Dominique trabalhava no centro de recuperação e nas horas vagas se dedicava aos estudos. Na colônia espiritual havia vários cursos a respeito da vida espiritual e corporal, entre outros.

Estela entrou no quarto de Maria e pediu que Dominique a acompanhasse. Gerhard ficou esperando o despertar de Maria.

As duas foram até o jardim, sentaram-se, e Estela iniciou a conversa:

— Dominique, preste atenção: algum tempo atrás, depois de várias tentativas, conseguimos resgatar Lady Marie. Ela recebeu tratamento no centro de recuperação e hoje está completamente recuperada. Deseja trabalhar, estudar e aprender os ensinamentos do divino mestre Jesus. Contudo, insiste em revê-la. Eu gostaria de saber se você está preparada para reencontrá-la.

— Sim, estou. Quando poderei encontrar-me com ela?

— Vou levá-la até sua presença.

Dominique estava muito nervosa. Iria reencontrar aquela que lhe tirara a vida corpórea e não sabia, exatamente, qual seria sua reação. Embora tivesse se libertado de todo o seu ódio e do sentimento de vingança, estava muito apreensiva.

Lady Marie a esperava com muita ansiedade. Quando deparou com Dominique, começou a chorar, pegou em suas mãos e disse:

— Há muito tempo espero por este momento, Dominique. Por causa de meu amor doentio por Jean Pierre, aboli a sua felicidade e a minha paz! Peço que me perdoe em nome de Jesus!

Dominique, emocionada, respondeu:

— Eu também lhe peço perdão por ter contribuído com a sua demência, por causa da sede de vingança que se apoderou de meu espírito quando tive a minha passagem.

— Quando cometi o assassinato, eu já estava iniciando o processo da demência. A maldade, a inveja, a obsessão e o ódio me levaram até as últimas consequências. Você foi vítima do meu ódio, portanto, não precisa pedir-me perdão.

E, olhando para Estela e Dominique, Lady Marie fez-lhes um pedido:

— Peço que creiam no meu arrependimento.

Estela respondeu:

— Acreditamos no seu arrependimento, Lady Marie. Terá mais uma oportunidade de viver com Jean Pierre e Dominique, mas desta vez terá de se esforçar para aceitar a união do casal. Tiveram outra oportunidade de viverem juntos e você terminou a sua vida corpórea dominada pelo ciúme e pelo ódio. Você dependerá da anuência de Dominique e de Jean Pierre para reencarnar no seio da mesma família. Só o amor poderá restaurar o equilíbrio e a paz que vocês necessitam para viverem em harmonia. Essa é uma decisão que será avaliada depois da passagem de Jean Pierre. Você não pode reencarnar enquanto Jean Pierre estiver vivendo no plano terrestre. Devem esperar o retorno dele para o plano espiritual e a permissão de nosso glorioso Deus, para que seja feita a reencarnação de todos.

As duas ouviram com muita atenção as instruções de Estela. Depois, Lady Marie completou:

— Tudo o que desejo é uma nova oportunidade para provar o meu arrependimento, não somente em relação a Jean Pierre e Dominique, como também a todos aqueles que fiz sofrer, especialmente meu pai e minha filha, que tanto me amaram em minha última encarnação...

Depois de conversarem por mais algum tempo, despediram-se. Estela e Dominique regressaram ao jardim onde estavam anteriormente.

Dominique ficou pensativa e Estela perguntou:

– Como está se sentindo, após a conversa que tivemos com Lady Marie?

– Estou mais aliviada. Passei muitos anos com ódio dela. Mas agora, necessitava lhe pedir perdão. Fiquei muito arrependida por todo o sofrimento que lhe causei depois de minha passagem. Aprendi que não temos o direito de nos vingar de ninguém e que a vingança nos deprime e nos torna ainda mais incapazes. Quanto à nova oportunidade que teremos futuramente, tenho algumas dúvidas. E peço-lhe que me ajude, se for possível.

– Aliviarei seu coração. Diga-me, o que a aflige?

– Quem vai nos dar garantia de que Lady Marie não voltará a cometer as mesmas injustiças?

– A reencarnação é uma porta aberta ao arrependimento de nossa alma e um passo para a senda do progresso. É o meio pelo qual resgatamos nossos erros com novas provas. A recuperação de Lady Marie ainda prosseguirá por muito tempo. A reencarnação dela acontecerá no momento em que se sentir totalmente recuperada para recebê-los no seio da família. Contudo, não posso garantir que voltando à vida corpórea, ela não cometerá os mesmos erros. A evolução espiritual depende de cada um de nós. Deus permite que os espíritos reencarnem para poderem se redimir de faltas cometidas. Todo bem que não fez ao seu próximo nem a si mesma, a pessoa terá a oportunidade de praticar, ou seja, deverá amar e se dedicar a todos que estarão à sua volta, perdoando sempre que necessário para que possa se libertar de mágoas passadas e adquiridas. Do mesmo modo que muitos aproveitam uma nova existência para evoluir e amar ao próximo, outros preferem dar continuidade à maldade e ao ódio, porque os espíritos têm o livre-arbítrio para seguirem os dois caminhos, o do bem e o do mal. Lembre-se, Dominique, de que a misericórdia de Deus abrange a todos, e nunca se esqueça de que até mesmo o mais cruel assassino tem a chance de se recuperar e reparar os seus erros. Se Deus proporciona a oportunidade de voltarem à vida corpórea e evoluírem é porque muitos conseguiram provar o arrependimento verdadeiro. E Ele trata com imparcialidade todos os espíritos errantes.

– Estela, o que aconteceu entre Lady Marie e mim em nossa vida passada?

– Vou relatar-lhe, mas usarei os nomes que lhes foram dados na última existência para que entenda perfeitamente os fatos.

– Todos moravam na França. Jean Pierre casou-se com Lady Marie por imposição de seus pais. Ele não a amava, porém, ela era perdidamente apaixonada pelo esposo... Passados alguns anos, você e Aurélio, que foi seu esposo naquela ocasião, mudaram-se para a mesma cidade em que Jean Pierre e Lady Marie viviam. No início do casamento, Aurélio era um marido muito carinhoso e atencioso, vocês eram apaixonados. Contudo, ele, com o passar do tempo, tornou-se extremamente ciumento e possessivo. Não conseguia se controlar diante das pessoas que os cercavam. Completamente dominado pelo amor doentio, desejava estar em sua companhia durante todo o tempo possível. Logo que chegaram à cidade, vocês compraram uma casa que possuía um empório. Ele assumiu os negócios, enquanto você se dedicava aos afazeres domésticos. Entretanto, frequentemente Aurélio abandonava o trabalho, deixando os clientes livremente no estabelecimento para lhe fazer companhia. Você o alertava que sua atitude não era correta, porém ele não lhe dava atenção e a cobria de beijos e carinhos. O desmazelo de Aurélio para com o seu empório lhe rendeu muitos prejuízos, pois enquanto ele se ausentava, os clientes se aproveitavam para furtar alguns produtos. Logo, Aurélio se deu conta de que não possuía quase nenhuma mercadoria. E, durante uma crise financeira por conta da imprudência dele, você se rebelou e começou a fazer doces caseiros. Aurélio, endividado e prestes a perder a moradia, aceitou sua ajuda financeira. Durante suas caminhadas em busca de clientes, você encontrou com Jean Pierre.

"Após perambular a manhã inteira pela cidade, você sentiu uma tontura e apoiou-se numa parede. Jean Pierre se aproximou e a amparou, encantando-se com sua beleza. Perguntou-lhe se você precisava de ajuda. Você respondeu que estava indisposta e, em seguida, desmaiou em seus braços. Vocês estavam próximos à casa de Jean Pierre e ele a levou para lá. Colocou-a em sua cama e tentou reanimá-la. Depois de alguns minutos, você despertou, abriu os olhos e ele perguntou seu nome. Lady Marie e os filhos visitavam uma prima dela. Enquanto você se alimentava, relatou o cárcere do qual era refém por conta do amor obsessivo de seu marido. Contou-lhe também sobre os problemas financeiros que estavam enfrentando. Você chorou, Jean Pierre a abraçou e a beijou. Ele lhe contou que era casado; que não amava a esposa; que viviam juntos por causa dos filhos e pela obrigação de manter o matrimônio; e que você lhe havia despertado uma emoção indescritível. Envolvidos, vocês beijaram-se novamente e, em seguida, arrependida, você pediu para que ele não a procurasse e esquecesse aquele momento. Jean Pierre tentou dizer-lhe algumas palavras, mas você foi embora. Durante muitos dias, Jean Pierre tentou reencontrá-la pelas ruas da cidade. Entrava em todos os empórios da cidade, mas não sabia o nome nem a descrição de Aurélio, o que tornou a procura mais difícil."

Dominique prestava atenção a cada detalhe da história, mas não conseguia recordar-se de nada. Estela continuou:

– Numa manhã ensolarada, Jean Pierre entrou num empório e ouviu vozes dentro da casa. Aproximou-se e ouviu quando

Aurélio se despedia de você e a orientava a não conversar com nenhum homem que cruzasse seu caminho. Ele a viu sair e foi atrás. Quando estavam longe do empório, ele a abordou. Temendo ser vista, você implorou para que ele se afastasse, porém ele insistiu e a levou para uma casa afastada da cidade, que pertencia a ele. Lá, vocês se entregaram ao amor. Foi o começo de um romance secreto. Jean Pierre estava disposto a abandonar seus filhos para viver esse amor. Lady Marie começou a desconfiar, pois ele não prestava mais atenção aos problemas domésticos nem às frequentes reclamações dela. Aurélio também desconfiou, pois, como toda mulher apaixonada, você passou a se enfeitar mais, pentear os cabelos de muitas maneiras e se perfumar. Um dia, decidiu segui-la. Quando estava bem afastada da cidade, você entrou numa casa simples. Aurélio pensou tratar-se de uma freguesa qualquer, com a qual você tinha mais intimidade, e por esse motivo não havia batido na porta antes de entrar. Ao se aproximar, percebeu um cavalo parado na porta. Espiou pela janela e pôde ver um casal se beijando. Quando se deu conta de que era você ficou completamente transtornado e bateu à porta. Você se escondeu e Jean Pierre perguntou quem estava batendo. Aurélio ficou calado e bateu novamente. Jean Pierre abriu a porta e ele o esmurrou. Você apareceu e começou a gritar e a pedir que Aurélio parasse de agredir Jean Pierre, que revidava a agressão recebida. Terminada a confusão, Aurélio pegou-a pelos braços e disse que a levaria de volta. Jean Pierre disse que não permitiria. Aurélio, chorando, disse que a amava e estava disposto a perdoá-la. Você preferiu fugir com seu amado. Jean Pierre abandonou a esposa e os dois filhos, sem pensar nas consequências daquela decisão. Com o passar dos dias, Lady Marie descobriu que o marido havia fugido com uma mulher e passou a procurá-los por todos os lugares. Após algum tempo, encontrou-os num lugarejo bem afastado da cidade. Jean Pierre tinha perdido tudo o que havia conquistado em sua vida por conta dessa fuga. Viviam humildemente, ele era agricultor e sentia-se feliz ao seu lado. Almejava viver o resto de sua vida com você.

"Um dia, vocês foram encontrados por Lady Marie. Ela e os dois filhos entraram na casa onde vocês viviam e implorou para que o marido regressasse. Ele disse que não voltaria. Revoltada, ela arquitetou um plano e a envenenou. Jean Pierre quase enlouqueceu. Aurélio desafiou-o para um duelo e Jean Pierre acabou morrendo. O filho de Jean Pierre vive atualmente na fazenda, é José, que reencarnou como filho de Jacinto. O outro filho ainda não reencarnou e vive no plano espiritual."

Dominique fez uma observação:

– Jean Pierre sempre gostou dos filhos de Jacinto, mas sentia um carinho especial por José... Ouvi toda a história, mas confesso que não me recordo de nada.

– Depois de sua morte, você pediu a Deus que lhe desse a oportunidade de reencarnar. Sentia-se culpada por todo o infortúnio que viveu. E como o espírito goza de seu livre-arbítrio, foi gerado um bloqueio de esquecimento na sua memória espiritual.

Estela colocou sua mão sobre a cabeça de Dominique e fez uma prece. Passados alguns minutos, ela recordou-se de todos os fatos.

– Creio que recordar o passado foi importante para você compreender melhor alguns fatos ocorridos em sua última reencarnação.

Continuaram conversando, depois voltaram para o quarto onde Maria estava.

DEZ

MISSÃO CUMPRIDA

O TEMPO passou e Jean Pierre já estava com setenta e cinco anos quando foi contaminado com o bacilo de Kock, uma moléstia mais conhecida como tuberculose.

Seus cabelos, completamente brancos, estavam cortados bem curtos para facilitar a higiene. Em seu semblante havia algumas rugas e ele estava mais magro devido à doença.

No hospital, proibido de receber visitas, o pintor entrou em depressão. O único autorizado a visitá-lo, tomando os devidos cuidados, era Henrique, médico e amigo íntimo de Jean Pierre.

– Bom dia, sr. Jean Pierre! Vim lhe dar uma ótima notícia! Consegui convencer os médicos a deixá-lo regressar para sua morada!

Jean Pierre se emocionou com a notícia, mas sabia que seu tempo de vida seria curto, devido à doença, que naquela época era incurável.

– Obrigado por sua persistência em devolver-me à paz de meu lar. E me dar o privilégio de me despedir desta vida ao lado daqueles que fizeram parte de minha história.

– Tenho certeza de que tomei a decisão correta. Vou acompanhá-lo até a sua fazenda e lhe dar assistência médica durante o tempo que for necessário.

O médico tinha consciência de que o estado de saúde de seu paciente e amigo era gravíssimo e se continuasse isolado naquele hospital morreria sozinho e infeliz. Por esse motivo, insistiu para que os médicos o liberassem.

Ana, já bem idosa, não exercia mais os trabalhos domésticos, mas gostava de ajudar a preparar as refeições na cozinha da casa-grande.

A fazenda continuava sendo um lugar tranquilo e sereno. Os negros eram comandados por José, filho de Jacinto. A cantoria havia cessado na lavoura da fazenda em respeito à doença do patrão.

José, Ana e Neuza estavam na varanda da casa-grande quando avistaram a carroça que trazia Jean Pierre.

Neuza era filha de José e substituiu Ana nos trabalhos domésticos. Era muito estimada por Jean Pierre, assim como todos os membros da família de Jacinto.

Jean Pierre chegou acompanhado por Henrique. José desceu a escada e se aproximou da carroça. O médico saiu, cumprimentou o administrador e lhe deu as devidas instruções para que o contágio dos moradores da casa fosse evitado. Depois, pediu-lhe para ajudá-lo a colocar o pintor na cadeira de rodas, cedida pelo hospital. Antes de José rever seu patrão, que ainda estava dentro da carroça, perguntou ao médico:

– Ele não pode andar, dr. Henrique?

– O sr. Jean Pierre pode andar, mas prefiro que use a cadeira de rodas para se locomover, porque se encontra muito debilitado. Vamos levá-lo vagarosamente até a casa-grande.

José o cumprimentou com o coração acelerado. Estava emocionado com o regresso do patrão.

– Seja bem-vindo à sua casa, *sinhozinho!*

Jean Pierre agradeceu, sem palavras, apenas fez um sinal positivo.

Quando chegaram no meio do jardim, Jean Pierre pediu que parassem. Ficou olhando para a casa por alguns minutos e agradeceu a Deus pelo seu regresso. Depois, deu ordem para que continuassem conduzindo-o.

Ao chegar à varanda, Jean Pierre pegou nas mãos de Ana e disse:

– Pedi tanto a Deus que me deixasse morrer na minha fazenda! Creio que ele ouviu as minhas preces!

– *Num* vai *morrê*, não, *sinhozinho*. Essa preta velha vai *primero!* – disse Ana, conseguindo fazer com que o patrão sorrisse.

Jean Pierre foi conduzido até seu quarto e colocado em sua cama. O pintor olhou a mobília e agradeceu mais uma vez a Deus por seu retorno. Pediu a José que abrisse a janela, pois queria admirar a paisagem.

Em seguida, o médico chamou José até a sala de visitas.

– Ouça-me, José, fiz o possível para conseguir a saída do sr. Jean Pierre do hospital. Seu estado é muito grave e o processo infeccioso é contagioso, portanto, devemos deixar o quarto sempre arejado para que o ar circule. Ele foi instruído no hospital a manter as vias respiratórias cobertas para não disseminar a infecção. Infelizmente, a medicina não nos apresenta nenhuma fórmula para a cura da tuberculose[3], portanto, devemos evitar o contágio.

---

3. Atualmente, a prevenção contra a tuberculose é a vacina BCG, que deve ser aplicada nos primeiros trinta dias de vida do bebê. Em caso de contaminação, o tratamento é ministrado com medicamentos e o resultado é eficaz (N.M.).

– Mas não houve nenhuma melhora no estado de saúde do *sinhozinho*? Ele não tem nenhuma chance de recuperação?

– Na verdade, houve certa melhora em seu estado, por essa razão consegui autorização para retirá-lo do hospital, mas, infelizmente, ele não tem nenhuma chance de se recuperar. Peço que esclareça aos seus companheiros o estado lastimável em que se encontra o sr. Jean Pierre, para que se preparem para a sua partida. Durante a nossa viagem, ele comentou comigo que está muito preocupado com a situação de todos os empregados. Teme pelo que pode ocorrer depois de sua morte. Eu prometi a ele que iria pensar no assunto e tentar ajudá-lo a resolver o destino de seu patrimônio e de todos os negros que habitam suas fazendas.

– O *sinhozinho* sabe quanto tempo de vida ainda lhe resta?

– Ele sabe que sua doença é incurável e, decerto, que tem pouco tempo de vida. Não devemos mentir a respeito de suas condições nem tentar enganá-lo, pois ele é muito inteligente e já perdeu muitos amigos vítimas dessa doença.

Henrique havia morado na fazenda de Jean Pierre durante alguns anos. Depois da passagem de Maria, o pintor o convidou para residir em sua casa, porque o médico se sentia muito solitário. Depois de alguns anos, o médico se casou e se mudou para a cidade.

Henrique respirou fundo e se emocionou ao dizer o quanto lhe era penosa a perda de Jean Pierre:

– É lamentável ter o conhecimento da gravidade da moléstia sofrida pelo sr. Jean Pierre. Ele está entre as pessoas mais maravilhosas que conheci! Quando conquistei a sua amizade, aprendi várias lições de vida. Eu achava que possuía muitos conhecimentos, pois tinha acabado de me formar na faculdade e estava iniciando o meu trabalho na medicina, mas, na realidade, não tinha nenhuma experiência de vida. A convivência que tivemos durante os anos em que tive o prazer de morar nesta casa, enriqueceu meus conhecimentos e aprendi que as amizades verdadeiras são eternas.

– A minha afinidade com o *sinhozinho* também é muito especial. Tenho muito apreço por ele. Cresci ouvindo as conversas dele e de meu pai. Eu adorava sentar na varanda com os dois e ouvir suas resenhas, suas conversas e seus conselhos valiosos, os quais guardarei comigo até o fim de meus dias. O *sinhozinho* sempre me tratou com muito respeito e afeição. Tenho um amor filial por ele e sentirei muito sua falta...

Depois de conversarem durante um tempo, Neuza os interrompeu e perguntou se o médico ficaria para o almoço. Ele respondeu que estava de partida para a cidade, mas que voltaria no fim da tarde para atender às necessidades de seu paciente e amigo.

José reuniu todos os negros e, com muita tristeza, explicou o estado de saúde de Jean Pierre.

Todos sofreram muito com a notícia e, daquele dia em diante, começaram a fazer orações em frente à casa de Jean Pierre, na esperança de que seu estado de saúde tivesse alguma melhora.

Deitado em sua cama, o pintor ouvia as preces do povo da fazenda. Aquelas vozes o fizeram relembrar dos velórios de Dominique, Jacinto e Maria. Fechou os olhos, imaginou a figura de Jesus e iniciou sua prece:

Senhor Jesus!
Quero agradecer-lhe a família que tive, os meus dois irmãos
e os meus pais, que sempre tiveram atitudes exemplares para
com a sociedade e com a família. Tive uma infância muito
feliz ao lado de minha família e guardarei na lembrança os
momentos maravilhosos que vivi. Agradeço-lhe também todos
os bens que adquiri e a oportunidade de poder libertar tantos

cativos. Quando aqui cheguei, só me pertencia a minha bagagem e o receio de ter comprado esta fazenda. Não tinha conhecimento algum da lavoura, e ainda possuía o medo de não conseguir saldar a minha dívida com o meu inesquecível amigo Gerhard. Atualmente, possuo quatro fazendas, graças ao senhor, que colocou pessoas tão maravilhosas em meu caminho para administrar as minhas fazendas. Também lhe sou muito grato por ter me ajudado a viver sem a companhia preciosa de minha amada e inesquecível Dominique. Obrigado por tudo de bom que a vida me ofereceu! Pelas amizades verdadeiras que conquistei, pelos lugares maravilhosos que tive o prazer de conhecer e pela satisfação de poder ajudar e libertar os escravos que me foram vendidos. Só lhe peço que o senhor não desampare meus amigos e os ajude a continuar vivendo em paz sem a minha presença.

Jean Pierre não era um homem religioso, mas acreditava em Deus. O pintor sabia que sua missão havia sido cumprida em relação à escravidão. Fizera o possível para diminuir o racismo e o preconceito, reafirmando suas convicções abolicionistas aos escravocratas em meio aos nobres, sempre que surgia oportunidade. Embora a luta contra o regime da escravidão tivesse sido estendida por muitos anos, ele ainda continuava com a esperança de que um dia o cárcere daqueles seres humanos teria um fim.

Havia se passado quarenta anos da passagem de Dominique para o plano espiritual. Havia alguns anos, ela morava sozinha. Depois de algum tempo de convivência com Jaqueline, esta passou a residir com espíritos que haviam sido seus parentes em sua última encarnação.

Tanto Dominique quanto Jaqueline tinham conhecimento da moléstia sofrida por Jean Pierre. Mas não podiam interferir em sua melhora física. Emanavam vibrações de amor e faziam preces.

Estela procurou Dominique, que terminava de fazer uma prece pela saúde de Jean Pierre.

— Dominique, tenho uma notícia muito importante para lhe dar: em breve, você estará com o espírito de Jean Pierre! Nos próximos dias ele fará a passagem para o mundo espiritual!

Dominique ficou emocionada e abraçou Estela, perguntando se Jaqueline já sabia a respeito.

— Estávamos juntas quando recebemos a notícia. Jaqueline ficou muito emocionada.

— Estela! Mal posso esperar para estar novamente com Jean Pierre.

Neuza entrou no quarto de Jean Pierre e disse:

— *Sinhozinho*, o dr. Henrique veio visitá-lo.

— Faça-o entrar, por favor.

— Bom dia, sr. Jean Pierre. Vim medicá-lo.

— Doutor Henrique, conversei com o padre Alfredo sobre minhas preocupações a respeito de meus amigos, mas não obtive nenhuma resposta, somente pregações e mais pregações. O senhor pode ajudar-me de alguma maneira?

— Estive pensando e creio que exista somente uma solução: fazer um testamento deixando todos os seus bens para alguém de confiança e que continue com os seus ideais. Creio que não haveria nenhuma mudança com relação aos seus protegidos. A justiça não terá direitos sobre seus bens nem poderá passá-los aos seus parentes desconhecidos e os seus empregados continuarão livres e felizes depois de sua partida. O que acha da ideia?

– Ótima! Passarei todos os meus bens a José, o filho de Jacinto, meu grande amigo. Por favor, mande chamar o meu advogado e um tabelião para que eu possa resolver tudo ainda hoje. Muito obrigado por sua ajuda e amizade!

E assim foi feito. Jean Pierre deixou todos os seus bens para José e pediu que ele continuasse sua missão de libertar os escravos e manter a paz em suas fazendas.

José ficou muito agradecido por ter sido escolhido entre tantos amigos que o pintor fez ao longo de sua vida. Agradeceu ao patrão:

– Muito obrigado pela confiança de me tornar seu herdeiro. Do senhor herdarei muito mais que os bens materiais, herdarei o seu senso de justiça, a sua serenidade, a sua benevolência, o seu caráter e sua eterna amizade.

– Você é merecedor, José, de tudo o que me pertence! Foi muito dedicado ao trabalho, assim como seu pai. Sempre tive por você a mesma admiração que um pai tem por um filho e confio plenamente em sua sucessão.

Jean Pierre deu algumas instruções a José a respeito de sua herança. Pediu ao administrador que continuasse morando na casa-grande com sua família e que cuidasse de suas obras de arte com a mesma dedicação que ele cuidava. Pediu também para que ele doasse suas roupas e seus sapatos. Queria ser lembrado somente por suas obras e sua história como abolicionista.

Mais tarde, quando conseguiu dormir, ele sonhou que estava num lindo jardim e avistou uma mulher, que caminhava ao longe, e foi se aproximando vagarosamente.

Quando ela se aproximou, ele pôde reconhecer aquele rosto que jamais esqueceu. E sua voz pôde ser ouvida perfeitamente:

– Quanto tempo eu esperei por este momento, meu filho!

As lágrimas de Jaqueline começaram a cair e ele emocionado a cumprimentou.

– Mamãe! Quanto tempo se passou! Como sofri sua ausência na França! Perdi até a vontade de viver naquele país!

– Eu também senti muito a sua falta, meu querido. Estive ao seu lado nos momentos mais importantes da sua vida... Como é maravilhoso poder estar junto de você novamente! Poder olhar nos seus olhos e ouvir a sua voz!

– A senhora continua linda, mamãe! Se eu estiver sonhando, não quero acordar nunca mais.

– Jean, você está sonhando, mas em breve virá para este lugar e ficaremos juntos por algum tempo.

Ele sentiu a brisa tocar-lhe o rosto levemente e ficou admirando aquele lindo jardim.

– Mamãe, onde está Dominique? Preciso vê-la, não suporto mais viver longe dela.

– Dominique está muito ansiosa com o seu retorno ao plano espiritual! Serão muito felizes nesta nova morada!

Jean Pierre olhou para si mesmo e percebeu a diferença entre ele e sua mãe. Jaqueline manteve a mesma aparência de outrora, enquanto o pintor possuía uma aparência mais envelhecida, pois já havia completado setenta e cinco anos de idade.

Jaqueline percebeu o constrangimento de Jean Pierre, sorriu e esclareceu:

– Não se entristeça com a sua aparência. Orgulhe-se dela, pois representa todo o extenso caminho percorrido e toda a experiência que adquiriu ao longo de sua vida. Teve duras perdas, mas também foi muito feliz ao se doar àqueles que necessitaram de sua ajuda. Sinto-me lisonjeada pela libertação de todos os escravos. E também pelo exemplo de vida mostrado a todos os que tiveram a oportunidade de conhecê-lo.

Jean Pierre abraçou Jaqueline e fechou os seus olhos. Em seguida, despertou e avistou Ana, que estava sentada ao seu lado.

– Ana, agora eu tenho certeza de que existe vida após a morte. Acabo de sonhar com minha querida mãe! Ela disse que está à minha espera no mundo espiritual! Que maravilha ter a certeza de que em breve estarei com a família que tanto amei!

A negra balançou a cabeça afirmativamente. E fez um comentário a respeito do sonho:

– Fico muito feliz por seu sonho *tê lhe* devolvido a paz, *sinhozinho*.

Depois de alguns minutos, ela se retirou, foi até a cozinha, sentou-se à mesa e disse à Neuza, que preparava o almoço:

– Vai *sê* muito difícil *pra* mim *assisti* à morte do *sinhozinho*. Nunca pensei que passaria por um momento tão triste.

– Eu imagino o quanto a senhora está sofrendo, dona Ana. A senhora acompanhou boa parte da vida do *sinhozinho* Jean Pierre. Mas tem de aceitar a morte, porque ele está sofrendo muito com a tuberculose. Também tenho grande apreço por ele, mas confesso que não suporto mais vê-lo sofrendo. Que seja feita a vontade de Deus e que ele nos ajude a viver sem o nosso estimado *sinhozinho* Jean Pierre!

Antes do retorno de Jean Pierre à fazenda, José havia enviado correspondências que explicavam a grave doença que Jean Pierre havia contraído aos administradores de suas fazendas.

Todos estavam entristecidos pela moléstia do pintor e preocupados com o futuro.

***

O sol brilhava naquela manhã. As orações continuavam do lado de fora da casa. Os negros insistiam em suas preces na esperança de que o patrão alcançasse a cura.

Neuza entrou no quarto para levar o café da manhã para o pintor e percebeu que ele estava acordado. Cumprimentou-o:

– Bom dia, *sinhozinho!* Vim trazer-lhe o seu desjejum. O dia está maravilhoso! Vou abrir a janela e a cortina para que possa visualizar a beleza matinal.

Com certa dificuldade, Jean Pierre pediu:

– Neuza, por favor, estou sentindo que vou partir hoje! Peço-lhe que chame José para levar-me até o jardim.

Neuza chamou José, que se dirigiu rapidamente ao quarto de Jean Pierre e perguntou:

– O que houve, *sinhozinho?* O que posso fazer para ajudá-lo?

– José, por favor, leve-me até ao jardim.

Durante o percurso, o pintor lhe fez outro pedido: disse que queria entrar em seu *ateliê* antes de prosseguirem para o jardim.

Ao entrar no *ateliê*, o pintor pediu para José aproximá-lo das tintas e dos pincéis. Estendeu sua mão até as tintas, deslizou os dedos e pegou dois pincéis. Em seguida, dirigiu o olhar para seus quadros que estavam expostos nas paredes e para o seu último trabalho, que estava inacabado. Duas lágrimas caíram de seus olhos. Depois, pediu para que continuassem o trajeto.

Por causa de sua guerra contra a escravidão, Jean Pierre foi discriminado como artista pelos nobres da corte. Ele não conquistou a fama como pintor, mas alcançou o limite da satisfação pessoal pela arte. Pintava por prazer, e sentia enorme contentamento com os trabalhos que desenvolvia.

José chorava de emoção ao conduzir a cadeira, mas tomava todo o cuidado para Jean Pierre não perceber o seu lamento. Enquanto caminhava, recordava-se a infância vivida naquela casa com seu patrão, que sempre tivera muita consideração com ele e toda sua família.

Quando passaram pela sala de visitas, o pintor pediu que ele parasse novamente.

– Espere! Pare, José! Quero olhar pela última vez para o quadro mais importante que pintei.

Quando chegaram ao jardim, Jean Pierre deparou com todos os negros da fazenda. Alguns idosos de cabelos brancos, que estavam presentes, tiveram a oportunidade de serem libertados no dia em que a fazenda foi comprada por Jean Pierre. Muitos se emocionaram quando avistaram Jean Pierre na cadeira de rodas.

Ana se aproximou do pintor e pegou em sua mão. Jean Pierre, com grande dificuldade, balbuciou algumas frases, olhando nos olhos de Ana:

– Ana, querida amiga, de tantos anos! Sinto que estou indo embora e quero morrer ao lado de meus amigos, os quais tanto amei ao longo da vida!

Ana, muito emocionada, recordou-se do passado.

– É, *sinhozinho*, parece que *tô* vendo aquele jovem *pintô* chegando com toda aquela *bagage*. Quantos anos se *passô*. E agora o *sinhozinho tá* aqui, no mesmo jardim que lhe *encantô* quando *pisô* pela primeira vez nesta fazenda.

– Não chore, Ana. Eu estou feliz, tenho certeza de que vou reencontrar aquela que tanto amei durante cinquenta anos de minha vida. Rever Dominique será muito gratificante para minha alma.

– Deus não desampara ninguém! Creio que o *sinhozinho* vai se *encontrá* com a *sinhazinha* Dominique, assim que *fechá* os olhos *pra* essa vida!

Ana segurava a mão de Jean Pierre quando Henrique chegou com uma surpreendente notícia.

– Senhor Jean Pierre, que bom encontrá-lo no jardim! Resolveu sair um pouco do quarto! Acho que vai melhorar muito depois de ouvir a notícia que vou dar a todos! Gostaria que todos prestassem muita atenção ao que direi:

— Foi assinada no dia oito de maio, pela princesa Isabel, a Lei Áurea! E será proclamada hoje, dia treze de maio de mil oitocentos e oitenta e oito, a libertação de todos os escravos desta nação!

Enquanto Henrique acabava de ler o comunicado que tinha em mãos, os negros choravam e gritavam de alegria. Eles se sentiam felizes ao saber que o Brasil havia se tornado um país liberto da escravidão.

Naquele momento, tornava-se realidade o maior sonho de Jean Pierre. Acometido por forte emoção, ele sentiu uma dor no peito e fechou os olhos, em meio à satisfação de todos os que estavam à sua volta, envolvidos pela notícia maravilhosa que acabavam de receber.

Quando abriu os olhos novamente, avistou sua amada Dominique, caminhando ao seu encontro pelo jardim. Ela estava com a mesma idade e com o mesmo vestido branco que usou no primeiro encontro, na cachoeira. Dirigia-se a ele, sorrindo e com uma rosa vermelha na mão.

Jean Pierre, muito emocionado, pensou estar sonhando. Ela chegou bem perto dele, estendeu sua mão e disse:

— Vim buscá-lo, meu amor! Esperei todos esses anos para ficarmos juntos novamente.

Ele segurou na mão de Dominique e a beijou.

No mesmo instante, ele se transformou no jovem de vinte e cinco anos, que se apaixonara por ela.

Jean Pierre a abraçou, acariciou seus cabelos e lhe fez uma declaração de amor:

— Nunca a esqueci! Nosso amor é eterno, nunca morrerá! Hoje, realizei meu grande sonho de amor e liberdade!

Assim, ambos seguiram caminhando, felizes, rumo à nova morada. Lá, foram recebidos com festividade por todos os amigos da pátria espiritual.

Jean Pierre se despediu da vida terrena segurando dois pincéis, que representaram o seu amor pela arte – pincéis que foram presentes de seu pai, ainda na infância, pincéis do passado.

FIM

Leia também este envolvente romance do espírito Ricardo Linhares

Psicografia de Selma Cotrim

O LIMITE DA ESPERANÇA

Quem poderia pensar que a vida de Ricardo Linhares mudaria completamente em plena juventude na década de 80? Boa aparência, 21 anos, cabelos pretos, olhos verdes, trabalhador, ele tinha tudo para ser, num curto espaço de tempo, um bom pai e um excelente marido.

Mas enquanto o amor não aparecia, Ricardo queria mesmo era curtir sua mocidade do jeito que mais gostava: com as garotas que conhecia na noite paulistana ou nas baladas. Seus namoros não duravam mais do que uma semana.

Rogério, seu irmão mais velho e preocupado com o estilo de vida de Ricardo, alertava-o para uma nova doença que estava surgindo naquela época: a aids. O confiante Ricardo, porém, acreditava no seu discernimento e nas suas escolhas. Até que o pior aconteceu: em meio a exames de rotina devido a uma febre, o dr. Norberto constata que Ricardo Linhares está com aids. Choque! Pânico! Choro convulsivo! E começa o aprendizado espiritual de Ricardo até a sua passagem para o outro plano da vida.

Leia os romances de Schellida!
Emoção e ensinamento em cada página!
Psicografia de Eliana Machado Coelho

Corações sem Destino
Amor ou ilusão? Rubens, Humberto e Lívia tiveram que descobrir a resposta por intermédio de resgates sofridos, mas felizes ao final.

O Brilho da Verdade
Samara viveu meio século no Umbral passando por experiências terríveis. Esgotada, consegue elevar o pensamento a Deus e ser recolhida por abnegados benfeitores, começando uma fase de novos aprendizados na espiritualidade. Depois de muito estudo, com planos de trabalho abençoado na caridade e em obras assistenciais, Samara acredita-se preparada para reencarnar.

Um Diário no Tempo
A ditadura militar não manchou apenas a História do Brasil. Ela interferiu no destino de corações apaixonados.

Despertar para a Vida
Um acidente acontece e Márcia, uma moça bonita, inteligente e decidida, passa a ser envolvida pelo espírito Jonas, um desafeto que inicia um processo de obsessão contra ela.

O Direito de Ser Feliz
Fernando e Regina apaixonam-se. Ele, de família rica, bem posicionada. Ela, de classe média, jovem sensível e espírita. Mas o destino começa a pregar suas peças...

Sem Regras para Amar
Gilda é uma mulher rica, casada com o empresário Adalberto. Arrogante, prepotente e orgulhosa, sempre consegue o que quer graças ao poder de sua posição social. Mas a vida dá muitas voltas.

Um Motivo para Viver
O drama de Raquel começa aos nove anos, quando então passou a sofrer os assédios de Ladislau, um homem sem escrúpulos, mas dissimulado e gozando de boa reputação na cidade.

O Retorno
Uma história de amor começa em 1888, na Inglaterra. Mas é no Brasil atual que esse sentimento puro irá se concretizar para a harmonização de todos aqueles que necessitam resgatar suas dívidas.

Força para Recomeçar
Sérgio e Débora se conhecem e nasce um grande amor entre eles. Mas encarnados e obsessores desaprovam essa união.

Lições que a Vida Oferece
Rafael é um jovem engenheiro e possui dois irmãos: Caio e Jorge. Filhos do milionário Paulo, dono de uma grande construtora, e de dona Augusta, os três sofrem de um mesmo mal: a indiferença e o descaso dos pais, apesar da riqueza e da vida abastada.

Ponte das Lembranças
Ricos, felizes e desfrutando de alta posição social, duas grandes amigas, Belinda e Maria Cândida, reencontram-se e revigoram a amizade que parecia perdida no tempo.

Obras de Irmão Ivo: leituras imperdíveis para seu crescimento espiritual
Psicografia da médium Sônia Tozzi

O Preço da Ambição
Três casais ricos desfrutam de um cruzeiro pela costa brasileira. Tudo é requinte e luxo. Até que um deles, chamado pela própria consciência, resolve questionar os verdadeiros valores da vida e a importância do dinheiro.

A Vida depois de amanhã
Cássia viveu o trauma da separação de Léo, seu marido. Mas tudo passa e um novo caminho de amor sempre surge ao lado de outro companheiro.

A Essência da Alma
Ensinamentos e mensagens de Irmão Ivo que orientam a Reforma Íntima e auxiliam no processo de autoconhecimento.

Quando chegam as respostas
Jacira e Josué viveram um casamento tumultuado. Agora, na espiritualidade, Jacira quer respostas para entender o porquê de seu sofrimento.

Somos Todos Aprendizes
Bernadete, uma estudante de Direito, está quase terminando seu curso. Arrogante, lógica e racional, vive em conflito com familiares e amigos de faculdade por causa de seu comportamento rígido.

O Amor Enxuga as Lágrimas
Paulo e Marília, um típico casal classe média brasileiro, levam uma vida tranquila e feliz com os três filhos. Quando tudo parece caminhar em segurança, começam as provações daquela família após a doença do filho Fábio.

O Passado ainda Vive
Constância pede para reencarnar e viver as mesmas experiências de outra vida. Mas será que ela conseguirá vencer os próprios erros?

No Limite da Ilusão
Marília queria ser modelo. Jovem, bonita e atraente, ela conseguiu subir. Mas a vida cobra seu preço.

Renascendo da dor
Raul e Solange são namorados. Ele, médico, sensível e humano. Ela, frívola, egoísta e preconceituosa. Assim, eles acabam por se separar. Solange inicia um romance com Murilo e, tempos depois, descobre ser portadora do vírus HIV. Começa, assim, uma nova fase em sua vida, e ela, amparada por amigos espirituais, desperta para os ensinamentos superiores e aprende que só o verdadeiro amor é o caminho para a felicidade.

Leia estes envolventes romances do espírito Margarida da Cunha

Psicografia de Sulamita Santos

DOCE ENTARDECER

Paulo e Renato eram como irmãos. O primeiro, pobre, um matuto trabalhador em seu pequeno sítio. O segundo, filho do coronel Donato, rico, era um doutor formado na capital que, mais tarde, assumiria os negócios do pai na fazenda. Amigos sinceros e verdadeiros, desde jovens trocavam muitas confidências. Foi Renato o responsável por levar Paulo a seu primeiro baile, na casa do doutor Silveira. Lá, o matuto iria conhecer Elvira, bela jovem que pertencia à alta sociedade da época. A moça corresponderia aos sentimentos de Paulo, dando início a um romance quase impossível, não fosse a ajuda do arguto amigo, Renato.

À PROCURA DE UM CULPADO

Uma mansão, uma festa à beira da piscina, convidados, glamour e, de madrugada, um tiro. O empresário João Albuquerque de Lima estava morto. Quem o teria matado? Os espíritos vão ajudar a desvendar o mistério.

DESEJO DE VINGANÇA

Numa pacata cidade perto de Sorocaba, no interior de São Paulo, o jovem Manoel apaixonou-se por Isabel, uma das meninas mais bonitas do município. Completamente cego de amor, Manoel, depois de muito insistir, consegue seu objetivo: casar-se com Isabel mesmo sabendo que ela não o amava. O que Manoel não sabia é que Isabel era uma mulher ardilosa, interesseira e orgulhosa. Ela já havia tentado destruir o segundo casamento do próprio pai com Naná, uma bondosa mulher, e, mais tarde, iria se envolver em um terrível caso de traição conjugal com desdobramentos inimagináveis para Manoel e os dois filhos, João Felipe e Janaína.

Impressão e acabamento:

tel.: 25226368